21世纪经济管理新形态教材·金融学系列

供应链金融

田 江 ◎ 编 著

清华大学出版社
北京

内 容 简 介

本书围绕供应链金融的产生与发展，系统分析了供应链金融的基本概念、理论方法和实践应用，突出供应链金融服务模式、融资策略和风险管控等内容，注重理论联系实践，通过案例教学实现理论知识与实践应用的有机结合。

本书注重思想引导，通过"思政案例"展现丰富的中华文化和中国特色社会主义建设成就。本书结构体系科学，每章均设置了"学习目标""课后练习""案例分析"以及"拓展阅读"等模块，以便读者根据需要合理选择相关内容。本书还提供教学课件与教学大纲。

本书可作为管理科学与工程专业、物流工程专业、电子商务专业本科生和研究生课程教学用书，以及工商管理（MBA）、物流工程、项目管理等专业研究生课程教学用书。同时，本书也可作为企业管理人员自我学习及相关专业培训的参考教材。

图书在版编目 (CIP) 数据

供应链金融 / 田江编著 . —北京：清华大学出版社，2021.11（2024.1 重印）
21 世纪经济管理新形态教材 . 金融学系列
ISBN 978-7-302-58982-2

Ⅰ . ①供… Ⅱ . ①田… Ⅲ . ①供应链管理－金融业务－高等学校－教材 Ⅳ . ① F252.2

中国版本图书馆 CIP 数据核字 (2021) 第 172987 号

责任编辑：张 伟 吴 雷
封面设计：汉风唐韵
版式设计：方加青
责任校对：宋玉莲
责任印制：曹婉颖

出版发行：清华大学出版社
　　　　　网　　　址：https://www.tup.com.cn，https://www.wqxuetang.com
　　　　　地　　　址：北京清华大学学研大厦 A 座　　　　邮　　编：100084
　　　　　社 总 机：010-83470000　　　　邮　　购：010-62786544
　　　　　投稿与读者服务：010-62776969，c-service@tup.tsinghua.edu.cn
　　　　　质 量 反 馈：010-62772015，zhiliang@tup.tsinghua.edu.cn
　　　　　课 件 下 载：https://www.tup.com.cn,010-83470332
印 装 者：三河市少明印务有限公司
经　　销：全国新华书店
开　　本：185mm×260mm　　　印　　张：15.75　　　字　　数：320 千字
版　　次：2021 年 11 月第 1 版　　印　　次：2024 年 1 月第 5 次印刷
定　　价：45.00 元

产品编号：087497-01

前　言

2020 年，突如其来的新冠疫情对全球供应链和世界社会经济秩序及广大人民都造成了深刻的影响。供应链也不再是学术圈里的专业术语，而成为时事政治以及人们日常工作学习中的"热词"和"关键词"。英国克兰菲尔德大学克兰菲尔德管理学院（Cranfield School of Management of Cranfield University）马丁·克里斯托弗（Martin Christopher）教授曾经指出，"市场上只有供应链而没有企业"，"真正的竞争不是企业与企业之间的竞争，而是供应链和供应链之间的竞争。"今天我们对供应链的理解更加精准和深刻。

供应链并非新领域或新名词。在第二次世界大战期间，美国大批运筹学专家专注于战备物资优化，有效地满足了欧洲战场对各种战备物资的需要，积累了丰富的供应链协调方法和管理策略，得到了学术界和产业界的广泛认同。第二次世界大战结束后，这些理论和方法被广泛应用于全球经济领域，一定程度上加速了全球专业化分工和世界经济的区域合作，促进了世界经济的快速发展。

本书所论述的供应链金融则早于供应链管理实践。供应链金融起源于质押物融资业务，最早可追溯到公元前 2400 年美索不达米亚的"谷物仓单"、英国的"银矿仓单"，以及 20 世纪初沙俄的"谷物抵押"贷款。20 世纪 30 年代初，盛行于上海苏州河畔的上海四行仓库就是我国开展质押融资的历史见证。

供应链金融的兴起既是全球供应链不断深化发展的必然结果，也是银行和保险等金融机构深化改革、创新服务以及更好地满足金融市场需求的必然选择，更是当今数字经济发展的必然趋势。以人工智能、大数据为核心的现代信息技术在各个行业深入发展和广泛应用，涌现出怡亚通金融科技平台、小米供应链金融平台、IBM 区块链供应链金融服务系统等供应链金融服务平台，实现了现代科技、企业管理、服务创新与产业融合的协调发展，极大地推动了传统产业发展和经济结构调整与升级。

2019 年中国银保监会办公厅发布的《中国银保监会办公厅关于推动供应链金融服务实体经济的指导意见》（银保监办发〔2019〕155 号）是我国第一个专门针对供应链

金融的指导文件，标志着我国供应链金融开启了新的历史发展阶段。近年来，供应链金融越来越成为企业战略转型和社会资本角逐的重要领域。面对越来越多的企业管理者和各个专业、不同层次人才培养的需要，我们亟待编著一部系统介绍供应链金融理论与方法的专业书籍，以便更好地加快供应链金融人才培养，科学指导供应链金融实践，并为广大企业管理者进一步拓展思维、创新服务提供理论参考和技术指导。

本书全面系统地阐述了供应链金融的基本概念、理论原理及分析方法；本书内容聚焦管理实践，各章节都包含了丰富的典型案例，有助于读者举一反三，体现了供应链金融源于实践并指导实践更好发展的理念；本书强化理论研究的前瞻性，重点对供应链金融风险控制、融资策略等领域进行了详细论述。

本书在撰写过程中得到了广大学者和行业管理专家的大力支持。小米供应链金融公司总经理姜永强先生、中信银行成都分行王丽维女士相继为本书的撰写提供实践案例，电子科技大学艾兴政教授、重庆工商大学黄辉教授为本书内容提出了宝贵意见，电子科技大学宋景锐、陈晨、温璐、王艳、苟爱萍、李俊怡等参与并负责了相关内容的整理，王潇为本书的编校工作作出了努力，在此一并表示最衷心的感谢。

本书的出版也是本研究团队多年研究成果的重要体现，特别是四川省科技计划项目（2020JDR0136）、四川省社科规划项目（SC18B034）、成都市哲学社会科学规划项目（2019L08）为本书提供了资助及学术支撑。

本书的出版得到了四川省电子信息产业技术研究院的资助和支持，特别感谢清华大学出版社长期以来的指导与支持。

田 江

2021 年 3 月 1 日于成都

目 录

第一部分

基础理论篇

"

供应链金融是在全球经济专业化分工背景下供应链管理和结构融资的必然要求，本部分将重点介绍供应链金融的相关概念和理论方法，为系统学习供应链金融提供理论支撑。

"

第1章 供应链金融概述

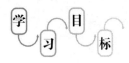

1. 了解供应链金融的兴起、发展历程、发展趋势，供应链金融与供应链管理的关系，以及供应链金融对于发展金融服务和扩大企业规模的战略意义与作用。

2. 学习供应链金融的概念、构成、作用及其与金融业务的关系，理解供应链金融内涵及其研究对象和目标，以及与传统金融的联系和区别。

3. 了解供应链金融生态环境及其影响因素，掌握供应链金融在实践中的推广和应用。

供应链金融全面支持内蒙古牛羊产业"绿色"发展

"天苍苍，野茫茫，风吹草低见牛羊。"作为我国最大牛羊种业基地，内蒙古自治区不仅拥有宜人的大草原，还拥有美味的牛羊肉。

在"十三五"期间，内蒙古自治区坚持"绿水青山就是金山银山"的发展理念，在生态优先、绿色发展的同时加快畜牧业高质量发展，提出了稳羊增牛并保证草原生态平衡的发展思路，提高内蒙古牛羊肉品牌价值，通过建立产业联盟平台共同打造"绿色内蒙古"，发挥资本与科技的力量，走出了一条适合内蒙古牛羊产业发展的道路。

2019 年 3 月，九江银行股份有限公司联合内蒙古农牧业产业化龙头企业协会，与宏发巴林牧业、呼伦贝尔肉业、光谷金信、普洛斯金融等 40 余家牛羊肉企业和供应链企业签署协议，基于存货质押融资、订单融资和应收账款融资等开展供应链融资服务，首批授信总额超过 5 亿元人民币，成为国内首家通过供应链金融模式定向支持牛羊产业发展和产业扶贫的城市商业银行，通过供应链金融模式切实支持"三农"发展，并通过牛羊产业企业合作促进精准扶贫工作。

在牛羊产业链中，九江银行股份有限公司以"产业＋科技＋金融"为核心的供应链金融模式，为企业盘活包括应收款、应付款、存货在内的流动资产；基于"货物控制＋业务流转"的模式，帮助企业产生新的信用，获取贷款，加快企业资金流转，协助企业降本增效和增量提质。供应链金融有助于破解牛羊产业融资难、融资贵的痼疾，以产业发展带动精准扶贫，也为牛羊优秀企业做大做强、实现跨越式发展提供金融支持，进一步促进牛羊肉企业协同发展和区域性牛羊肉产业品牌的提升。

资料来源：供应链金融助力牛羊行业和产业扶贫 [EB/OL].（2019-03-16）. http://big5.xinhuanet.com/gate/big5/www.jx.xinhuanet.com/2019-03/16/c_1124242196.html.

启发问题

1. 分析农业产业融资成本的影响因素并提出相关措施和建议。

2. 分析在全面建设社会主义现代化国家新征程中，大力发展农业产业现代化对于巩固脱贫攻坚成果的意义和作用。

1.1　供应链及供应链管理

1.1.1　供应链概述

1. 供应链的定义

2020 年突如其来的新冠疫情严重威胁着世界人民的身体健康和生命安全，对世界经济与社会发展造成了深刻影响。新冠疫情也是对我国医疗供应链体系的一次大考，疫情的突发性、高风险性对我国医疗供应链的快速响应能力、风险应对能力都提出了更高的要求。在 2020 年 2 月 14 日中央全面深化改革委员会第十二次会议上，习近平总书记指出"这次疫情防控，医用设备、防护服、口罩等物资频频告急，反映出国家应急物资保障体系存在突出短板"，强调要优化重要应急物资产能保障和区域布局，做到"关键时刻调得出、用得上"。在 2020 年 2 月 23 日召开的统筹推进新冠肺炎疫情防控和经济社会发展工作部署会议上，习近平总书记指出，"打疫情防控阻击战，实际上也是打后勤保障战。"党的十九届五中全会强调"提升产业链供应链现代化水平"，这是对疫情防控常态化形势下供应链建设的新要求和新任务。企业生产经营系统如同生物界的生态系统，不同企业形成了相互作用、彼此影响的紧密联系，表现为企业之间的供需关系，如图 1-1 所示。

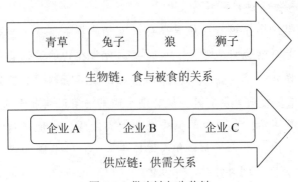

图 1-1 供应链与生物链

拓展阅读 1.1
应急供应链管理

什么是供应链呢？2000 年 3 月，一道突如其来的闪电击中了飞利浦公司在美国阿尔贝克的半导体工厂，引起的大火导致正在准备生产的数百万颗芯片被燃烧形成的粉尘污染，由于该厂 40% 的芯片供给诺基亚、爱立信，爱立信当年亏损 7 亿美元，并最终将手机业务外包给了索尼公司。无独有偶，2003 年 SARS（严重急性呼吸综合征）病毒在全球流行，许多企业面临空前的危机，航空、餐饮、旅游等服务业遭受重创。2008 年起于美国的世界金融海啸，进一步凸显了发展供应链金融（supply chain finance，SCF）的迫切性。2020 年，全球暴发的新冠疫情对全球供应链造成重创，全球商业信息服务机构 Dun & Bradstreet 公司发布的特别报告指出，中国因新冠疫情造成众多工厂停工，可能会对全球超过 500 万家企业造成直接影响。中国抗击疫情并千方百计组织复工复产，有力地保障了全球供应链的正常运转，其中中国的口罩产量占全世界的 50%，中国全年口罩生产达 50 亿只，每天的产量达到 2 000 万只。

英国克兰菲尔德大学克兰菲尔德管理学院市场营销与物流系马丁·克里斯托弗教授指出，"市场上只有供应链而没有企业。""真正的竞争不是企业与企业之间的竞争，而是供应链和供应链之间的竞争。"沃尔玛全球副总裁兼全球采购办公室总裁崔仁辅曾强调指出："我们有一个原则，就是我们的采购不要超过任何一个供应商 50% 的生意。"有效遴选供应商和控制供应规模成了供应链管理实践的共识，这样可以应对市场需求的不确定性和各种突发事件。

供应链是以客户需求为导向，以提高质量和效率为目标，以整合资源为手段，实现产品设计、采购、生产、销售、服务等全过程高效协同的组织形态。供应链的概念是从扩大生产概念发展来的，它将企业生产活动进行了前伸和后延。供应链具体是指围绕核心企业，从配套零件开始，制成中间产品以及最终产品，最后由销售网络把产品送到消费者手中，将供应商、制造商、分销商直到最终用户连成一个整体的功能网链结构。

供应链由一系列的供应商与客户的群组关系所构成，每一个下游客户也可能成为下一个客户的供应商，直到终端消费者。供应链是反映信息、产品及资金流的动态链，或被视为由一连串的上游供应商和下游客户所连接的环相互链接而成。根据供应链驱动力的不同，可以将其划分为推式供应链（push supply chain）和拉式供应链（pull supply chain），如图 1-2 所示。现代供应链注重围绕核心企业的网链关系，强调了供应链战略伙伴关系。供应链管理（supply chain management，SCM）的概念在制造业、商品贸易、流通等领域被广泛应用。

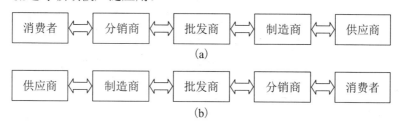

图 1-2　供应链结构
(a) 推式供应链：以制造为中心；(b) 拉式供应链：以用户为导向

2. 供应链与产业链和价值链

供应链与产业链和价值链具有一定的内在联系。1985 年，美国哈佛大学商学院教授迈克尔·波特（Michael E. Porter）在《竞争优势》一书中首次提出价值链（value chain）的概念。企业是社会的基本经济单元之一，担负着为股东和其他利益集团（包括员工、客户、供货商）以及所在地区和相关行业创造价值的责任和义务。打开企业的"黑匣子"，可以把企业创造价值的过程分解为一系列相互关联的各种经济活动，即"增值活动"，这些活动的总和即构成企业的价值链。价值链作为一种强有力的战略分析框架，不断发展创新，并在财务分析、成本管理、市场营销等领域广泛融入和吸收。

从价值维度来看，一方面，价值链决定供应链，供应链服务和服从于价值链；另一方面，供应链的具体运作是在一定时期内对价值链要求的具体反映，如表 1-1 所示。

表 1-1　供应链与价值链的比较

对比项	供 应 链	价 值 链
传递对象	供应链所传递的是产品与服务，是实物而非意识形态（价值观念）	价值链所传递的是寄托于产品或服务之内的价值
目标	供应链着重强调的是企业外部的价值活动，特别是基于企业间合作的原料与部件供应和服务提供等	价值链着重强调企业内部的价值活动，如生产制造、销售和人力资源管理等
核心问题	供应链管理的核心是如何降低链的运作成本、提高效率，关注供求之间的有效对接	价值链管理的核心是如何创造价值、提高效益，关注价值创造能力的提高

随着市场竞争进一步加剧或市场竞争范围不断延伸，位于产业上下游的企业逐渐结成联盟。产业链是由上下游有关企业以及相关机构等集合而成，形成一个纵横交错、主体纵向关联的系统。产业链是针对一系列相互关联的特定产品或服务需求，从原材

料供应、生产加工到市场销售，依据特定的逻辑联系（供应链和企业链）和空间布局（空间链）形成的上下关联的、动态的链式中间组织，是前后顺序关联、横向延伸、有序的经济活动的集合。

相对于供应链而言，产业链是更为宏观的价值创造组织结构，通过打通各企业的价值链，形成一个畅通的、统一协调的价值链系统。不同产业链实现了多个产业间的企业之间的协作，形成更为高效的价值增值路径。供应链、产业链和价值链三者的关系，通常表现为同一个产业或不同产业的企业联盟，以产品为对象，以投入产出为纽带，以价值增值为导向，以满足需求（价值链）为目标。

例如，铝产业涉及领域广泛，包括铝土矿开采企业、电解铝企业和铝材加工企业等多个环节。从供应链的角度，电解铝需要发电企业提供能源，而发电企业又拉动了上游煤矿企业的市场需求。某地方政府针对铝产业进行优化调整，其中包括多家企业，位于产业上游的是一家中型煤矿企业，产品结构中优质煤产量极低，煤矸石产量大；位于产业中游的是一家中型发电厂，被国家列入关停并转的发电厂之列；位于产业下游的是一家电解铝企业，因当地发电量不足，电力由外地购入，电价相对较高，电解铝企业生产成本居高不下。为了优化产业结构，在当地政府的指导下，通过实施企业资产重组，煤矿企业与发电厂进行合并成立新的企业集团，集团通过充分利用煤矸石资源进行自行发电，按照中间价格向电解铝企业供电，有效降低了企业生产成本。因此，煤矿企业、发电厂及电解铝企业通过企业重组，不仅保证了供应链的稳定性，而且形成了新的产业链，创造了更高的价值，实现了供应链、产业链和价值链三者的融合，如图1-3所示。

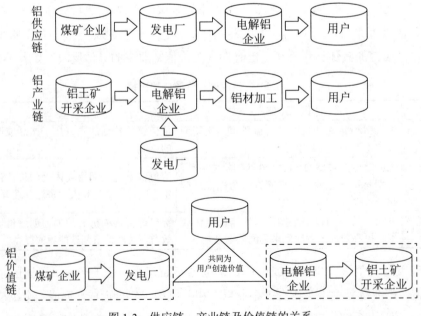

图1-3 供应链、产业链及价值链的关系

1.1.2　供应链管理概述

1. 供应链管理的定义

供应链管理是为了满足一定的客户服务需求，对供应商、制造商、仓库、配送中心和渠道商等实施有效组织，使整个供应链系统成本和服务达到最优，覆盖了供应链从采购开始，包括产品制造、转运、分销及销售，直到满足最终客户需求的全过程管理。供应链管理强调从消费者的需求出发，通过企业间的协作，谋求供应链整体利益最大化。成功的供应链管理能够协调并整合供应链中所有的活动，使之最终成为无缝连接的一体化过程。供应链管理广泛应用于制造业、零售业以及现代服务业。

2. 供应链管理的基本方法

（1）快速反应（quick response，QR）。快速反应针对多品种、小批量的买方市场，企业不是储备了"产品"，而是准备了各种"要素"，在用户提出要求时，能以最快速度抽取"要素"，及时"组装"，提供所需服务或产品。快速反应是随着美国纺织服装业发展起来的一种供应链管理方法。

（2）有效客户反应（efficient consumer response，ECR）。有效客户反应是 1992 年从美国的食品杂货业发展起来的一种供应链管理策略，也是一个由生产厂家、批发商和零售商等供应链成员组成的，各方相互协调和合作，更好、更快、成本更低并以满足消费者需要为目的的供应链管理解决方案。有效客户反应是以满足客户要求和最大限度降低物流过程费用为原则，能及时作出准确反应，使提供的物品供应或服务流程最佳化的一种供应链管理战略。

3. 供应链管理的演化与发展趋势

供应链管理注重客户的满意程度与个性化需求，并且兼顾成本控制。在发展目标定位方面，供应链管理更加侧重于整体效益与社会反响，目标定位于供应链的可持续发展。传统物资管理手段以人力资源为主，存在效率低下和管理模式粗放等缺点，而供应链管理高度重视先进技术的推广和应用，可实现管理质量与效率大幅提升。供应链管理实践随着全球专业化分工不断深入发展，经历了从企业内部部门延伸至企业外部合作企业、从库存管理到产供销全部信息集成、从手工处理到智能数据分析等由低级向高级的发展阶段，主要分为四个阶段。

第一阶段是被动支持型供应链。该阶段的主要特征包括：一是梳理企业内外部流程与关系，降低成本，避免质量和交货问题；二是强调高效供应链管理是企业竞争的重要基础；三是避免由于供应链问题而产生的负面影响。

第二阶段是主动及细分型供应链。该阶段的主要特征包括：一是主动通过供应链能力来获得独特竞争优势；二是根据不同产品和细分市场特征，选择合适的供应链战略，建立独特的供应链能力；三是根据不同的供应链战略匹配不同的供应链网络、流程及资源。在这个阶段，基于公司战略、营销战略和竞争要求等，需要建立不同的供应链战略并匹配相应的供应链能力。

第三阶段是智慧及体验型供应链。该阶段的主要特征包括：一是以服务主导逻辑，通过最终用户体验来评估价值；二是根据客户个性化的需求快速响应，提供个性化的产品和服务组合；三是广泛应用信息与通信技术（information and communication technology，ICT），深度整合供应链，打造智慧型供应链。

第四阶段是"供应链＋生态圈"。该阶段的主要特征包括：一是在供应链的能力支持下，整合相关产业资源，建立平台型生态圈；二是设计生态圈合作机制，与生态圈参与者合作共赢；三是广泛利用 ICT、网联网、人工智能等技术，实现服务流程标准化和数字化；四是利用大数据技术进一步优化科学决策，提升决策水平。

随着人工智能、物联网的应用以及云计算和大数据处理能力的提高，信息技术对社会经济的推动作用已不再局限于消费领域，而是逐步渗透到各个产业发展中。"互联网＋"正在变革传统生产、经营、服务以及管理方式，深刻影响供应链的系统结构、服务流程和协调机制等方面，表现为产业供应链整体的智能化、生态化、服务化以及可视化的发展趋势。目前，供应链管理呈现以下发展趋势。

（1）将传统的推式供应链变成拉式供应链，即以客户为中心，了解客户需求，并基于客户需求整合不同组织和资源，做好组织间的衔接。

（2）数字化供应链（digital supply chain），即全链数据整合，大数据驱动决策优化。

（3）敏捷供应链（agile supply chain），全面整合不同组织在不同国家的资源，在全球供应链中灵活配置资源，快速准确响应需求，提高企业竞争力。

【案例 1-1】深圳市创捷供应链有限公司是一家以电子商务和供应链服务为主要业务的高新技术企业，针对生产型企业的供应链环节较多、流程较长、上下游协调工作量大等特征，依托"创捷供应链 E-SCM B2B 平台"将企业与多家供应商和多家下游客户的"多对一""一对多"传统服务模式转变为客户对创捷的"一对一"的运作模式，积极打造产业生态圈，有力提升了供应链的整体竞争力和效率，并广泛开展供应链金融服务等，成为生态圈的领导者。

1.2 供应链金融的发展

2020 年我国全面建成小康社会，实现了第一个百年奋斗目标，"十四五"将全面开启实现第二个百年奋斗目标的新征程。为了实现"两个一百年"奋斗目标和中华民族伟大复兴，2020 年 5 月《中共中央 国务院关于新时代加快完善社会主义市场经济体制的意见》中指出，转变发展方式、调整优化经济结构、培育经济增长新动力已成为我国经济发展的重点。发展供应链金融是我国经济高质量发展的必然要求。党的二十大报告指出高质量发展是全面建设社会主义现代化国家的首要任务，强调加快建设现代化经济体系，着力提高全要素生产率，着力提升产业链供应链韧性和安全水平，着力推进城乡融合和区域协调发展，推动经济实现质的有效提升和量的合理增长。

党的二十大报告提出"加快构建新发展格局，着力推动高质量发展"的战略部署，强调建设现代化产业体系，坚持把发展经济的着力点放在实体经济上，推进新型工业化。实体经济是我国综合国力和社会财富的物质基础，国家强大要靠实体经济。中小企业作为实体经济的主体，在国民经济发展中有着举足轻重的作用。融资难一直是困扰中小企业的问题。随着全球化竞争的深入发展，市场竞争格局由企业竞争演变为供应链竞争。在供应链中，众多的中小企业位于供应链上下游各个节点，倘若这些节点企业因资金流约束而停止运营，最终将影响核心企业的运营，进而影响客户需求的满足以及整条供应链的利益。供应链合作企业为了共同利益，不仅需要实现资源互补、信息共享、生产优化，而且需要实现供应链资金的互动与效率提升。供应链金融已成为各中小企业解决"融资难"的有效手段，是供应链上下游企业共同结成的用以满足供应链资金需求的新型联盟。

◢ 1.2.1 供应链金融的动因

中小企业是我国社会主义市场经济的重要组成，在引领大众创业、万众创新，助推产业结构调整、国民经济创新发展，促进经济增长、推动技术创新、增加财政收入以及提高社会就业率、保障社会稳定等方面作出了重要的贡献。我国中小企业规模庞大，生产经营方式多样化，有特定的产业集群以及产业链，已发展成了我国经济结构优化升级的重要支撑，以及保障和改善民生的重要依托，在整个社会经济发展中具有重要战略地位。根据中华人民共和国工业和信息化部（以下简称"工信部"）的有关统计报告，截至 2018 年底，我国中小企业的数量已经超过了 3 000 万家，个体工商户数量超过 7 000 万户，贡献了全国 50% 以上的税收、60% 以上的 GDP（国内生产总值）、70% 以上的技术创新成果和 80% 以上的就业岗位。

我国中小企业面临自有资金不足、先进技术缺乏、高素质人才短缺等发展瓶颈，其中资金困境中的融资难问题成为首要约束，阻碍了中小企业的良好健康发展。在传统融资模式下，银行等金融服务机构更关注大型企业的融资需求，而中小企业的融资需求常常被忽视，进一步加剧了中小企业的融资困境。一方面，对于金融机构提出的融资准入条件，中小企业相对于大型企业而言难以达到；另一方面，供应链核心企业凭借自己的优势地位，以延期付款等方式进一步挤压中小企业的流动资金。以应收账款融资为例，2018 年全国应收账款融资需求超过 13 万亿元，仅有 1 万亿元的融资需求得以满足，且主要是大银行服务超大型核心企业的一级上游供应商，而处于供应链长尾端的中小企业有近 12 万亿元的融资缺口。根据工信部调查数据，33.0% 的中型企业、38.8% 的小型企业和 40.7% 的微型企业融资需求得不到满足，中小企业金融服务仍有较大缺口。

　　根据艾瑞咨询《2018 年中国供应链金融行业研究报告》，我国中小企业贷款需求指数持续大于 50%，反映出企业融资的需求一直存在，而银行贷款审批指数持续低于 50%，这表明银行贷款审批条件在不断收紧。资金的制约往往使得很多中小企业无法成功融资，从而导致生存难以维系。在中小企业融资需求不断增长的同时，全社会可提供的融资渠道呈现结构性倾向，即银行贷款、企业债券、股权质押等更青睐于大中型企业，中小企业更多地选择小额贷款和互联网金融等渠道。根据清华大学经济管理学院中国金融研究中心发布的《中国社会融资（企业）成本统计报告》（2018 年），我国社会融资（企业）平均融资成本率为 7.60%，如表 1-2 所示（融资成本率是指在融资时间内，各种融资成本之和与实际使用资金额的比率）。

表 1-2　我国社会融资主要分布情况

中国社会融资（企业）	银行贷款	承兑汇票	企业发债	上市公司股权质押	融资性信托	融资租赁	保理	小贷公司	互联网金融
平均融资成本率/%	7.60	6.60	5.19	6.68	7.24	9.25	10.70	12.10	21.90	21.00
融资余额/万亿元		69.16	12.54	18.53	3.77	8.53	5.87	0.49	0.970 4	1.22
占比/%	100.00	57.19	10.37	15.19	3.12	7.05	4.85	0.41	0.80	1.00
主要融资主体		央企、政府平台、上市公司						中小企业、非上市民营企业		

资料来源：清华大学中国金融研究中心.中国社会融资（企业）成本统计报告 [R].2018-01-30. https://www.sohu.com/a/219785676_115376.

　　中小企业融资难问题由来已久，金融机构普遍对中小企业存在固有的偏见。首先，中小企业往往存在财务制度不健全、管理水平低等问题，使得自身容易出现资金链断裂的情况。其次，中小企业本身规模较小、轻资产、信誉低，使得金融机构不愿意承担高风险来发放贷款。最后，中小企业通常仅需要较低额度的融资，而金融机构在这个过程中需要进行复杂的手续办理，致使中小企业融资成本偏高，金融机构为了规避贷款风险将中小企业的融资申请拒之门外。

　　中小企业融资难问题，也反映了我国金融机构存在重固定资产、轻流动资产的倾向，加剧了企业融资难与银行惜贷的矛盾。《证券日报》在 2021 年 1 月 26 日的报道中指出，我国中小企业约 60% 以上的资产为应收账款和存货，而金融机构的贷款中约 60% 要求提供不动产担保，其原因之一是我国动产和权利担保登记机构相对分散，登记查询效率较低，影响了动产融资的发展。前瞻产业研究院发布的《中国供应链金融市场前瞻与投资战略规划分析报告》统计数据显示，截至 2017 年末，全国规模以上工业企业应收账款余额达到 13.48 万亿元，比 2016 年增长 7.1%，如图 1-4 所示。2020 年受新冠疫情影响，我国工业企业应收账款同比增长 15.1%，产成品存货同比增长 7.5%，达到近 5 年来的最高水平，企业应收账款快速增加会加剧企业流动资金的短缺。2020 年我国央行通过应收账款融资服务平台积极推动中小微企业融资服务，全年应收账款融资超 2.1 万亿元。

图 1-4　2012—2017 年全国工业企业应收账款余额

我国各级政府都高度重视中小企业的融资问题。为切实解决中小企业融资难问题，有关金融机构也积极推出了一系列相关的金融产品。近年来，国家有关部委相继出台了《国务院关于进一步促进中小企业发展的若干意见》《国务院关于鼓励支持和引导个体私营等非公有制经济发展的若干意见》《中华人民共和国中小企业促进法》等，为破解中小企业融资困难提供了政策支持。2023 年 9 月，国务院颁发《关于推进普惠金融高质量发展的实施意见》（国发〔2023〕15 号），明确要求"强化对流通领域小微企业的金融支持。规范发展小微企业供应链票据、应收账款、存货、仓单和订单融资等业务。"强调助力乡村振兴国家战略有效实施，健全农村金融服务体系，发展农业供应链金融，重点支持县域优势特色产业。2023 年 12 月，国务院办公厅出台《关于加快内外贸一体化发展的若干措施》（国办发〔2023〕42 号），提出在依法合规前提下，鼓励金融机构依托应收账款、存货、仓单、订单、保单等提供金融产品和服务，规范发展供应链金融。2017 年第十二届全国人大常委会第二十九次会议通过中小企业促进法修订案，修订案中增加了税收优惠等条款，着力解决中小企业面临的融资难、成本高、留住人才难等问题。在 2019 年第十三届全国人大二次会议上，财政部门提出一系列具体措施来解决中小企业融资难、融资贵的问题。

为了破解中小企业融资难问题，近年来供应链金融快速发展，成为金融领域新的增长点。供应链金融将核心企业和上下游企业连成一个整体，通过彼此间的合作形成一种新型的金融服务模式，通过协调和整合物流、资金流、信息流和商务流来保证系统的顺利运转，减少信息不对称带来的风险。特别是在动产融资服务方面，供应链金融也具有特别优势，中小企业的应收账款、存货、预付账款等流动资产均可开展融资抵押。供应链金融通过核心企业为中小企业增加信用，减少了金融机构对回款来源的不信任，极大地增加了中小企业获得融资贷款的可能性，在一定程度上缓解了融资难的问题，如图 1-5 所示。

图 1-5　供应链金融服务需求

全球供应链金融呈现快速发展趋势。供应链金融在发达国家的增长率为 10%～30%，而在中国、印度等新兴经济体的增长率则为 20%～25%。根据前瞻产业研究院对我国供应链金融市场规模的分析报告，我国 2015 年供应链金融市场规模为 12 万亿元，2020 年我国供应链金融市场规模近 15 万亿元的水平，年均增长率在 5% 以上，如图 1-6 所示。

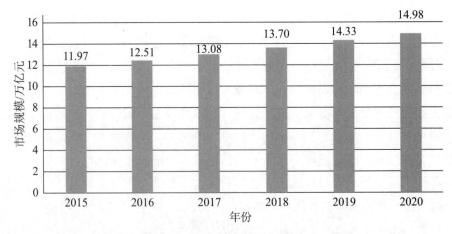

图 1-6　我国供应链金融市场规模（2015—2020 年）

总之，供应链金融的兴起，既是供应链竞争的客观要求，也是供应链上下游企业协同发展的必然结果。供应链金融有效地利用了供应链上资产（资金）的时间价值，帮助企业盘活流动资金，实现了供应链的良性循环，满足了企业再生产的要求。

1.2.2　供应链资金管理需要

资金流（financial flow）是企业的血液，原始资金可以通过企业经营转化为产品，产品经企业销售又可产生更多的现金。企业净现金流的状况将体现企业的经营水平。企业的资金流管理主要包括计划、筹集、运用、管理和效益评估，包含资金从产生到终结的整个生命周期，是一项系统工程。

供应链管理是针对供应链网络中的物流、信息流、资金流和商流"四流"的组织协调与管理，所以供应链管理是供应链金融发展的内在动力。在供应链的运营过程中，资金流的循环与增值是由现金转化为储备资金、生产资金、产品资金、结算资金，最终又转化为现金的过程。通过对资金流、物流和信息流的协调与整合，可以保证供应链运营的顺畅以及资金的增值。供应链管理越来越关注资金流循环，强调资金流、物流和信息流的协调与整合，所以供应链也被誉为"金融供应链"（financial supply chain）。

传统的供应链管理存在局限性，过多地强调供应链中物流和信息流管理的设计与优化问题，片面强调产品或服务的个性化、精准化和及时性，而往往忽视贯穿整个供应链的资金流管理与金融服务需求。例如，传统供应链的协调策略侧重于最优订货量、最低订货价格等因素，而忽略供应链整体成本的优化与决策。传统供应链的优化也只考虑那些可以触及的成本，诸如运输和仓储成本，而忽略了资金成本或融资成本。传统供应链的风险管理强调断货的风险，而忽略市场风险、金融风险，很少考虑信用风险、贸易风险以及保险等影响因素。

由于传统供应链注重物流管理与决策优化，对供应链资金流的管理相对滞后，供应链资金流管理面临各种挑战，如表 1-3 所示。

表 1-3　资金流管理存在的问题与原因

问　　题	原　　因
票据处理缓慢	手工处理
现金流不稳定且难以预测	缺乏及时、详细的信息
处理过程成本较高	不同部门协调和数据共享效率低下
应收账款的回收期较长	发票协调的延迟
不合理的信用期安排	人工确定最优信用安排，缺乏定量的数学工具

随着"互联网＋"深入发展，供应链资金流管理呈现自动化、信息化、网络化的发展趋势，进一步加速了资金流动，降低了资金成本，强化了风险管理，提高了可预测性。供应链资金流管理侧重于对资金的性质与资金流出发点、流量、流向、循环周期等方面的全面管理，旨在保障银行授信资金进入供应链的经营循环后，能够产生足够的现金流抵偿到期债务。

供应链金融强调资金流管理，通过对资金的流程模式、产品运用、商务条款约束等要素进行设定，对授信资金的循环及其增值进行管理与控制，实现信贷资金投入后的增值回流。通过对供应链资金流的控制，也就控制住了供应链金融还款来源，增强了还款来源的可预见性、可操控性和稳定性。

1.2.3 全球供应链金融的发展

供应链金融是经济全球化的产物。在产业革命的推动下，特别是在全球市场竞争和信息技术作用下，供应链金融发展迅速。美国、日本等发达国家的供应链金融产业开始于 19 世纪，经历了萌芽期、快速发展期以及接踵而来的成熟发展期，供应链金融服务不断完善，逐渐实现信息流、物流和资金流等要素的融合，形成了完善的财务供应链和贸易融资服务。全球供应链金融的发展大致可以分为以下三个阶段。

（1）萌芽期。供应链金融的萌芽期始于 19 世纪中期，此阶段业务较单一，以存货质押为主，并广泛应用于农业。

（2）快速发展期。从 19 世纪中期到 20 世纪 70 年代，是供应链金融的快速发展期。随着世界贸易和专业化分工的发展，供应链金融业务种类开始丰富，出现了承购应收账款等保理业务。

供应链金融应用行业也开始多元化，这一阶段的供应链金融业务以"存货质押为主，应收账款为辅"。各国相继出台相关法律法规，国际上最全面的物流金融规范体系出现在北美以及菲律宾等地。以美国为例，供应链金融的主要业务模式之一是面向农产品的仓单质押。早在 1916 年，美国就颁布了《仓库存贮法案》，并以此为基础建立起一整套仓单质押规则，成为家庭式农场融资的主要手段之一，提高了整个农业营销系统的效率，降低了运作成本。1954 年美国出台的《统一商法典》，对金融机构存货质押进行了明确的规定，供应链金融开始进入健康发展期。

（3）成熟发展期。自 20 世纪 80 年代以来，随着亚太经济合作日益深化并逐步成为世界经济的重点区域，全球制造中心向日本、韩国、中国等国家转移，全球供应链的格局进一步强化，有力促进了世界贸易和资本、科技等要素的流动，促使全球供应链金融日趋成熟，出现了预付款融资、结算和保险等多种新型的融资产品和服务。

随着世界经济的快速发展，物流业的专业化发展水平不断提高，逐渐由传统的仓储运输服务发展成为第三方物流（third party logistics，3PL）和第四方物流（fourth party logistics，4PL），提供专业化服务和整体解决方案。世界领先的物流企业逐渐崭露头角，占据了大部分市场，依托广泛的商品流通和物流服务，在供应链金融中拥有重要的地位。物流企业不但提供仓储、运输等基础服务，还为银行和中小型企业提供质物评估、监管、处置以及信用担保等附加服务。

1.2.4 我国供应链金融的发展

我国供应链金融起步于 20 世纪 80 年代，伴随着我国改革开放政策的全面实施，我国供应链金融从无到有，特别是我国加入 WTO（世界贸易组织）后在全球供应链的推动下，供应链金融的应用领域、服务模式不断创新发展。我国供应链金融形成了由银行主导，以应收账款融资为主并融合商业汇票、融资租赁等多种服务，以及商业银行、电商平台、P2（Peer to peer lending，个人对个人货款）平台、第三方支付机构、物流公司等多种主体共同参与的发展格局。近年我国供应链金融市场规模保持持续增长的态势，特别是随着金融科技的广泛推广与应用，行业性的供应链金融市场将迎来快速增长态势。

我国的供应链金融经历了从票据贴现到贸易融资，再到供应链金融整体解决方案，以及逐步普及线上供应链金融平台的发展过程，总体上可以划分为以下四个发展阶段。

1. 1.0 阶段：线下"1+N"

早在 2006 年深圳发展银行就提出了线下"1+N"供应链金融模式，由供应链核心企业"1"与"N"家上下游企业结成线下供应链金融服务模式，如图 1-7 所示。"1+N"模式是一种以银行为主导的线下服务模式，商业银行基于供应链中的核心企业"1"的信用支持为其上下游的"N"家企业提供融资服务。

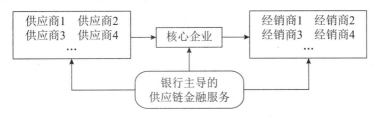

图 1-7　线下"1+N"供应链金融模式

"1+N"线下模式的优势在于商业银行在供应链金融服务中起主导作用，有利于对整个供应链进行全面的风险把控，核心企业也能够有效调动供应链上下企业实现联动，共同完成各项关联业务。由于"1+N"线下模式完全为线下模式，一方面效率较低，银行对风险的控制能力有限；另一方面，该模式未能实现供应链信息流、物流、资金流与商流的全面协调和整合。

2. 2.0 阶段：线上"1+N"

随着企业信息化和数据化的发展，线下"1+N"模式逐渐发展成为线上"1+N"模式，如图 1-8 所示。该模式实现了线下供应链金融向线上的转移，使得核心企业"1"的数据和金融机构完成对接，金融机构也能够随时获取各企业的经营信息，真正实现了中小企业和不同风险偏好资金的无缝对接，提升了供应链金融的服务效率。但是，线上"1+N"模式仍然存在局限性，该模式虽然实现了供应链上的"四流"归集和整合，但核心数据仍然在各个参与主体手中，难以形成一个全方位的风险评估系统。

3. 3.0 阶段：线上"M+1+N"

"互联网 +"的推广和应用，催生了"电子商务 + 互联网金融"的供应链金融服务模式，综合性的大服务平台取代了核心企业"1"的地位，为平台上的"M"家上游中小企业和"N"家下游中小企业提供信用支撑，实现了去中心化。"M+1+N"模式充分融合了金融、供应链与互联网三大要素，通过搭建电子商务服务平台，有效加入第三方物流、数据和信息服务商等，为企业提供全方位的配套服务，如图1-9所示。在综合性的服务平台中，核心企业起着增加企业信用的作用，依靠大数据技术和征信系统分析，增加了交易数据的可信度，可以有效满足中小企业不同的资金需求，提高了供应链的整体运营效率和竞争水平。

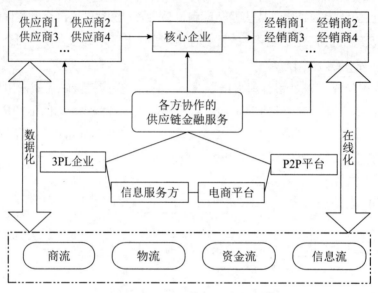

图1-8　线上"1+N"供应链金融模式

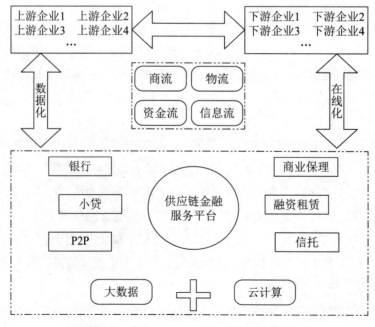

图1-9　线上"M+1+N"供应链金融模式

4.4.0 阶段：智能化模式

随着大数据、人工智能技术的广泛推广和应用，"科技 + 金融 + 生态"成为供应链发展趋势，形成了跨产业、跨区域、跨平台的物联网和互联网相互融合的金融生态平台。

供应链金融模式由低到高的发展阶段既反映了商业模式的持续创新，也是信息技术广泛应用的结果，如图 1-10 所示。

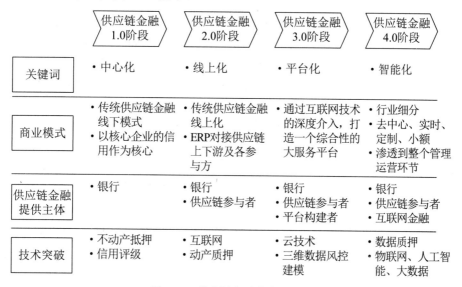

图 1-10　供应链金融的发展阶段

1.3　供应链金融概述

1.3.1　供应链金融的定义

1. 国外有关供应链金融的定义

供应链金融的概念源自全球性业务外包，Timme 等最早提出了供应链金融的理念[①]，2000 年他们在一篇有关企业资金状况的调查报告中指出，为了实现供应链的目标，供应链上的企业与供应链外部提供金融服务的企业之间可以建立协作关系，同时考虑供应链中的物流、信息流、资金流以及供应链上成员的经营，整个过程即被称为供应链金融。这个概念强调金融主体同其他参与者之间协作关系的建立，与此同时，通过建立这种密切的关系，实现供应链中物流、信息流和资金流更加有效地结合。

Erik Hofmann 在 2005 年对供应链金融进行了系统定义[②]，通过全面分析供应链金

---

①　TIMME S G, Williams-Timme C. The financial-SCM connection[J]. Supply chain management review，2000，4（2）：33-40.

②　HOFMANN E. Supply chain finance: some conceptual insights[J]. Beitrge zu beschaffung und logistik，2005，1（1）：203-214.

融的概念、特性以及组成要素，认为供应链金融是通过供应链中核心企业与其他利益相关者在内的两个或两个以上组织，对资金流分配进行合理计划和有效执行，严格控制组织之间金融资源的流动，是以共同创造价值为目标的一种融资方式，最终实现各组织成员间的共同利益，强调供应链金融本质上是一种协作关系。Pfohl 和 Gomm[①] 认为供应链金融是一个整合供应链内部所有企业，完全新型的、更加有效益的融资过程。他们强调供应链中资金流的作用，并通过建立数学模型来解释整条供应链中的金融活动，这个数学模型就被称为"供应链金融"。该研究指出了供应链企业和金融服务提供者之间的协作关系，通过这种协作达到优化供应链资金流、减少供应链财务成本的目标。

Lamoureux 认为供应链金融是一个围绕核心企业建立的针对财务和资金的企业优化生态圈，是对获取资金途径和成本管理方法进行系统性优化的过程，这种优化是在对供应链内的各种信息进行归纳、整合、打包并且加以利用的过程中，实施成本分析、成本管理以及各类融资手段从而实现财务目标。

Klibi 等从资金流通的角度，认为供应链金融是通过集成链上参与企业之间的物流、资金流、信息流，综合运用多种金融工具向供应链上所有的参与企业提供服务，以合理协调供应链内部货币资金的运作，优化资金运作效率的新型信贷融资模式。

Lamoureux 与 Steeman 等学者以核心企业为切入点，认为供应链金融是供应链中拥有主导权的核心企业，为了缓解供应链的经营风险和实现系统优化的一种融资手段。

国际著名金融顾问和咨询公司 Tower Group 将供应链金融视为银行对供应链中的企业提供全面金融服务，以促进供应链核心企业及其上下游企业的供应链运行顺畅，实现银行、企业和供应链互利、持久发展。

综上所述，供应链金融可界定为供应链上的企业与金融服务提供商相互协作，通过引导和控制资金流共同创造价值的一种方式，属于物流、供应链和金融的共同领域。

2. 国内有关供应链金融的定义

在国内，供应链金融的概念源自管理实践。深圳发展银行于 2006 年首次开展供应链金融业务，并提出"1+N"模式。深圳发展银行从其业务实践出发，提出了自己对供应链金融的理解，认为供应链金融是"基于对供应链结构特点、交易细节的把握，借助核心企业的信用实力或单笔交易的自偿程度与货物流通价值，对供应链单个企业或上下游多个企业提供全面金融服务"。相对于传统质押贷款融资模式而言，供应链金融是缓解中小企业融资困境的创新模式，该模式整合了供应链的资金流，通过对供应链企业进行信用捆绑从而降低了信贷风险。

国内许多学者在研究供应链金融时，侧重强调商业银行的地位。杨绍辉从银行的视角，提出了供应链金融是一种创新的融资模式，主要为中小型企业量身定制，它有

---

① PFOHI H，GOMM M. Supply chain finance：optimizing financial flows in supply chains[J]. Logist research，2009（1）：149-161.

效整合供应链中的资金流，既可以为供应链每个参与企业成员提供各类信息服务，同时又能为供应链中处于弱势群体的中小企业提供新型贷款融资服务。胡跃飞等以商业银行作为研究对象，认为供应链金融是银行基于整条供应链真实贸易的背景，通过考察核心企业的经营状况与信用水平，为上下游的中小企业提供融资的信用贷款服务。

陈韶旭和刘安霞将供应链金融定义为在核心企业主导的企业供应链中，商业银行在获取相关物流、资金流的信息后，有针对性地为供应链上所有企业提供的金融服务。李毅学对物流金融的内涵与基本结构进行了剖析，构建基础研究框架。张敬峰等认为供应链金融是一种面向产品生产到消费全过程的以及包含供应链融资和物流金融的管理系统，该系统能够通过信息共享等方式实现供应链上物流、资金流和信息流的整合，有助于降低成本，为供应链各参与方创造价值增值。刘岳莎从银行的角度，认为供应链金融是以供应链上核心企业为中心，通过信息共享等方式，把供应链上各个企业分散的不可控风险转变为整体的可控风险，并对其进行优化管理，进而提高供应链的竞争水平。

随着电子商务的快速发展，相关学者从电子商务平台服务商的视角对供应链金融开展分析。顾敏以电商平台为研究对象，认为供应链金融是电商平台通过与银行进行信息对接，进而为平台上面临资金困境的中小企业提供的融资方案。

总之，以上学者对于供应链金融的定义主要从供应链本身和银行角度进行表述。从供应链的角度，即银行通过信贷授信把资金注入中小企业，支持整个供应链的正常运转，也使得整个供应链的竞争力得到加强。从银行的角度，即通过对供应链资金流的介入，能够让银行更加全面深入地分析整个供应链的资金情况，设计出适合供应链的金融产品，利用银行的资金、信用和增值服务盘活供应链，实现供应链和银行共赢的目的。

3. 供应链金融与物流金融

物流金融是供应链金融的最初服务模式。物流金融是指资金需求企业依托其存放在第三方物流企业的货物，向商业银行申请质押贷款的融资模式。在此过程中，依靠质押货物来保障银行权益，第三方物流企业实现对货物的监管，往往同时还会提供运输、流通加工等其他物流服务。物流金融运作模式主要包括资本流通模式、资产流通模式以及综合模式。在物流金融实践中，呈现由"物资银行"到"物流银行"再到"物流金融"的发展阶段。

物流金融与供应链金融都是解决企业融资问题的手段，由银行等金融机构向有贷款需要的企业提供相应的融资服务，解决企业贷款难问题。物流金融与供应链金融都离不开第三方物流企业的支持，第三方物流企业提供货物的运输、存储等服务，是融资服务过程中的重要组成部分。物流金融和供应链金融在服务对象、担保模式、物流企业作用、金融机构的要求等方面都存在不同。

（1）服务对象不同。供应链金融的服务对象涉及整个供应链上的企业，并围绕核心企业展开；物流金融面向所有符合其准入条件的中小企业，不限规模、种类和地域等，是对单个企业开展的融资服务。在与供应链上下游企业的关系上，供应链金融机构以供应链上的未来现金流作为还款来源，通过对抵押的货物在物流过程中产生的现金流进行严格监管，以达到贷款资金专款专用的目的；物流金融则不涉及供应链上的其他企业。

（2）担保模式不同。供应链金融的担保以核心企业为主，或由核心企业承担连带责任，其风险来自核心企业及上下游中小企业；物流金融则以企业的自有资产进行担保，融资活动的风险主要由贷款企业产生。

（3）物流企业作用不同。供应链金融中的物流企业以提供相关的物流服务为主，并非融资活动操作方；在物流金融中，物流企业除了要提供相关物流服务外，也是具体实施融资活动最直接的运营主体。

（4）金融机构的要求不同。对于供应链金融而言，因其上下游企业以及核心企业经营和生产的异地化趋势增强，从而会涉及多个金融机构间的业务协作与信息共享，加大了监管难度；物流金融一般仅涉及贷款企业所在地的金融机构。

4. 供应链金融与产业金融

产业是指具有某种同一属性的企业或组织的集合或联盟，产业金融主要通过商业银行为某产业企业组织或联盟提供资金融通服务，包括服务于产业内部形成的供应链系统，所以在概念上包含了供应链金融。供应链金融与产业金融、物流金融的关系如图 1-11 所示。

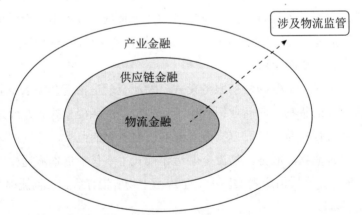

图 1-11　供应链金融与产业金融、物流金融的关系

在金融服务实践中，许多银行都开发了供应链金融相关产品，如表 1-4 所示。

表 1-4　银行开发的供应链金融产品（服务）

序号	银　行	供应链金融产品（服务）
1	深圳发展银行	进口全程货权质押授信、"池融资"业务
2	中信银行	中信银贸通（包括保兑仓、银企商、存货质押融资、国内综合保理、出口退税贷款业务，以及钢铁、汽车、船舶行业等金融服务）

续表

序号	银 行	供应链金融产品（服务）
3	民生银行	仓单及动产质押业务
4	光大银行	物流保理业务（国内国际保理、保兑仓、汽车全程通、工程机械按揭）、阳光供应链
5	招商银行	"点金"物流金融
6	华夏银行	"共赢链金融"、物流金融五大产品
7	浦发银行	"供应链融资解决方案""供应链金融"的整体服务
8	建设银行	"融货通"国际物流金融（现货仓、海陆仓、保税仓）
9	工商银行	"财智融通"中小企业融资服务、钢贸通、油贸通、"黄金宝"

1.3.2 供应链金融的特点

相对于传统金融服务，供应链金融具有以下五个方面的特点。

1. 主体的多元化

供应链金融的参与主体广泛，不仅限于商业银行，还涉及电商平台、P2P 平台、第三方支付机构、物流公司等其他主体，并通过自身行业特点和优势，在不同业务场景下为企业提供线上的供应链金融解决方案。

2. 贸易的自偿性

在供应链金融服务中，针对贷款企业的融资服务需求，通过签订融资协议，保证企业能直接用销售收入还款。融资方通过设置封闭的贷款操作流程以及单据控制来保证资金运用到指定的方向，并对整个贸易过程进行资金流、信息流、物流的全方位控制。

3. 信贷的整体性

供应链金融信贷涉及的企业不局限于核心企业，而是覆盖整条产业链上的所有企业。一方面，供应链金融可以为供应链上相对弱势的中小配套企业提供金融服务，解决了中小企业融资难问题；另一方面，通过引入银行信用机制，提高了供应链企业商业信用，加强了中小企业与核心企业间长期战略合作，极大地提升了供应链的竞争力。

供应链金融的特点在于，企业通过供应链金融获得流动性信贷支持，相当于将资金注入了整个供应链，从而使得链条得以正常运转。同时，银行授信都基于系统考量，保证专款专用，防止出现局部或整体的授信资金过度或不足。

4. 操作的封闭性

商业银行在开展供应链金融服务时，要设置封闭性贷款操作流程，对每笔贷款从发放到收回的整个过程进行控制以保证专款专用。在上下游企业融资前，商业银行有权要求企业提供贸易合同、发票等票据，评估企业资信状况，考察企业还款能力，要求企业作出还款保证。融资发放后，银行还将关注供应链上下游中小企业的经营情况，并据此作出信用评估和授信决策。

5. 风险的可控性

在传统授信模式下，中小企业因为自身经营规模小、盈利能力弱、信用水平低等原因，难以达到银行的授信标准。而供应链金融有利于降低各种风险，因为供应链金融改变了这种风险评估方式，它是以整个供应链作为考察对象，所有与该贷款相关的资金均能得到监控。同时，由于数据的共享化和透明化，所有参与主体的信息都能被银行掌握，降低了客户源头性风险。

◣ 1.3.3　供应链金融的参与主体

供应链金融具有多元化的参与主体，供应链金融发展初期主要主体是商业银行。随着"互联网+"的深入发展与广泛应用，供应链金融不仅辐射供应链上下游企业，并且与供应链相关行业融合发展。在"互联网+"背景下，供应链金融的参与主体不断增加，除了传统的融资企业、核心企业、商业银行、物流企业以外，电商平台、第三方支付企业、基于ERP（企业资源计划）系统的软件供应商、信息管理系统服务提供商等也成为供应链金融的参与者，在业务开展中起着重要作用。供应链金融参与主体如图1-12所示。

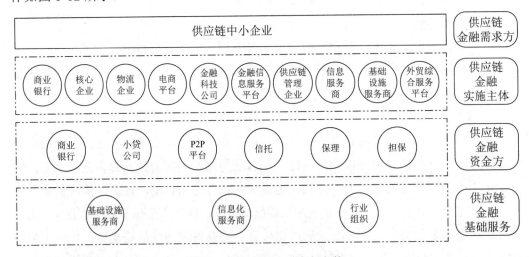

图 1-12　供应链金融参与主体

1. 商业银行

商业银行针对供应链融资需求与企业的实际情况，提供多种模式的融资解决方案。商业银行在资金成本方面具备天然优势，但商业银行的传统金融服务模式一定程度上制约了其供应链金融的发展。

2. 核心企业

核心企业依据自身在行业内的规模优势、经济效益优势、带动和辐射优势、竞争优势等，整合供应链上游和下游的中小微企业，链接资金提供方，为行业内的中小微企业提供融资解决方案。

3. 物流企业

物流企业通过物流活动参与到供应链运作中，通过整合供应链中的物流网络，链接资金提供方，为服务对象提供物流供应链服务和融资解决方案，有利于稳定业务网络，提升物流企业的竞争能力。随着第三方物流及第四方物流的发展，形成了各种专业化的供应链管理企业。供应链管理企业聚焦企业的非核心业务，整合供应链上下游资源，链接资金提供方，为供应链上下游中小微企业提供供应链服务和融资解决方案，提升了整个供应链的运作效率。

4. 电商平台

随着电子商务的发展，B2B（business-to-business，企业对企业）在整个电子商务市场中交易规模处于绝对优势地位，是线下实体经济与线上互联网经济的有机融合。随着电子商务的快速发展，B2B 平台成为供应链金融服务的主要载体，越来越多的B2B 平台也通过对接资金提供方为平台上下游提供融资解决方案。

随着电子商务领域专业化分工，金融信息服务平台不断涌现，金融信息服务平台聚焦信息与数据服务，围绕金融产品交易平台、分析平台和投资理财渠道，通过互联网技术链接资金提供方和供应链上的企业端，为用户提供最专业与即时的金融资讯，针对供应链上的中小微企业提供精准有效的融资解决方案，推动各种金融活动创造更高的价值。

5. 第三方服务企业

在"互联网＋"发展趋势下，信息系统和数据库在供应链金融中的重要性日益凸显，因此有关科技信息服务商、信托保理服务商以及各种系统平台等成了供应链金融服务新的参与主体。信息化服务商聚焦实现供应链金融在线化、平台化服务，其他服务商也为供应链金融业务提供配套服务，充分利用自身优势，为整个供应链金融生态圈提供基础服务。

为了满足外贸发展的需要，各种外贸综合服务平台应运而生。外贸综合服务平台立足国际贸易服务，通过整合外贸各个环节的服务，针对中小外贸企业提供融资、通关、退税以及物流、保险等综合服务。外贸综合服务平台针对中小外贸企业发展中的资金需求，积极针对贸易业务开展供应链金融服务，发展成为国际金融、国际物流服务资源的整合体，有力促进了全球服务业的发展。

◢ 1.3.4 供应链金融的模式

供应链金融模式随着实践推广的不断深入以及科学技术的广泛应用而持续发展。按照在供应链融资服务中主导者的不同，供应链金融模式可以分为商业银行主导的供应链金融模式、供应链管理平台主导的供应链金融模式、互联网供应链金融模式以及平台服务型供应链金融模式。

1. 商业银行主导的供应链金融模式

以真实资产抵押为前提，在核心企业的帮助下，商业银行为供应链上下游企业提供融资服务。一般来说，由供应链上下游企业向银行申请融资服务，银行会根据企业申请向核心企业进行询问，评估核心企业与上下游企业的日常业务往来数据，然后银行根据核心企业的反馈确定是否给予融资贷款。商业银行主导的供应链金融模式可以进一步分为应收账款融资、预付账款融资和存货质押融资三种模式。

（1）应收账款融资。应收账款融资主要针对供应链上游有资金需求的供应商，是在核心企业承诺支付的前提条件下，将其与下游核心企业交易时因赊销行为而产生的应收账款票据质押给银行，以获得短期贷款的一种融资模式。

（2）预付账款融资。预付账款融资是在核心企业承诺对质押货物进行回购的前提条件下，位于供应链下游的经销商以其未来提货权为条件，向银行申请贷款融资的一种供应链金融融资模式。

（3）存货质押融资。存货质押融资主要针对供应链上下游中小企业融资需求，是通过供应链核心企业的信用担保，将库存积压货物质押在银行指定的物流企业并且从银行获得贷款的一种模式。

随着"互联网＋"的推广和应用，商业银行逐渐把线下的供应链金融转入线上服务模式，以提高服务效率。随着电子商务的快速发展，电子商务的频繁交易加剧了电商企业的资金需求，一些商业银行为了拓展线上融资业务，积极开展与电商企业的合作，或者通过建设电商平台来开展电子商务供应链金融业务。

商业银行主导的供应链金融模式具有以下优势。

第一，具有社会吸储能力，拥有大量的资金作为保证，可以为企业提供足够的资金支持。

第二，发展历史悠久，金融风险控制能力强。

第三，经营范围广阔，众多的网点数量可以帮助传统商业银行挖掘更深层次的金融服务。

商业银行主导的供应链金融模式也存在诸多不足：一方面，商业银行在开展供应链金融时需要核心企业的参与和协作，银行无法完全掌控供应链中上下游企业的实际运行情况，在金融服务监管中处于不利位置；另一方面，以商业银行主导的供应链金融模式其服务全过程都需要银行参与和承担责任，从而导致金融业务服务审批时间过长，影响融资业务效率。

2. 供应链管理平台主导的供应链金融模式

随着"互联网＋"深入发展，供应链管理平台已发展成为一个综合性服务平台，具有信息服务、信息收集、综合管理、征信服务等功能。供应链管理平台可以为供应链上下游企业提供相应的金融资讯和服务。供应链管理平台依靠云计算、大数据等现代信息技术开展信息采集和数据分析，为银行开展企业信用等级认定和贷款额度评估提供依据，并以此获得收益分成，如图 1-13 所示。

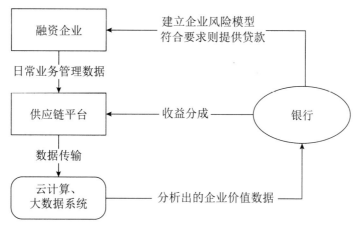

图 1-13　供应链管理平台主导的供应链金融模式

供应链管理平台主导的供应链金融模式的优势与劣势并存。一方面，供应链管理平台与日常业务往来的企业有密切关系，可以得到企业内部最真实可靠的信息数据，且具有较强的风险控制能力，能有效应对各种融资风险的发生。另一方面，由于供应链管理平台无法对企业签署的保密协议中的数据进行分析和信用评估，所以对企业信用的全面评价有一定局限，不利于供应链金融进一步发展。

3. 互联网供应链金融模式

"互联网＋"的推广和应用，进一步加速了供应链金融的发展。例如，电商门户网站针对信誉好、规模大的采购商提供"先提货，后付款"的金融服务合作模式；天猫、京东、苏宁等大型电商平台凭借经营企业的大部分信息与交易记录等数据，根据大数据分析对信用良好、经营稳定的商家提供更好的供应链金融服务。第三方支付平台、软件供应商及信息管理系统服务提供商也都从数据角度与供应链金融实现对接并提供数据支持。

在"互联网＋"背景下，银行不再是提供金融产品与服务的唯一主体。掌握了供应链上下游企业真实贸易情况的行业龙头企业、B2B 平台企业、物流企业等各参与方纷纷利用自身优势，广泛提供供应链金融相关服务，进一步加速了互联网金融的发展。"互联网＋"与供应链金融服务融合，催生了互联网供应链金融模式，如图 1-14 所示。以 P2P 互联网金融平台为中心，投资者向 P2P 互联网金融平台进行投资申请，融资企业也会向 P2P 互联网金融平台进行融资申请。P2P 互联网金融平台掌握投融资双方的有关信息和数据，可以有效开展融资企业风险评估，实现投融资双方的精准匹配。

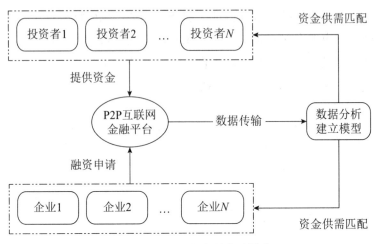

图 1-14 互联网供应链金融模式

互联网供应链金融模式的优势在于：第一，互联网供应链金融所有业务流程都是通过互联网技术完成，运行效率最高；第二，互联网供应链金融模式门槛最低，任何有融资需求的企业都可以进行申请，只要找到符合相应风险偏好的投资者，就可以完成融资；第三，互联网供应链金融模式的金融产品均属于短期产品，资金回收周期短，并且收益率要远高于传统商业银行。

互联网供应链金融模式面临的挑战包括：第一，互联网供应链金融模式的安全性低于其他供应链金融模式，P2P平台如果运营不善导致倒闭，投资者的资金难以追回；第二，互联网供应链金融作为"互联网＋"战略下的新型产业，其金融监管政策仍不完善，存在诸多漏洞；第三，P2P网贷平台发展时间短，普遍规模不大，金融风险预防能力与抵抗能力较差。

4. 平台服务型供应链金融模式

以电商平台为依托，供应链合作企业实现线下和线上全面融合，催生了电商平台服务型的供应链金融模式，为电商平台的各类客户提供相应的金融服务，如图 1-15 所示。在设计环节，生产企业根据客户需求开展产品设计与研发新产品，为客户提供设计服务。在生产环节，供应链内部其他企业实时监管其产品质量，为客户提供生产服务。在物流方面，生产企业将生产好的产品统一入库管理，并整合物流准备发货，为客户提供全方位的系统服务，并可以实时掌握生产企业的产品生产状况，当产品生产完毕后开始为客户提供采购服务。同时，根据客户需求与产品类型选择合适的运输工具，为客户提供运输服务，直到将产品直接送达客户手中，为客户提供配送服务。

平台服务型供应链金融模式将更好地协调供应链内部企业之间的合作，加强有效信息流动，进而提升整个供应链的运作效率，加速资金流转，获得更多的融资资源。

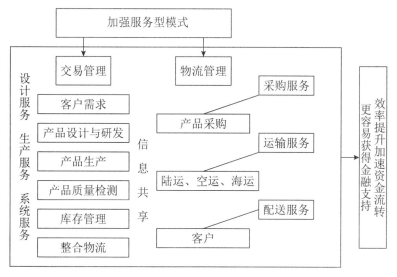

图 1-15 平台服务型供应链金融模式

1.4 供应链金融政策与监管

供应链金融是深化金融供给侧结构性改革的必然要求。当前我国经济已由高速增长阶段转向高质量发展阶段，推进金融供给侧结构性改革，既是推动我国金融业转型升级的突破口和着力点，也是解决当前我国金融领域突出问题的重要路径，以及推动经济高质量发展的重要保障。随着各级政府扶持与监管力度的增加，市场机制的不断完善，以及"互联网+"的广泛推广和应用，供应链金融生态圈已逐步趋于健康。

◢ 1.4.1 政策环境

我国金融法律体系不断完善，为发展供应链金融提供了法律保障。我国金融法律体系主要包括银行业监管及反洗钱法律规定（包括《中华人民共和国反洗钱法》）、银行业主要业务法律规定（如存款、贷款、担保等法律）、商事法律规定（包括《中华人民共和国票据法》）以及从业人员规范（如《银行业从业人员职业操守》）等内容。

《中华人民共和国中国人民银行法》于 1995 年 3 月 18 日第八届全国人民代表大会第三次会议通过实施，为建立和完善中央银行宏观调控体系和维护金融稳定提供法律保障。《中华人民共和国银行业监督管理法》于 2003 年 12 月 27 日第十届全国人民代表大会常务委员会第六次会议通过实施，为规范银行业的监督管理，防范和化解银行业风险，保护存款人和其他客户的合法权益提供法律保障。《中华人民共和国反洗钱法》于 2006 年 10 月 31 日第十届全国人民代表大会常务委员会第二十四次会议通过实施，为预防洗钱活动、维护金融秩序提供法律保障。《中华人民共和国民法典》（以下简称《民法典》）于 2020 年 5 月 28 日第十三届全国人民代表大会第三次会议通过，并于 2021 年 1 月 1 日生效实施，物权法的有关规定列入《民法典》的相关条款。

1. 国际公约

供应链金融的兴起与全球贸易发展密切相关，在促进经济全球化和推动全球贸易发展中，相关国际性公约被供应链金融实践所遵循。1980 年通过的《联合国国际货运物买卖合同公约》，以及 1929 年通过的《商业跟单信用证统一惯例》（国际商会第 74 号出版物）经多次修订于 1993 年确定为《跟单信用证统一惯例》，被各国银行和贸易界所广泛采用，成为信用证业务的国际惯例。2001 年 12 月 12 日，联合国颁发了《国际贸易中应收账款转让公约》，统一应收款转让规则以获得资本和信贷，从而促进国际贸易的发展。2010 年 6 月，国际保理商联合会颁发了《国际保理业务通用规则》，均被全球供应链金融领域所遵循。

2. 国家政策

近年来，我国各级政府出台多项扶持政策，大力发展供应链金融，着力解决中小企业面临的融资难、融资贵、融资渠道单一等困境。各地各级政府各项政策法规的出台有力促进了供应链金融的快速发展，对供应链金融信用体系、风险防控体系建设具有重要的意义，进一步促进了供应链金融参与主体的共同发展。2017 年 10 月 13 日，

拓展阅读 1.2
供应链金融
政策法规

国务院办公厅发布的《国务院办公厅关于积极推进供应链创新与应用的指导意见》，进一步明确了将"积极稳妥发展供应链金融"作为六大任务之一，标志着我国供应链金融进入新的发展阶段。

同时，随着供应链金融实践的广泛开展，交易风险高、债权转让确权难、风控薄弱等挑战也暴露出来，而我国相关法律体系相对滞后。2021 年《国民法典》正式实施，它是新中国第一部以法典命名的法律，也是我国市场经济的基本法，将保理合同首次列为典型合同。

▲ 1.4.2 金融监管

党的二十大报告在总结伟大成就的同时，客观分析了我国面临的困难，确保粮食、能源、产业链供应链可靠安全和防范金融风险还须解决许多重大问题。全面建设社会主义现代化国家，是一项伟大而艰巨的事业，强调要增强维护国家安全能力，提高防范化解重大风险能力，严密防范系统性安全风险。防范化解重大风险攻坚战，重点则是防控金融风险。我国金融监管日益完善，管理更加趋严。

（1）强化银行业监管。针对银行业内控不足、制度执行不到位等问题，银保监会在强化监管的同时，加大对违规的处罚力度，正确引导资金的流向，坚决打击跨领域的金融违规行为，为整个金融体系设立防火墙，避免爆发跨领域的金融风险。

（2）辐射类金融机构监管。2018 年 4 月，商务部印发通知，明确自 4 月 20 日起

将制定融资租赁公司、商业保理公司、典当行业务经营和监管规则的职责划给银保监会，因此供应链金融的相关行业也将面临更加规范、严格的监管，有利于类金融行业更加健康稳健地发展。

（3）完善资管新规。由中国人民银行、中国银行保险监督管理委员会、中国证券监督管理委员会、国家外汇管理局联合印发的《人民银行　银保监会　证监会　外汇局关于规范金融机构资产管理业务的指导意见》（银发〔2018〕106 号），对规范金融机构资产管理业务、统一同类资产管理产品监管标准、有效防控金融风险以及更好地服务实体经济具有重要意义。资管新规进一步统一了资管业务规则和标准，消除多层嵌套和通道，打破刚性兑付和规范资金池，为整治金融乱象提供保障。

（4）加强对互联网金融的监管。2015 年 7 月，中国人民银行等十部门联合印发了《关于促进互联网金融健康发展的指导意见》，规范各类互联网金融业态，优化市场竞争环境，扭转互联网金融某些业态偏离正确创新方向的局面，建立和完善适应互联网金融发展特点的监管长效机制，实现规范与发展并举、创新与防范风险并重，促进互联网金融健康可持续发展，切实发挥互联网金融支持大众创业、万众创新的积极作用。2016 年 4 月，为贯彻落实党中央、国务院决策部署，国务院办公厅出台《国务院办公厅关于印发互联网金融风险专项整治工作实施方案的通知》（国办发〔2016〕21 号），强调鼓励和保护真正有价值的互联网金融创新，整治违法违规行为，切实防范风险，建立监管长效机制，促进互联网金融规范有序发展。

（5）严格规范民间借贷行为。2018 年 5 月，中国银行保险监督管理委员会会同公安部、国家市场监督管理总局、中国人民银行联合印发了《关于规范民间借贷行为　维护经济金融秩序有关事项的通知》（银保监发〔2018〕10 号），明确未经有权机关依法批准，任何单位和个人不得设立从事或者主要从事发放贷款业务的机构或以发放贷款为日常业务活动，严厉打击非法吸收公众存款、暴力催收，以及向在校生发放现金贷等行为。

1.5　供应链金融的作用

（1）提高资金运营效率。供应链金融整合了"四流"，使资金的运作与商品的流动达到协调和同步，减少闲置的资金。供应链金融通过为中小企业提供一系列的金融服务方案，在一定程度上解决了中小企业的融资难题，保证了供应链的顺利运转，也实现了银企的共赢局面。

（2）简化贷款流程。传统的贷款流程非常烦琐，不仅需要各个参与主体之间反复沟通，还要根据大合同再次签署单笔销售合同，重走贷款流程。供应链金融的出现使得借贷均在线上完成，流程简便，明显降低了中小企业的融资成本。

（3）提升核心企业的管理效率。随着"互联网+"的深入发展，线上供应链金融平台解决了银企双方系统升级更新速度不匹配的问题。一般来说，银行升级慢、企业升级快，匹配程度差。通过在线供应链金融平台可以实现双向连接、双向匹配。同时，线上供应链金融平台打破了传统金融机构生硬组合产品的模式，可按需将金融服务渗透到商务活动各环节，在提高服务水平的同时，缩短服务响应时间。为了推动供给侧结构性改革，近年来加大了对央企"去杠杆""降两金"的考核，有力推动了国有企业深入开展供应链融资服务。例如，中石化、联通、中车、宝钢、中建等企业纷纷开发B2B平台，有效满足了产业链上下游对金融服务日益增长的需求。

（4）实现信用信息共享。在传统融资服务中，银行主要通过查看企业的资产负债表、现金流量表、利润表等静态数据来对企业的信用水平进行判断。在供应链金融中，不仅供应链上的各个参与主体间都能够共享最新的商流、物流、信息流和资金流信息，银行也能够通过动态数据来对企业的资信状况进行把控，降低了金融风险。

（5）打破融资服务地域的局限。传统融资以服务本地融资企业为主，而供应链金融实现跨区域横向延伸和纵向发展，线上供应链金融服务得到广泛推广和应用，可以为不同地域的供应链企业提供资金服务，拓展了金融服务的空间。

（6）提高供应链竞争力。随着全球供应链的深入发展，在市场需求的推动下，不同的生产商、经销商、零售商等连成一个整体，彼此之间互惠互利、共同发展，供应链金融更加增进了各参与主体之间的联系。供应链中的任何一个企业融资需求的满足，都提高了整个产业链的运营效率以及竞争力。

（7）深化对外开放。随着全球供应链在市场、资源、物流等方面整体战略布局，供应链金融充分利用市场资源、产能资源、企业资源、物流资源等优势，发现金融商业机会，深化供应链的经济活动，围绕核心企业及成员的金融需求加强金融能力建设。在资金融通的基础上，加快货物流通起点到终点的市场过程，提升供应链供给侧供应增值效益，进一步服务于全球供应链建设，促进"一带一路"资金融通。

1. 党的十九届五中全会明确提出，要提升产业链、供应链现代化水平。试分析供应链金融对于我国加快发展现代产业体系和构建新发展格局的重要意义。

2. 试分析供应链金融与传统信贷融资在提高普惠金融及资金营运效率方面的主要特征及区别。

3. 供应链金融实践经历了从线下"1+N"的1.0模式到线上"1+N"的2.0模式，再到线上"M+1+N"的3.0平台模式，试分析各种供应链金融模式的特征及创新。

4. 供应链金融对于全面整合供应链产业链的物流、资金流、信息流等有何作用？

5. 面对电子商务与互联网金融的快速发展，分析供应链金融在服务创新及实践应用中面临的挑战。

海信电视的供应链管理

海信电视通过供应链管理全面提升市场竞争力。根据《十大彩电品牌网络口碑监测报告（2017）》，2016年海信电视累计市场占有率达到17.05%，两年蝉联第一，并超出第二名2个百分点以上。根据中怡康市场监测相关报告，以业绩、外观、做工、价格、功能、屏幕材质、音效、色彩、分辨率、尺寸、营销、售后服务等作为关键词进行数据挖掘，分别统计出十款电视机的品牌热度、微博美誉度、微信美誉度、声誉受损度等指标，按照美誉度数值＝60%转发＋40%点赞，海信品牌以12 956的高分位居国内彩电品牌之首，其他品牌依次为海尔（10 788分）、TCL（8 346分）、创维（7 318分）、小米（7 262分）、夏普（7 114分）、康佳（6 332分）、长虹（3 890分）、三星（3 818分）以及乐视（2 906分）。

在家电市场竞争日趋白热化的背景下，海信电视是如何获得领先市场地位的呢？随着家电行业技术应用不断成熟，行业利润空间越来越转向家电流通环节。相关调查显示：家电行业的成本结构中，原材料的制造成本只占总成本的53%，流通、营销有关的成本则占据了46%，其中物流成本在整个营业中占4%～6%。另外，家电行业的市场竞争十分激烈。在国际市场，我国家电市场呈现由制造型向市场营销型转变的趋势。家电企业随着实力的增强，由单纯以产品出口海外市场的开拓方式，向实现设计、生产、销售的当地化方向发展。在国内市场，市场需求日益饱和，上游原材料价格上涨而下游成品价格反跌。

因此，如何降低家电流通成本是家电企业的关键。为了深挖供应链管理的潜力，海信加强与中远集团的战略合作，充分发挥中远集团在供应链管理方面的优势，通过构建中央信息库，对海信的客户需求、生产计划、物流采购实施统筹规划和科学管理，管理流程如图1-16所示。供应链管理系统有效改变了传统的人为的简单粗放式管理模式，自动生成物流网络补货计划、配送计划、直送商家计划以及节假日和市场活动备货计划，实现家电市场需要与生产及物流服务的精准对接，在资源有限的情况下，极大地提升了管理水平。例如，在物流配送环节，仅利用了48.4%运力以及11.7%的库存资源，仍能达到91.2%的市场满足率。

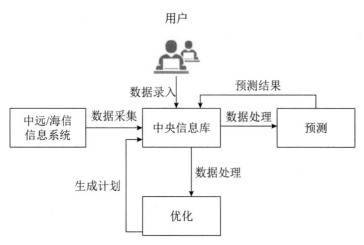

图 1-16　海信电视的供应链管理

资料来源：根据中远海运物流有限公司相关报道整理，http://www.cosco-logistics.com.cn/index.html.

分析问题

1. 分析家电供应链的构成及系统特征。

2. 分析中远集团针对海信电视的物流、资金流、信息流全面集成的实践推广意义。

3. 从物流业的基础性、战略性、先导性分析视角，讨论供应链金融提升物流服务水平的意义。

第2章 供应链金融理论基础

1. 掌握供应链金融发展的理论基础，并且能够运用相关理论解释供应链金融模式。

2. 掌握供应链金融理论与方法，分析供应链资金流变化规律、优化策略、风险管理以及影响因素。

3. 根据国家宏观经济政策要求，应用相关理论与方法分析供应链金融的相关管理问题。

我军后勤供应体系对抗美援朝战争的影响

伟大的抗美援朝战争是新中国第一次进行的真正意义上的现代化战争，后勤保障在抗美援朝战争中发挥了重要作用，广大后勤指战员浴血奋战，建立起"打不断、炸不烂、冲不垮"的钢铁运输线，粉碎了美军策划的"绞杀战"，奠定了军事后勤战略地位。彭德怀曾多次指出："抗美援朝战争的胜利，百分之六十至百分之七十应归功于后勤。"聂荣臻元帅指出："后勤战线上的辉煌成绩，是取得抗美援朝战争胜利的重要因素之一。"周恩来曾指出："严格地说，我们是从抗美援朝战争中，才充分认识到后勤工作在现代战争中的重要性的。"

1. 朝鲜战争中我军后勤保障面临的主要挑战

朝鲜战争爆发后中国面临复杂的国际环境和严峻的国内形势，这决定了抗美援朝战争的艰巨性和后勤保障工作的挑战性。中国人民志愿军于 1950 年 10 月 19 日秘密入朝，10 月 25 日即打响了抗美援朝战争的第一场战役。由于战备物资筹措不足、后勤力量薄弱、组织极不健全、缺乏现代战争的后勤保障经验等，后勤保障工作出现一系列严重困难。我军后勤保障体系的主要挑战如下。

（1）后勤队伍不足。我军后勤与参战部队人数之比仅为1：40，1951年调整后也只是1：10，而且已有的各级后勤人员大都是临时扩编的，缺乏经验，业务不熟练，工作方法陈旧，不能适应作战要求。美军具有非常完备的后勤队伍，由13个后勤人员保障1个兵，而志愿军则是1个后勤人员保障6～10个兵，后勤部队技术单一，只由汽车部队、兵站、医院三个部分组成，力量严重不足。

（2）后勤技术装备落后。我军已有的后勤技术装备不仅数量少，而且质量差、不配套，大量物资依靠人背马驮，无法保障穿插、迂回等机动作战，机动保障能力差，平均400人编配一台运输汽车，其他技术装备更为少见。

（3）我军传统供应模式的局限性。在朝鲜战争的运动战时期，沿用了国内解放战争后期的经验，采用跟进保障的供应方式，但是由于朝鲜战场狭窄，随着战争的发展，入朝部队不断增加，战线越来越长，战斗规模越来越大，后勤供应不能适应战争发展的需要。

2. 朝鲜战争后勤体系的重构

为了应对战争前线对后勤保障工作的要求，适应防御作战的需要，1951年11月，志愿军后勤部根据战略方针和后方对敌斗争的要求，确定实行划区供应与建制供应相结合的供应体制，朝鲜战争后勤体系日益完善，呈现出以下特征。

（1）形成多面作战的供应体系。新的供应体制可以组织多面作战后勤保障，由于朝鲜是个狭长的半岛，随时都有形成两面甚至三面作战的可能。实行分区供应，各供应区相互联系，在整个战区后方由南到北、由东到西，形成了前后两个供应纵深，可以把保持战役后方的稳定性和战术后方的机动性相结合，既能保障正面部队作战，同时保障了东西海岸部队抗登陆作战。

（2）重构后勤供应组织结构。新的供应体制避免了后勤机构重叠和运输拥挤，对军以下部队实行建制供应，军后勤成为一级供应实体，保持了战役层次后勤分部之间的相对稳定性，同时利于战术层次后勤工作与作战指挥的协调统一，能充分发挥后勤分部在后勤保障中的枢纽作用。由分部直供到军，取消兵团后勤，军后勤不需要在分部管区内设置供应机构，既减少了供应层次和工作交叉，又避免了后勤保障部队拥挤在狭小的战场空间施展不开。

（3）提升后勤保障效率。新的供应体制有利于部队机动，通过实行分区供应，各供应区相对稳定，部队作战时可以就近得到供应区的支援，既减少了部队行军作战补充物资的携带量，又便于后勤力量的统一部署与使用。

实行分区供应有利于开展战区后方建设，各分部受部队行动的影响小，便于各分部掌握该区敌机、敌特的活动规律，便于熟悉当地情况，集中力量进行仓库、医院、道路和防护设施等后方建设。

（4）加强后勤供应网络建设。分区供应体制建立后，建立了纵横交错的兵站运输网，通过联线成网真正形成一条"打不断、炸不烂"的"钢铁运输线"。

志愿军后勤不断完善指挥通信系统，把通信网的建设纳入兵站运输网建设的轨道，逐步形成了以"志后"、分部、大站为中心的多层次专用通信网。在通信手段上，实行有线电、无线电和运动通信等结合并用，较好地保证了后勤的组织指挥。

资料来源：魏延秋. 抗美援朝期间志愿军后勤现代化建设述论 [J]. 军事历史研究，2012（3）：97-103.

启发问题

1. 中国人民志愿军后勤体系中体现了供应链管理的哪些观点和思想？
2. 分析中国人民志愿军后勤体系在当今全球供应链构建中的借鉴性。

供应链金融的快速发展得益于相关理论的支撑与广泛应用。供应链金融实践广泛应用经济学基础理论、供应链协调理论、结构融资理论、复杂网络理论等科学理论与方法，为供应链金融模式演化、风险管理、激励机制和融资决策等方面提供科学指导。

2.1　经济学基础理论

2.1.1　委托代理理论

在市场经济中，委托代理关系十分常见。委托代理关系是存在于具有信息优势与信息劣势的市场成员间的一种关系。委托代理关系存在两种风险，即逆向选择和道德风险问题。委托代理理论是在信息不对称的交易中，按照是否拥有私人信息可以将发生经济行为的主体分为代理人（拥有私人信息）与委托人（不具有私人信息），委托人设计特定的契约以使代理人在考虑自身利益最大化的前提下，作出对委托人最有利的选择。

为了避免委托代理双方主体由于信息不对称而引起的利益冲突，通过构建契约机制，以解决委托代理关系中典型的道德风险及逆向选择风险，最常见的策略是激励机制。激励机制可以划分为显性激励和隐性激励两类，其中显性激励机制是让参与主体的补偿收益明显化，可以直观地预期观测到直接结果的静态模型，用于解决单次委托代理关系；隐性激励机制是利用动态模型去解决复杂的重复性委托代理关系。

在供应链融资服务中，存在多种委托代理关系，诸如贷款银行与受资金约束的中小企业、银行与物流监管企业等，均可为委托者和代理者的关系，且双方信息不对称。贷款银行与融资企业的关系是供应链金融中最典型的委托代理关系，即银行是委托人，融资企业则为代理人，二者之间存在信息不对称的问题。

随着互联网金融的深入发展，金融服务的开放性与竞争性也逐步增强。由于互联网金融涉及的数据量大、信息纷繁复杂，委托代理双方信息不完全对称将会放大金融风险的发生概率。供应链金融是从供应链整体角度进行研究，为缓解银企之间信息不对称的问题提供了很好的解决手段。由于中小企业与核心企业具有利益关系，信息集聚，从而使得银行能较全面地掌握与控制风险。同时，贷款企业为了树立良好信用的形象，必然会提供更多的信息，缓解信息不对称问题。供应链企业的相互合作关系使得银行信贷成本降低，风险把控更具前瞻性及预测性。

在基于B2B电商的供应链金融服务中，B2B电商平台在自行放贷的基础上，仍旧扮演了担保角色，即B2B平台在自有放贷资金不足时会选择与银行合作放贷。首先，电商平台能够充分掌握上下游企业的物流信息、交易记录、信用状况及其他方面数据，从而银行能够全面掌握与控制风险，以降低逆向选择及道德风险。同时，融资企业为了树立自身良好信用的形象，必然会提供丰富的相关信息，并且与B2B电商平台加强合作实现共赢，从而进一步降低放贷风险。其次，由于供应链上下游企业之间的交易具有一定的稳定性，供应链上企业能够在良好的合作关系下合作和运营，银行在信贷风险的管控层面更具前瞻性与预测性，同时线上数据分析及贷款流程线上操作，可以有效降低供应链融资成本。最后，供应链上下游企业之间的紧密合作可增强B2B电商平台数据的可靠性，B2B电商平台也可以通过平台上中小微企业的交易数据、物流信息以及资金流转等信息，比较全面客观地掌握融资企业的贸易情况和支付能力，从而提高供应链中小微企业获得融资的可能性。

在B2B电商平台与商业银行合作中，相对于B2B电子商务平台而言，商业银行仍处于信息较为劣势的一方。B2B电商平台掌握了交易双方的大量信息数据，而商业银行却无法自主获取。因此，B2B电商平台有可能利用自身的信息优势损害商业银行的利益，所以建立有效激励约束机制十分必要，这将有效避免供应链金融中委托代理双方道德风险和逆向选择的发生。

在电子订单融资服务中，按照授信方式的不同可分为委托监管和统一授信下的委托代理关系。委托监管模式下，银行委托电商平台对中小企业进行监管，通过对电商平台实施激励策略以降低电子订单融资风险。而在统一授信模式下，银行基于电商平台的信用额度对电商平台统一授信，再由电商平台自由向中小企业放贷，电子订单融资风险主要由平台承担，因此银行需考虑不同于委托监管的激励策略以实现自身收益最大化。

2.1.2　交易成本理论

早在 1937 年，诺贝尔经济学奖得主罗纳德·哈里·科斯（Ronald H. Coase）在《厂商的性质》一文中就率先提出了"交易成本"的概念，他指出，寻找与告知交易成员的花费、交易谈判花费、合同的签订花费和必要的检查审核花费等，都可以视为市场交易成本。交易成本产生的本质是企业运作所耗费的费用，主要包含搜索、信息、议价、决策、监督和违约所产生的费用。随着交易成本的相关理论研究不断深入，其内涵也越来越丰富。在市场交易中，交易主体具有有限理性和机会主义两个特性，即在不完全信息的前提下，个人有限的能力都会导致有限理性；交易主体的利己动机也将导致机会主义行为的产生。所以这两个特性都将增加交易成本。同样，交易频率、交易不确定性以及资产专用性都能够反映出交易成本特性，代理成本与制度成本也应归入交易成本的范畴。

有关供应链金融的交易成本问题，谢江林认为在资金约束的供应链上，交易成本可以归纳为企业为了保护特定交易的投资和适应环境的不确定性，通过供应链一体化和准一体化的管理降低这种不确定性。供应链成员之间长期合作，成员企业之间彼此信任，有利于供应链整体利益的最大化。商业银行以供应链的发展为依托，聚焦供应链上的中小企业，并为其提供贷款融资，从而降低银行的交易成本，提高融资效率。

在供应链金融服务中，交易频率的增加能够增加交易主体间的沟通，从而形成互相信任的稳定运作模式，减少了机会主义出现的可能性，以降低整个供应链运作成本，加强供应链参与企业间的协调，从而增强供应链竞争力。在电子商务供应链融资服务中，银行、电商平台和融资企业将形成更为复杂的长期稳定的重复性交易关系，降低了银行进行信息搜索等产生的交易费用。电商平台长期的交易运作，能够减小主体间的违约可能性，并有助于实现资产的专用性。借助电商平台的技术手段和海量数据，能够有效聚焦贷款企业真实情况，提高融资效率并降低融资风险，使供应链系统的整体收益最大化。

2.2　供应链协调理论

供应链本质上是由不同利益主体结成的战略联盟，所以供应链参与主体之间的信息共享、利益协调和成员激励都是重要的手段。

长尾理论是网络时代兴起的一种新理论。长尾本质是统计学中幂律（power laws）和帕累托分布（Pareto distributions）特征之一。在互联网环境下，商品的生产和流通的渠道全面改善，众多小市场汇聚可产生与主流相匹敌的市场能量。信息不对称理论是指在市场经济活动中，各方对有关信息的掌握存在差异，通常掌握信息比较充分的一方处于相对有利的地位，而信息贫乏的一方则处于相对不利的地位。信息不对称理论为市场经济提供了一个新的视角。激励是指通过特定的方法与管理体系，将成员（或个体）对组织及工作的承诺最大化的过程。激励机制是激励主体系统运用多种激励手段使之规范化和相对固定化，并与激励客体相互作用、相互制约的结构、方式、关系及演变规律的总和。博弈是利益各方在平等的对局中各自利用对方的策略变换自己的对抗策略，以达到取胜的目的。博弈理论思想古已有之，中国古代的《孙子兵法》就是最早的一部博弈论著作。

◣ 2.2.1 长尾理论

美国《连线》杂志主编克里斯·安德森于 2004 年发表《长尾理论》一文，首次提出了"长尾"的概念。长尾理论是互联网时代特有的经济现象，在互联网时代，由于成本和效率因素的影响，当商品储存、流通、展示的场地和渠道足够宽广，商品生产成本急剧下降以至于个人都可以进行生产，并且商品的销售成本急剧降低时，几乎任何以前看似需求极低的产品都会有消费需求。这些需求和销量不高的产品所占据的共同市场份额，可以和主流产品的市场份额相当，甚至更大。在供应链金融服务中，由于交易主体主要为数量多、分布零散以及需求差异化的中小微企业，其融资需求难以通过传统金融服务得以满足，客观上形成了潜在的长尾融资市场。

电子商务是长尾理论的最好体现。电子商务平台往往会集聚小需求量的商品，利用互联网的特性，用低成本来满足小额的用户需求，并通过大量的小额交易量汇集成规模经济。由于互联网的广域性与用户需求的多样性和广泛性，我国已形成巨大的互联网消费市场。在电子商务实践中，供应链金融既可以利用电商平台来满足庞大的长尾市场需求，又可以通过边际效益递增规律实现电商平台运营效率的提升。供应链金融服务与电子商务的融合，进一步扩展了资金流通的范围，形成了线上化长尾市场。

◣ 2.2.2 信息不对称理论

信息不对称（asymmetric information）是指交易中的各方拥有的信息不同。在社会政治、经济等活动中，某些成员拥有其他成员无法拥有的信息，由此造成信息的不对称。在市场经济活动中，参与主体对有关信息的了解是有差异的，掌握信息比较充分的一方，往往处于比较有利的地位，而信息贫乏的一方则处于比较不利的地位。Akerlof 曾以"不对称信息"为出发点，分析信息经济学的重要性，将信息不对称定义为在市场交易过程中，一方因对另一方缺乏信息而影响决策的制定，从而降低交易效率。信息不对称包括信息内容、参与人的行动、与参与人有关的信息不对称等。信息经济学指出，信息不对称会引起逆向选择风险与道德风险。根据信息经济学的理论，中小企业在向银行贷款时容易具有信息不对称性，而信息不对称则会使银行面临逆向选择风险以及道德风险。

在金融市场，我国中小企业规模小、财务管理及纳税等记录不规范、缺乏有效的规章制度，这为银行获取有效的信息增加了难度。中小企业为了快速获取银行贷款，只将有利的信息提供给银行，隐瞒不利信息，银行因此无法判断中小企业真正的经营状况，从而加大了贷款风险。在传统融资服务中，银行只有通过增加利息或担保企业费用的方式规避风险，但这样的方式使风险较低的企业退出资本市场，加大了市场风险，这样的现象就造成了融资市场的逆向选择。中小企业在申请贷款融资时，会利用其信息优势做一些投机行为，而银行则会面临道德风险。

在供应链金融服务中，银行作为资金贷款方，中小企业作为资金需求方，两者之间存在着显著的信息不对称特性。科技金融的快速发展，以及大数据、人工智能等信息技术在金融服务中的推广和应用，不仅提高了信息透明度，而且进一步增强了对各种信息和数据的综合分析与判断，为促进供应链金融服务的开展以及有效管控融资风险提供了技术保障。

随着电子商务的快速发展，企业的相关数据和信息进一步透明化，促进了电子商务供应链金融服务的广泛推广，凭借电子商务平台的实时、真实、有效的交易数据，能够有效降低银行与融资企业之间的信息不对称性。通过大数据分析工具和手段可以防范各种虚假信息和虚假交易，避免银行因信息不对称性造成的贷款风险。

◢ 2.2.3　激励机制

信息不对称性是供应链的典型特性，在供应链金融中表现尤为突出。根据信息经济学的分析，处于信息劣势的参与方是委托人，具备信息优势的参与方是代理人，委托人考虑的是如何利用所观测到的关于代理人的信息对其进行奖惩，以激励代理人作出对委托人最有利的选择。因此，如何设计有效的激励机制来降低信息不对称性，成了供应链金融参与主体和研究学者的关注焦点。

国外学者针对委托代理的研究主要集中于激励机制的构建。Hall 认为信息共享、契约优化和风险监督都可用来控制供应链风险，其中激励手段对于有效规避供应链风险起着非常重要的作用。Cachon 从线性契约和非线性契约两个角度探究了供应链企业间的激励契约，研究结果指出线性契约更适用于解决供应链参与主体的利益分配。Gan 和 Sethi 以供应链中制造商（风险中性）与零售商（下侧风险控制）之间的委托代理关系为研究对象，其中制造商作为委托人通过设计合理的激励契约进行利益分配以降低供应链风险。

针对供应链管理中的委托代理问题，国内外学者进行了有益探索。汪贤裕和颜锦江在构建状态观测模型时考虑了委托人观测自然状态的成本，并运用贝叶斯定理分析了信息不对称条件下观测力度对努力水平等因素的作用。徐玖平和陈书建基于信息经济学的相关理论,分析了风险投资机构在不完全信息下与风险企业的博弈问题,指出在委托合同中引入新的可观测变量可以提高激励强度,降低代理成本。李善良和朱道立运用委托代理理论分别讨论了完全信息与不完全信息条件下不同因素产生的影响,并探究了在激励契约中增加可观测变量的影响。李娟等分析了信息对称条件下物流企业和融资企业、银行和物流企业在存货质押中的动态博弈关系,指出加强对物流企业的监管能够更加有效地降低融资企业的违约率。于萍和徐渝以签订三方契约的存货质押融资为研究对象,对比分析了卖方垄断市场与完全竞争市场情况下,物流企业在信息化服务过程中所面临的激励问题,指出完全信息下最优激励是固定委托费用,分成激励是不完全信息下的最优策略。白少布和刘洪从非对称信息的视角研究了"多委托—单代理"的问题,以融资企业的努力水平为立足点,研究如何设置激励机制更有利于供应链的运作。朱卫平等通过运用多任务的委托代理模型,研究了服务型供应链激励机制,并从服务监控和主观评价两个维度对激励机制进行了优化。林沧海通过构建博弈模型,基于双重委托代理的思想,分析了物流金融的激励机制,并给出了博弈均衡解。徐庆等基于委托代理理论分析了银行在物流金融模式中对第三方物流企业的激励问题。周业付考虑由上游供应商与核心企业组成的供应链,在委托代理契约中引入了风险分担度,指出合理的激励机制可最大化整条供应链的期望收益。Sun 等基于委托代理理论探究了银行在存货融资模式下对第三方物流企业的激励问题,指出激励监督模型要优于纯激励模型。史金召等运用委托代理理论和博弈论研究了银行与 B2B 平台的激励契约,基于联合授信与委托授信建立了道德危害模型,指出银行与电商平台之间存在最优的收益分配契约。

委托代理在供应链金融中的应用主要集中于存货质押和供应链企业之间。在电子商务交易中,基于电子订单开展融资活动已成为常态化,因此,银行如何设置激励机制、电商平台采用什么样的激励策略,都将影响供应链金融的快速发展和融资风险管理。

▲ 2.2.4 博弈理论

供应链金融服务涉及核心企业、融资企业、电子商务平台、银行、物流企业等多个不同的主体,需要进行多方面、多层次的协调。目前,学术界关于资金约束的供应链融资主要集中在融资模式和各参与主体的最优决策等方面。

在国外,Buzacott 和 Zhang 在生产模型中引入资产融资,考虑需求不确定情况下银行和零售商之间的 Stackelberg 博弈,分析资金缺口对零售商订货策略的影响。Lai 等分别讨论了资金约束下供应链企业在委托策略、预订策略与混合策略下的效率问题,指出预订策略更受面临资金约束的供应商的青睐,供应链最优策略的实现则需要采用混合策略。Caldentey 和 Haugh 以完美金融市场为研究背景,运用 Stackelberg 博弈对存在资金约束的制造商和零售商决策进行了分析。Jiang、Kouvelis 和 Zhao、Chen 聚焦面临资金约束的零售商，其均衡融资策略与生产成本和资金水平等运营参数密切相关。Yan 等以存在资金约束的供应商与零售商为研究对象，运用双重 Stackelberg 博弈方法聚焦有无融资额度的信贷方案，分析供应链金融运营决策与融资决策之间的重要关系，揭示不同利率和融资额度都会影响供应链的协调。

在国内，窦亚芹等通过全面考虑批发价、回购激励、延迟支付和破产风险等因素，分析不同融资模式下供应链的最优策略。易雪辉和周宗放引入核心企业的回购担保机制，通过建立双重 Stackelberg 博弈模型，给出了核心企业的担保程度和存货质押率的关系。仇荣国通过分析存货质押供应链融资模式中各参与方的博弈关系，认为存货质押融资会对银行、中小企业与物流企业的收益产生有利的影响。晏妮娜和孙宝文在供应链金融决策模型中加入了有限融资的限制，给出了该融资模式下各参与方的最优策略和协调决策。张保银和车佳玮通过构建博弈模型，指出相对于传统应收账款融资，供应链金融下的应收账款融资更具帕累托效率。占济州和卢锐通过构建供应商与零售商的 Stackelberg 博弈模型，对比分析了商业信用和存货质押融资模式的选择策略。王庆雯以电商平台为研究视角，分析总结了增加供应链各参与主体收益的相关要素。芦宁和马树建运用 Stackelberg 博弈研究了分散决策下各参与主体最优决策的关系，并求出了参与主体均衡状态下的最优解。

2.3　结构融资理论

◢ 2.3.1　结构融资的概念

结构融资是指企业将拥有未来现金流的特定资产剥离出来，并以该特定资产为标的进行融资。结构融资起源于西方工业化国家，最初用于交易金额较大的自然资源和基础工业的大宗商品，如黑色金属、有色金属、石油等，这些交易的还款来源主要依赖于商品本身出售后的资金来源，而不是主债务人自身的信誉特征。在这类交易中，有些进出口商无法或不愿在资本市场上融资，却又希望能够将融资市场化，便出现了结构融资方式。结构融资开始于 1970 年，被誉为 20 世纪以来金融市场上最重要、最具有生命力的创新之一。结构融资的出现，适应了新技术产业发展及其产品的贸易，以及跨国公司内部的产品国际调拨的需要。

结构融资是通过调整自身现金流量在财务报表中的结构来获得融资，而非从资本市场获得融资，将某项特定的资产从资产负债表中剥离出来进行资产置换，在企业总体的资产负债率不变的情况下，增加了高效资产。之所以将其称为"结构融资"，主要是因为从财务报表的结构考虑了资产的置换。

结构融资可以实现传统市场业务与金融服务的创新，密切结合经济业务或交易内容等情况和要求，将多种不同的融资方式进行组合设计，使得经济业务或交易内容的融资目的得以顺利实现。

2.3.2 结构融资的特征

一般来说，结构融资与具体交易业务密切相关，如发货时间、收货检验、项目建设、运营资金需求、预期收益、收款方式等，是根据卖方或买方为获得该经济业务合同所需要的资金而设计的融资方案。

结构融资具有以下特点。

（1）高度综合性。结构融资包括风险规避、资产证券化、出口信用体系方法、投资银行业务创新，并与传统信贷及结算手段相结合；对现有融资、结算工具进行重新解构、组合，根据具体案例专门设计，为特定项目提供最佳的解决方案；参与方较多，包括制造商、采购商、供应商、银行、进出口商、信贷代理、保险等。

（2）自偿性。结构融资依靠项目本身的还款来源、未来的现金流量、未来的交易状况，而不是靠主债务人的信誉；项目所产生未来销售收入（现金流）须汇至银行指定账户，所收入的现金首先按一定比例用于偿还融资；结构融资项下的实物资产或应收账款等权利资产，必须抵押让渡给银行，一旦出现融资风险，银行可以从抵押或让渡的资产中求偿。

（3）组合性。在锁定未来可实现的现金流入作为还款来源前提下，结构融资把企业的建设、采购、生产、销售以及物流各个环节进行结构分割，分阶段、有机衔接各种融资产品组合授信；将企业的商品经营活动与银行融资产品相结合，而不是简单地资产抵押与抵偿。

（4）为银行和借款人提供更多的选择。银行淡化对企业财务状况基本面的审查，以项目本身的特征作为审查依据；贷款企业无须具备良好的财务状况和信用条件；对银行而言，风险能够得到有效控制；结构融资产品设计还能带来可观的结算收益，可提供优惠的价格。

2.3.3 贸易自偿性理论

贸易自偿性是银行在对需要融资的中小企业进行资信审核的基础上，进一步对交易方进行责任捆绑，在风险控制下对中小企业进行融资。贸易自偿性融资以贸易活动中产生的销售收入作为第一还款源，充分考虑供应链中的物流、资金流、信息流，结合贸易背景、授信主体的行业地位及财务特性对授信主体进行全面评估，从而有利于供应链上下游企业长久稳定的合作关系。

　　首先，贸易自偿性融资能使银行掌握融资企业的真实情况，解决信息不对称问题。其次，贸易自偿性融资可以通过核心企业担保的方式使中小企业信用得到提升。最后，在贸易自偿性融资下，银行将对贸易环境、活动内容、交易对手的信用与规模进行考察，强调对中小企业单笔授信审批，从而能对信贷风险进行有效控制。

　　在供应链金融中，上游企业的债权资产即是下游企业的债务，如供应商的"应收账款"即是核心企业的"应付账款"，凭借供应链上下游企业之间的资金往来情况，可以现金资产替换供应链企业的某项往来账款，从资产负债表中变现为资产置换，实现了在供应链企业的资产负债率不变的情况下增加了资产的效率，实现了资产在财务报表中的结构置换，因此具有"结构融资"的属性，供应链企业资金与资产负债的关系如图 2-1 所示。

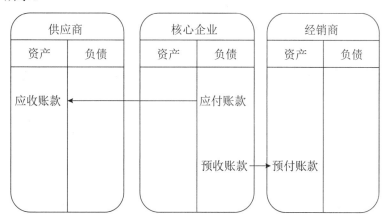

图 2-1　供应链企业资金与资产负债的关系

2.4　复杂网络理论

　　复杂网络（complex network）是指具有自组织、自相似、吸引子、小世界、无标度中部分或全部性质的网络[①]，即一些节点依据某种规则进行链接并在此基础上形成的某个系统。复杂网络的发展经历了规则网络、随机网络和复杂网络三个阶段。

　　复杂网络理论主要通过分析各个节点及其相互关系，研究网络的复杂性及其生成机制，网络中的节点通过抽象图中的点进行刻画，节点之间的关系用抽象图中的连线来表示。复杂网络理论融合了图论科学、统计学、系统科学等多个学科，随着计算机技术的高度发展与计算机运算能力的大幅度提高，学科间的相互交叉研究使得对大规模网络所进行的实证研究取得了突破性的进展。

① 韩健达，郭进利 . 基于复杂网络理论的知识传递模型研究 [J]. 技术与创新管理，2011，32（6）：680-683.

复杂网络理论是研究具有节点众多、结构复杂、链接多样性等特点的网络的重要工具之一，也是研究各种复杂系统的主要方法，被广泛应用于互联网、病毒传播、人际关系、交通、经济等领域的研究。

▲ 2.4.1 复杂网络分析

复杂网络具有小世界、集群化（即集聚程度）、幂律分布等特征，复杂网络分析则是对统计特征量指标的分析，通过对复杂网络的节点度值、平均路径、聚类系数等特征进行分析，科学评估网络中每个节点以及节点之间的网络关系。

1. 度及其分布

度的概念经常出现在图、树、网络等拓扑结构中，度主要用来描述一个节点关联其他节点的直接关系数量。在有向网中，度分为出度和入度。在对网络的研究中，度可以用来初步直观地判断一个节点的重要程度。

目前，对复杂网络的研究主要基于小世界网络和无标度网络两大类，但在社会整体网络的众多研究中，对于实际生活中的复杂网络，节点的度服从幂律分布。幂律分布有很明显的"二八特性"，即少部分节点度数很高，占据了网络中的大部分资源，而大部分节点的度数低。具有幂律分布（也称无标度分布）的复杂网络也被称为无标度网络[①]。现实生活中的大部分网络是无标度网络。

2. 路径与平均路径长度

在网络中，任选两个节点，连通这两个节点的最少边数，就是这两个节点的路径长度。网络中任意两个节点 i 和 j 之间的距离 d_{ij} 可定义为连接这两个节点的最短路径的边数[②]。网络中任意两个节点之间的距离的最大值为网络的直径（diameter），而网络的平均路径长度是任意两个节点之间距离的平均值。网络的平均路径长度也称为网络的特征路径长度（characteristic path length）。任意两个节点之间的路径距离 d_{ij} 的平均值为网络的平均路径长度 L，即

$$L = \frac{\sum d_{ij}}{0.5 \cdot N(N+1)}$$

路径表述的是网络节点间的分离度，可以刻画两个直接相连节点之间的关系强度，平均路径长度可用来直观比较同类网络的节点平均关联强度。

3. 聚类系数

复杂网络具有集聚性，大多数贸易组织形成的网络都有此特征[③]，即一个大网络中

---

① 张连明，许华岚. Internet 自治系统级拓扑复杂网络特征分析与验证 [J]. 计算机工程与应用，2010（22）：139-143.

② 汪小帆. 复杂网络理论及其应用 [M]. 北京：清华大学出版社，2006.

③ 刘潇. 国际贸易复杂动态元网络模型及应用 [D]. 广州：华南理工大学，2011.

有各个集聚的小网络分布并且相互联系。聚类系数可用来衡量一个网络的集聚性程度。假如网络中的某个节点 i 有 k_i 条边和其余节点相连，理论上这相连的 k_i 个邻接点最多有 $k_i(k_i-1)/2$ 条连接边[①]，而实际连接边数量为 E_i，则聚类系数 C_i 定义如下：

$$C_i = \frac{E_i}{k_i(k_i-1)/2}$$

整个网络的聚类系数为节点聚类系数的平均值，聚类系数越大，集聚性越高。相关研究表明，实际生活中的复杂网络集聚系数高于普通随机网络，产业集群网络中中小企业围绕核心企业的特征也如此[②]。

4. 节点影响力指数和网络效率

上述三个特性都是用来刻画网络节点特性或者网络整体结构的特征。对于微观的节点与节点之间的关系紧密度、大小的衡量则需考虑节点影响力指数和网络效率。

在一个关系网络中，每个节点的关系选择是不同的，有的节点被更多行动者选择，有的节点虽然被少数行动者选择，但是选择它的都是影响力大的点，也不能仅仅用度数来衡量，故引进了影响力指数。

复杂网络理论中衡量节点之间信息传播效率的方法有很多，以平均距离和集聚系数为多，但这些都基于无权、稀疏网络。网络效率能反映节点之间信息沟通的有效程度，且适用于加权网络。

◢ 2.4.2　复杂网络应用

无论是在金融领域或者供应链领域，企业之间都会随着市场的发展形成一个复杂网络系统，所以有关学者应用复杂网络针对金融风险开展了丰富的研究。

在金融违约风险研究中，复杂网络与风险传染相结合的研究方法在国内已经广泛应用。陈庭强和何建敏应用复杂网络思想，证明社会网络结构对信用风险传染概率和传染范围是存在显著影响的[③]。邓超等基于复杂网络理论，形成了一个包括网络模拟方法、模型解析结论和网络统计分析等相对全面的金融传染模型算法工具集合[④]。Zhong 和 Zhao 从供应链金融复杂网络拓扑的角度考虑供应链金融的"整体信用"问题，建立模型来优化银行的业务流程[⑤]。

① 巴曙松，左伟，朱元倩 . 金融网络及传染对金融稳定的影响 [J]. 财经问题研究，2013（2）：3-11.

② 蔡宁，吴结兵，殷鸣 . 产业集群复杂网络的结构与功能分析 [J]. 经济地理，2006，26（3）：378-382.

③ 陈庭强，何建敏 . 基于复杂网络的信用风险传染模型研究 [J]. 软科学，2014，28（2）：111-117.

④ 邓超，陈学军 . 基于复杂网络的金融传染风险模型研究 [J]. 中国管理科学，2014，22（11）：11-18.

⑤ ZHONG S，ZHAO Y. A business system towards supply chain finance based on complex network[C]// International Conference on Logistics，Informatics and Service Sciences. IEEE，2016.

违约传染的发生依赖于错综复杂的关联关系，这些关系交错形成网络。因此，违约传染必定与复杂网络的结构特征等密切相关，故很多学者开始结合复杂网络理论知识研究违约传染问题。Egloff 和 Leippold 等提出的是一种信贷传染模型[①]，为很多风险传染研究提供了学术理论支持，首次将微观网络结构考虑到风险传染中，并在 Davis-Lo 模型上加入了网络结构特征[②]，将其进一步扩展到金融、财务、供应链等领域的很多风险传染研究，开启了复杂网络分析方法在风控中的应用。Eboli 进一步探讨金融网络的特征，分析各个特征之间的关系以及它们对违约传染的弹性程度[③]。

在供应链网络及供应链金融网络结构研究的应用方面，刘小峰等对比分析了供应链网络在受到随机或者有意干扰、是否有局部联盟这些情形下的稳定鲁棒性和性能鲁棒性[④]，为供应链网络的鲁棒性分析提供了一定的依据。贺磊和王直杰采用复杂网络研究供应链网络的效率，识别供应链网络的重要节点[⑤]。基于复杂网络理论，在研究供应链复杂网络的结构特征后，Thadakamalla 等提出一种供应链复杂网络的模型，该模型将网络节点分为 Battalion、MSB 和 FSB 三种类型，并且不同类型的节点新增时采取了不同的增长机制[⑥]。

综上所述，复杂网络广泛应用于供应链网络结构分析以及供应链金融违约传染评估，相关学者建立了供应链金融违约风险度量和传染模型。

◢ 2.4.3　供应链金融复杂网络特性

供应链金融是整合了整个供应链产业的复杂网络。供应链企业内的供应关系、同级企业之间的业务往来、供应链金融担保关系、上下游企业之间交叉持股等，使得供应链金融系统具有复杂网络的特征，增加了供应链金融风险管理的难度。因此，结合复杂网络来研究供应链金融违约风险的思路开始在学术界引起关注。

在供应链金融服务中，企业之间的违约是相互关联的。一方面，系统中的企业受宏观经济的普遍影响，其也被称为因果传染；另一方面，企业之间存在错综复杂的关联关系，当某企业出现违约时，其违约风险会传染给其他企业，导致其他企业违约概率增加，这些情况则被称为违约传染。如果供应链金融违约传染过程未得到有效的控

---

① EGLOFF D，LEIPPOLD M，VANINI P. A simple model of credit contagion[J]. Social science electronic publishing，2007，31（8）：2475-2492.

② DAVIS M，LO V. Infectious defaults[J]. Quantitative finance，2010，1（4）：382-387.

③ EBOLI M. Systemic risk in financial networks：a graph-theoretic approach[J]. Journal of finance，2007（12）：1245-1248.

④ 刘小峰，陈国华. 基于复杂网络的供应链鲁棒性分析 [J]. 东南大学学报（自然科学版），2007（S2）：237-242.

⑤ 贺磊，王直杰. 基于复杂网络的供应链网络效率研究 [J]. 计算机仿真，2012，29（8）：183-186.

⑥ THADAKAMALLA H P，RAGHAVAN U N，KUMARA S，et al. Survivability of multiagent-based supply networks：a topological perspective[J]. IEEE intelligent systems，2005，19（5）：24-31.

制，可能会在产业系统中造成一系列的违约连锁反应，引发全局性的违约债务危机。"互联网 +"以及全产业的发展加剧了供应链金融违约传染的复杂性。

【案例 2-1】2014 年，山东的长星集团投资风电项目资金链断裂，致使与其关联的十六七家企业遭遇损失，总共涉及贷款量达 10 亿元。有关统计数据表明，该产业系统的违约风险持续蔓延，相关企业的贷款不良率上升至 2.06% 和 2.14%，至 2017 年，银行的违约贷款达上千亿元。

因此，在供应链金融复杂网络形成之后，供应链金融违约风险进一步加剧，违约传染具有周期长、识别难、危害面积广等特征。随着供应链金融的发展，供应链金融、互联网和产业的结合使得整个产业供应链金融系统中的参与企业越来越多，而这些企业由于错综复杂的供应关系、担保关系、交叉持股等形成了一个复杂的关系网络。

在供应链金融复杂网络中，银行获取的信息更多，授信模式也从单一授信转为整体授信、结构授信，进一步凸显供应链金融的优势。对于中小企业而言，整个行业的稳定提高了融资的可能性；对于核心企业，规模化融资能提升供应链的运作效率，进一步扩大市场规模和提升供应链竞争能力；对于银行而言，随着产业链的融合进一步加强，在供应链上下游可形成更加广泛、潜在的长期客户群。供应链金融复杂网络也在一定程度上促进了整个供应链金融系统健康、稳健和可持续发展。

因此，供应链金融复杂网络中的企业分布具有明显的"二八"分布特征，即上下游中小企业围绕核心企业，这使得网络中几乎 80% 的资源集中在大约 20% 的企业上。核心企业占少部分，并与大部分的上下游中小企业关联，而这部分中小企业节点度比较低，且有融资需求，需借助与核心企业的业务担保获取融资。此外，网络形成了以各个核心企业为中心的大小不一的"小集团"，集聚性明显。这些特征都契合了复杂网络的部分特性。

复杂网络主要包括随机网络、规则网络、无标度网络和小世界网络四种类型[①]，这些类型的划分依据为网络拓扑结构。研究发现，实际生活中的复杂网络的度是服从幂律分布的，集聚系数高于普通的随机网络，符合无标度网络的特性。关于供应链网络及供应链金融的研究也认为，供应链金融复杂网络的网络拓扑类型符合无标度网络的特征[②]。

根据复杂网络分析方法，供应链金融复杂网络的网络拓扑类型符合无标度网络的特征，所以供应链金融复杂网络系统的关系特征定义如下。

（1）节点：供应链金融复杂网络中有资金来往的企业。企业规模不同，资金实力不同，业务量不同，各节点在网络中的集聚性也会有所差别。

（2）边：两节点之间有关系往来，存在资金流动，则边存在；反之，则无边。

---

① 杨康 . 基于复杂网络理论的供应链网络风险管理研究 [D]. 北京：北京交通大学，2014.

② 沈爱忠，郭进利 . 复杂网络理论视角下供应链金融风险分析与控制 [J]. 科技与管理，2013，15（5）：107-110.

（3）方向：供应链方向或者担保、持股关系的方向，即从上游材料商到终端零售商，从持股企业到被持股企业，从担保企业到被担保企业。

（4）边权重：对于边的权值问题，一般假定边权重为企业关系对应的平均资金量。事实上，对于每条关系，资金只不过一个流出，一个流入，只要交易出现违约，对双方资产而言都是一笔坏账，即资金量的影响是双向的。

（5）路径：d_{ij} 表示节点 i 和节点 j 之间的路径长度，两企业之间的资金量越大，关系越紧密，即权重 w_{ij} 越大，则路径越短，故定义如下：

$$d_{ij} = \frac{1}{w_{ij}}$$

1. 综述供应链金融的理论基础以及主要学术观点。

2. 请结合新冠疫情对全球产业链供应链的影响，分析产业链供应链的动态化、多样化、网络化、复杂性特征。

3. 试分析供应链金融服务中核心企业与上下游企业等各种参与主体之间的协调与博弈关系。

4. 请运用信息不对称理论分析供应链金融实践中出现的重复质押、虚假货权凭证等问题的本质及其管控措施。

5. 信息不对称在经济贸易合作关系中普遍存在，试分析信息不对称因素对供应链金融的影响。

嘉年华公司食品运营总监的烦恼

● 嘉年华公司概况

嘉年华公司是全球最大的邮轮运营商之一，公司经营嘉年华邮轮、公主邮轮、荷兰美线、丘纳德线、歌诗达邮轮和 P&O 邮轮。嘉年华公司总部设在美国佛罗里达州迈阿密和英国伦敦。公司经营着一支超过 80 艘的工作船队，通常有超过 15 万的游客以及 65 000 名船舶员工，可在任何给定时间起航。

在北美市场，冬季执行加勒比海游轮旅游的时间从 11 月延伸至次年的 4 月。有代表性的加勒比海行程是 7 天时间以及 3～4 个停靠港口，这些港口可能包括巴哈马群岛、美属维尔京群岛、波多黎各、哥斯达黎加、特克斯和凯科斯群岛，通常是从迈阿密港出发。在夏季（6—8 月），邮轮的市场定位重新调整为服务于东北海岸。从纽约出发，为期 4 天的行程通常包括停靠在加拿大新不伦瑞克省的圣约翰港口。北美邮轮市场需求稳步增长。北美邮轮业由三大机构所主宰，除了嘉年华之外，还有皇家加勒比和挪威邮轮，两家公司结合起来控制了 80% 以上的市场份额。

● 邮轮食品消费需求

邮轮拥有超过 4 000 人（包括 3 000 名嘉宾和 1 000 名船员）规模的消费者。因受到多种因素的影响，预测邮轮食品消费比预期要困难。邮轮食品消费面临各种问题，诸如：

（1）每周都有 3 000 名新客人，他们的口味、食物过敏情况以及饮食习惯都不同。

（2）客人的总人数周复一周地波动。

（3）当参观停靠港时，有些客人经常到岸上观光，则会少吃船上的食物。而其他客人在某些或所有港口都更喜欢待在船上。"倾向游览"的客人与"恋家"的客人的比例随航班的不同而不同。

（4）偶尔，由于天气条件或机械故障而改变行程。此时厨房会遇到更高的粮食需求，因为没有人会在停靠港口进食。

● 邮轮公司食品采购措施

品质控制是所有邮轮的关键。作为嘉年华质量控制程序的一部分，船舶仅限于采购和准备食品药品监督管理局（Food and Drug Administration，FDA）批准的食物和饮料。实际上，这使船舶失去了在停靠港口购买额外供应物的能力。此外，船舶被要求在离开迈阿密港的时候携带为期两周的库存。这为安全的食物储备提供了"保险"，防止船舶因为被禁用或过长时间滞留在海上而发生食物短缺。

对于大部分食品采购项目，食品运营总监路易吉·佐丹奴（Luigi Giordano）都采用简单消费替换方式。例如，离开迈阿密之前，他把 96 000 个鸡蛋作为目标。在处理鸡蛋订单时，他订购足够多的鸡蛋，以便完成"补仓"剩余库存至 96 000 个的目标。这些供应商都是专门挑选出来的，具备在船舶停泊在迈阿密很短的 6 个小时内提供高品质的商品的能力。

● 食品供应商管理

嘉年华主要与一些大型服务经销商打交道。这些经销商与多家代理商和制造商共事，为嘉年华提供各种各样的食物和饮料，并且协调所有影响交付给登陆港口的物流细节。在成为合格供应商之前，经销商必须满足最低要求。所有产品的定价都是由总公司采购商与合适的经销商代表协商制定，并且通常以 6～12 个月的固定价格合同正式生效。供应商的固定价格合同涵盖了超过嘉年华食品采购的 80%。

嘉年华大约有 95% 的物资都在登陆港口收到，其余则在停靠港口补给，通常是预留给新鲜产品的"补仓"。

根据各个供应商的相对采购成本、按时交货绩效以及可选择性等因素，为符合最低要求的供应商打分。然后，将位居前五位的分销商或供应商列入首选的供应商名单中。一般准则要求每艘船花销预算80%及以上的食品，需要选择名单上前三名的分销商或供应商，并按类型将包装商品、新鲜产品以及肉类等单独列出。

最后，每个供应商都生成一张满足或超过嘉年华要求的产品列表，包括品牌识别、存储时长、价格、质量、缺少包装和易于制备等要求。简约包装是至关重要的，因为在航行期间，食物垃圾和生活垃圾必须存放船上。食品简单易制作也是非常重要的，因为厨师存在大量的人员流动。当然，船上的工作人员可以在分销商的产品列表中进行订购。总公司采购商将不定期地与经销商携手共创网站"嘉年华热门优惠"，这些都是典型的限时促销优惠。邮轮允许并鼓励为即将到来的航行订购最符合乘客需要的食品和饮料。

佐丹奴专门遴选了两家供应商作为包装商品和肉类的首选经销商。这两家经销商分别承担了邮轮年度采购包装商品和肉类的95%和90%。伊特韦尔经销商（Eatwell Distributors）则是新鲜产品的首选供应商。这三家供应商都与嘉年华有为期两年的合同，支付条款都是记账45日后付款，即先货后款。

资料来源：FRANKEL R M. The definitive guide to supply chain best practices: comprehensive lessons and cases in effective SCM[M]. Upper Saddle River，NJ：Pearson Education Inc.，2013.

分析问题

1. 分析嘉年华公司食品供应链的特征与挑战。

2. 结合嘉年华公司食品采购实践，讨论食品供应链的动态化、多样化、复杂化的需求特征及其应对措施。

3. 请站在食品运营总监路易吉·佐丹奴的角度，分析完善嘉年华公司食品供应链的管理建议。

第二部分
实战与技术篇

> 供应链金融的发展得益于广泛的实践推广与应用。各类融资服务创新在管理实践中不断涌现和发展，并且服务于企业融资需求。本部分将围绕供应链金融服务需求，重点介绍供应链金融服务模式、物流监管以及风险管理内容，为供应链金融实践提供理论指导和技术参考。

第3章　预付款类供应链金融模式

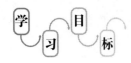

1. 掌握企业生产经营过程中形成的预付类资产种类及其相互关系。

2. 分析先票（款）后货授信、保兑仓、信用证等融资方式的业务流程及其业务要点。

3. 结合供应链金融实践，分析预付类资产的供应链融资流程、风险及其控制措施，以及和传统金融风险管理的区别与联系。

供应链金融促进摩托车产业发展

重庆永安配件厂（以下简称"永安厂"）是一家专为本市知名摩托车企业飞翔摩托生产零配件的企业，供应链结构如图 3-1 所示。飞翔摩托车出口量较大，已经和永安厂签下了长期供货合同。然而，基础建设已将永安厂的流动资金消耗殆尽，该厂急需采购原料款来完成订单，否则就可能破产。该厂将所有资信材料备齐，分别向几家大银行申请贷款，结果都被拒之门外，主要理由是：缺乏有效的抵押物和担保措施，信用不足；单笔贷款金额小，笔数却多，贷款风险较大，收益较低；中小企业普遍有偷漏税的行为，如果提供银行贷款可能得不偿失。

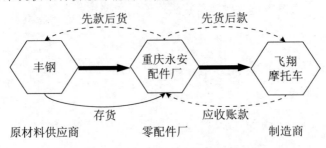

图 3-1　摩托车配件企业的供应链结构

深圳发展银行得知该厂的资金困难后，重新对企业资信开展评估，评估的重点侧重于企业所在供应链的上下游企业的经营情况，具体包括：

- 永安厂上游是什么企业，实力是否雄厚？
- 永安厂下游是什么企业，实力如何？
- 永安厂的产品销售情况如何，一年订单有多少？

通过评估，银行认为永安厂的困难在于它的上下游都是强势企业。丰钢（供应商）要求先款后货，下游的飞翔摩托要求先货后款，挤占了永安厂有限的流动资金。永安厂也有优势，即订单充足，产能较高。永安厂上下游企业虽然要求苛刻，却资本雄厚，信用度高。通过科学评估，银行决定为企业提供相关的融资服务。

措施一：银行、永安厂及丰钢可以协商后签订三方协议，先票后货。银行直接将原料款支付给丰钢，丰钢接款后，发货到银行指定地点，由银行指定的物流监管方进行24小时监管，形成存货质押融资。永安厂每接一笔订单，交一笔钱给银行赎货，银行就指令仓储监管机构放一批原料给永安厂，从而完成这一轮的生产。

措施二：针对飞翔摩托车屡屡拖欠货款的现状，永安厂只要将应收款委托给银行管理，银行就可以根据这些应收账款的数额，给予永安厂一个融资额度，永安厂凭此额度可获得连续的融资安排和应收账款管理服务，无须提供其他保证或抵押担保。

通过与该银行三年的合作，永安厂的销售收入从6亿元增加到25亿元。

资料来源：深发展：供应链金融 [EB/OL]. （2008-03-11）. http://finance.sina.com.cn/hy/20080311/18154608354.shtml.

启发问题

1. 分析我国中小企业在产业链中的地位及所起的作用及影响因素。

2. 分析摩托车配件企业在供应链竞争中的优势与挑战，并针对融资难问题提出相关措施和建议。

根据质押标的物的不同，一般将供应链金融划分为预付款类融资、存货类融资和债权融资等模式。随着供应链金融实践深入发展，各类金融产品和服务不断演化与创新，国外学者关于供应链金融运作模式的研究主要从资金流管理视角展开，即供应链金融管理（financial supply chain management，FSCM），并分别从资金流、物流与信息流等视角开展了广泛研究。

3.1 预付款类融资概述

3.1.1 预付款类融资的产生动因

近年来，随着企业资金规模的日益增长和大企业在供应链中地位的不断提升，作为供应链上游的核心企业往往要求下游的中小企业提前支付货款，通过这种不平等的贸易条件，将自身的资金占用成本和财务成本转嫁给原本资金流就很紧张的下游中小企业，这就导致了下游中小企业产生更大的资金缺口。处于供应链下游的中小企业因为缺少可抵押的担保物、信用等级较低，很难依靠传统融资渠道从银行获得资金，无奈之下只能选择融资成本更高的民间融资渠道，以解决资金流短缺的燃眉之急，进而挤压了企业更多的利润空间。对于供应链系统而言，倘若供应链下游企业因流动资金问题而不得不缩减企业经营规模，则会对供应链核心企业乃至整条供应链造成影响，影响整体运行效率，甚至形成恶性循环。

面向下游中小企业的供应链金融预付款类融资能够有效地帮助供应链上下游企业解决资金困境。预付款类融资最早出现在国际贸易中的信用证融资中。为了解决贸易双方的互相不信任问题，银行充当了中间人，进口商只需缴纳较少的保证金就可以向银行申请开出信用证，而银行在确认出口商按照合同发货后向其支付全部货款，这种为了解决贸易双方不信任问题的支付模式就成了最早的预付款类融资。相对于国外应收账款融资和库存融资（accounts receivable and inventory financing，ARIF）的快速发展，我国预付款类融资的市场规模更大、需求更加多元化，催生了不同形式的预付款类融资模式。

3.1.2 预付款类融资的内涵

预付款类融资主要面向供应链下游的中小企业，以下游中小企业和上游核心企业的真实交易为基础，是以下游中小企业向上游核心企业支付的预付款为质押对象而提供的融资服务模式。目前主要的预付款类融资模式有先票（款）后货授信、保兑仓融资、信用证融资等。

从产品分类而言，可以把预付款类融资理解为"未来存货的融资"。预付款类融资的担保基础是预付款项下客户对供应商的提货权，或提货权实现后通过发货、运输等环节形成的在途存货和库存存货。下游中小企业通过银行向上游核心企业支付预付款后，再将上游企业开具的提货单质押给银行，银行再根据下游企业的分期付款指示物流企业分批发货，或是货物在银行指定的物流公司监管下形成的在途库存质押或者存货质押，由此可以将预付款类融资视为对未来的存货进行提前融资。

供应链金融下的预付款类融资相较于传统信贷模式下的预付款授信业务有所不同，主要区别在于：传统信贷模式下的预付款授信业务需要融资企业有一定抵押物作为担保，而供应链金融模式下的预付款类融资则以供应链上下游真实交易下的未来货权为担保。预付款类融资是以未来货权作为担保，以下游企业对所采购的货物进行直接销售或再生产后销售所获得的回款作为还款来源，具有自偿性，同时上游核心企业的回购承诺又降低了银行所承担的融资企业无力偿还贷款所带来的违约风险，保障了银行的利益，使预付款类融资模式形成了一个闭环。因此，预付款类融资能够有效缓解供应链下游中小企业的资金短缺问题，有效摆脱供应链协调困境，使上下游企业扩大生产规模，提升供应链整体效率，这也为银行带来了新的利润渠道，对经济发展具有很大促进作用。

3.1.3　预付款的选择标准

供应链金融具有显著的自偿性特征，对融资企业的资质要求门槛较低，更加注重供应链上的物流、资金流等直接或间接还款来源或资产。因此，需要对供应链金融业务中授信资产进行科学分析和评估。

预付款类融资是面向未来即将获得的存货的融资，此类融资除了应满足存货类抵（质）押物选择的原则外，还需要满足有关货权的要求。

1. 在途责任的明晰

货物在途运输的过程中存在一系列不确定性，包括抢盗风险、不可抗力下的货物灭失、运输延迟、冒领、颠簸损毁等。因此，应明确在途风险的承担方。对于风险承担人以商业保险方式规避部分风险的情况，保险受益人应指定为银行。

2. 上游的责任捆绑

供应链融资授信的过程中，上游企业的责任包括：发货的及时性责任、回购或调剂销售责任、货物跌价补偿责任，甚至上游的连带担保责任。对于上游承担不同程度的责任，银行对抵（质）押物的准入标准可以重新考量。例如，如果上游企业的条件完全符合保证担保业务中保证人的所有标准，则对抵（质）押物的选择可以放宽要求。

3.2　先票（款）后货授信

3.2.1　先票（款）后货授信的概念

先票（款）后货授信融资模式是以核心企业与下游企业真实交易为基础，下游企业向银行缴纳一定比例的保证金后，将准备购买的货物向银行出质进行融资，并运用银行的融资款作为预付款支付给核心企业。银行按照下游企业的分期还款进度，通知第三方物流企业（3PL）分批向下游企业释放质押物。

先票（款）后货授信融资模式可以看成是存货质押融资的发展和衍生。在下游企业利用银行融资款支付预付款后，在行使监管职能的第三方物流企业尚未收妥货物之前，银行对供应链下游企业的融资实际上无担保，此时供应链下游企业向银行出质的是融资项下的未来货权。在上游企业发货之后，则以供应商发出的货物作为质押物，形成存货质押。

【案例 3-1】   **手机经销商的供应链金融服务**

南京某手机经销商，通过与广发银行南京分行进行物流业务合作，获得了银行的授信额度，有效解决了手机经销商的流动资金短缺问题。在业务操作中，手机经销商只需交纳 50% 保证金，便可取得银行开出的 100% 的承兑汇票。

手机经销商将承兑汇票传真给摩托罗拉公司，获得摩托罗拉公司认可后，再将货发给第三方物流公司，由物流公司负责监管并给经销商发出监管确认书。然后，经销商付款赎回货物后，由摩托罗拉给物流公司发出指令，将货发出。通过这种方式，这家经销商的销售周期缩短了 1/3，平均只需 20 天。手机供应链金融服务如图 3-2 所示。

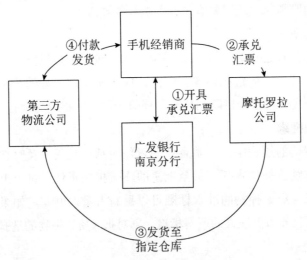

图 3-2 手机供应链金融服务

资料来源：根据中央电视台《经济半小时》相关报道整理，2016 年 3 月。

▲ 3.2.2 先票（款）后货授信的融资流程

先票（款）后货授信融资的参与主体包括供应链上下游企业、银行以及第三方物流企业，业务流程如图 3-3 所示。

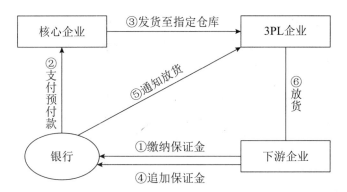

图 3-3　先票（款）后货授信融资业务流程

注：① 供应链核心企业、下游中小企业、银行、第三方物流企业达成协议后，下游企业向银行缴纳一定金额的保证金。

② 银行对下游中小企业授信，并将融资款直接支付给核心企业。

③ 核心企业向下游中小企业发货，直接将货物运抵第三方物流企业进行监管。

④ 下游企业根据经营需要向银行追加保证金赎货。

⑤ 银行根据下游企业追加保证金的金额，通知第三方物流企业发货。

⑥ 第三方物流企业向下游企业发放指定部分货物。

3.3　保兑仓融资

3.3.1　保兑仓融资的概念

保兑仓融资也称担保提货授信融资，属于卖方信用担保下的买方信贷融资，是对先票（款）后货授信融资模式的衍生。保兑仓融资是以上游核心企业与下游中小企业真实交易为基础，下游企业向银行缴纳一定比例的保证金后，银行向下游企业贷出全额货款，并用于支付核心企业预付款，下游企业出具全额提单向银行出质，之后银行根据下游企业分批次支付的保证金来通知核心企业向下游企业发货的授信业务。

在保兑仓业务中，作为信用资质较好的上游核心企业需要对融资作出担保。在授信到期时，如果下游中小企业累计支付的保证金小于到期贷款金额，上游核心企业需要对其差额部分以及逾期利息、罚息承担连带担保责任，并承担该差额部分的退款。当货物是在第三方物流公司监管下时，上游核心企业还需承诺在下游中小企业无力偿还贷款时对货物进行回购，减少因为下游企业违约给银行带来的损失。

保兑仓融资模式与先票（款）后货授信融资模式具有很大相似性。两者均是以供应链上下游真实交易为基础，以银行的授信融资来支付预付款，并分期支付保证金贷款来取得货物。但这两种模式也存在本质差异，先票（款）后货融资是存货质押融资的衍生，在上游发货后或货物到达指定监管地点后就转变为现货抵质押。这两种模式中，保兑仓融资的卖方参与度更高，需要对买方信贷融资作出担保并承诺回购。

◢ 3.3.2 保兑仓融资的流程

在保兑仓融资实际业务中，可以根据有无第三方物流企业参与将其分为三方保兑仓模式和四方保兑仓模式，这两种模式已广泛应用在多个行业的供应链预付款环节。由于参与方的不同，两种模式的业务流程也有所不同。

1. 三方保兑仓模式业务

三方保兑仓模式业务的参与方为核心企业、下游中小企业和银行。各个参与方均有不同的分工。其中，核心企业负责发货及按照银行的指令管控货物，并承担连带保证担保、差额退款或货物调剂销售责任；下游中小企业负责在银行融资，并向核心企业采购货物；银行负责向下游企业提供融资支持且融资定向支付给核心企业。

三方保兑仓模式下，业务主要流程如图 3-4 所示。

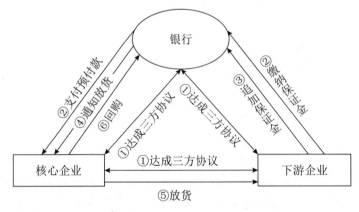

图 3-4　三方保兑仓模式业务主要流程

注：① 银行、核心企业、下游中小企业签署三方业务合作协议，下游企业向银行申请开立银行承兑汇票（或流动资金贷款、国内信用证等）。

② 银行对下游中小企业授信，并将融资款直接支付给核心企业。下游企业缴纳保证金。

③ 下游企业根据经营需要向银行追加保证金以申请提货。

④ 银行根据下游企业追加的保证金通知核心企业发货。

⑤ 核心企业向下游企业发货。注意：如此循环操作，直至发货完毕，银行融资敞口同时填平。

⑥ 若下游企业违约（未在约定时间内付款提货），银行则通知核心企业向银行退回下游企业所未提货部分对应的款项；或履行连带担保责任；或对货物调剂销售后，将销售款项支付银行，用于偿还所欠融资款。

三方保兑仓模式业务中，银行将货物监管交由核心企业负责。在融资实践中，为了便于控制货物的流动，在三方保兑仓模式的基础上引入第三方物流企业来对货物进行专门监管，这就形成了四方保兑仓模式。

2. 四方保兑仓模式业务

四方保兑仓模式业务的参与方为核心企业、下游中小企业、银行及第三方物流企业。其中，核心企业负责发货及承担连带保证担保、差额退款或货物调剂销售责任；下游中小企业负责在银行融资，并向核心企业采购货物；银行负责向下游企业提供融资支持，且融资定向支付给核心企业；第三方物流企业负责监管货物。其业务主要流程如图 3-5 所示。

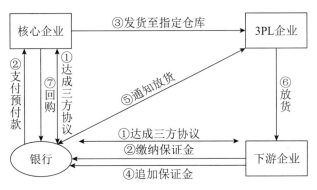

图 3-5　四方保兑仓模式业务主要流程

注：①银行、核心企业、下游中小企业签署三方业务合作协议，下游企业向银行申请开立银行承兑汇票（或流动资金贷款、国内信用证等）。

②银行对下游中小企业授信，并将融资款直接支付给核心企业。下游企业缴纳保证金。

③核心企业向监管方（第三方物流企业）交付货物，同时下游企业将所购买的货物质押给银行。

④下游企业根据经营需要向银行追加保证金以申请提货。

⑤银行根据下游企业追加的保证金通知第三方物流企业发货。

⑥第三方物流企业向下游企业发货。注意：如此循环操作，直至发货完毕，银行融资敞口同时填平。

⑦若下游企业违约（未在约定时间内付款提货），银行则通知核心企业向银行退回下游企业未提货部分对应的款项；或履行连带担保责任；或对货物调剂销售后，将销售款项支付银行，用于偿还所欠融资款。

第三方物流企业的介入，可以有效发挥其专业的物流监管能力，降低商业银行开展保兑仓融资业务的风险，拓宽物流企业的服务范围。

3.3.3　保兑仓融资模式的意义

保兑仓融资模式主要解决了中小企业在商品采购阶段的资金短缺问题，其意义如下。

（1）对于中小企业而言，不占用资金和库存，并且通过大批量采购可以获得优惠价格。同时，因为大批量采购并不占用资金和库存，所以下游中小企业可以在淡季时以较低价格大批量采购，降低原材料成本。

（2）对于上游核心企业而言，下游中小企业通过这种模式向其支付的大额预付款可以缓解核心企业自身的流动资金紧张问题，同时下游中小企业的大批量采购锁定了未来销售，使销售稳定性增强，上游核心企业可以据此提前制订好生产计划，降低生产成本。

（3）对于银行而言，有信用资信较好的核心企业做担保，在部分实际业务中也有第三方物流企业的参与，分散并减低了银行所承担的风险。同时，保兑仓融资模式为银行挖掘出了新的客户资源，拓展服务范围，扩大其信贷方面的规模，使其盈利增加。

（4）对于宏观经济而言，保兑仓融资模式解决了中小企业采购环节的融资问题，有利于扶持占据市场经济主要地位的中小企业发展。而供应链整体效率的提升又进一步促进了各个行业的产业发展，对宏观经济十分有利。

3.3.4　保兑仓融资模式的风险管理

1. 核心企业的风险

（1）产品回购风险。随着市场需求不断变化和市场不确定因素的增多，供应链下游企业为了获得更低的采购价格而大批量采购，当市场需求不足或其他原因影响产品未能按时销售回款，造成贷款企业无力偿还贷款时，上游核心企业不得不对产品进行回购，此时会给上游核心企业带来较大经济损失。

（2）供应链风险扩散。在保兑仓融资模式下，下游企业如果在到期前未能足额偿还贷款，上游企业需要承担连带担保责任。因此，在这种模式下，供应链上下游被连成一体，某个环节的信用问题会通过供应链链条不断延伸，风险会随之扩散，下游企业资金方面的问题自然会影响上游企业。

2. 银行的风险

（1）欺诈风险与操作风险。整个贸易过程涉及多次货物流动、资金流动、法律文本的签订与银行内部多项审批程序。外部信息不对称可能会引发银行内部操作不当以及欺诈风险。如果第三方物流企业的信息化程度低，监管能力不强，会进一步增加内部人员作案和操作失误的机会，加剧操作风险和欺诈风险。操作风险主要包括单据的传递和接收、票据丢失给银行带来的纠纷问题等。

（2）融资产品选择风险。并非所有产品都适合回购，因为一些产品的时效性很强或是产品质量易随时间发生变化，当下游企业没能在到期前偿还贷款时，上游企业可能会拒绝回购剩余产品，而产品质量变化本身也会带来很多纠纷问题。

（3）客户资信风险。保兑仓融资涉及环节较多，涉及上下游企业和物流企业。如果供应链其中一个环节的资信出现问题，风险随着供应链蔓延，从而影响银行的回款和业务开展。

3.4 信用证融资

3.4.1 信用证的概念

在贸易实践中，由于交易双方的不信任，特别是在两个不同的国家交易时，买方总是担心支付货款后卖方不按照合同要求发货，卖方也担心发货后买方不按照合同支付货款，因此双方都希望有一个信用更好的中间人来从中做担保，保证对方能够按照合同执行承诺。商业银行因为自身较高的信用度、充足的资金流以及在信贷、支付结算方面的经验成为一个理想的中间人，信用证正是银行在担保中所使用的工具。

拓展阅读 3.1
预付款保函

信用证（letter of credit，L/C）是指开证行根据申请人的要求和指示向受益人开具的，在一定期限内凭符合信用证条款的单据，即期或在一个可以确定的将来日期承付一定金额款项的书面承诺。它是一种保证承担支付货款责任的书面凭证。根据 2007 年修订的《跟单信用证统一惯例》（UCP600），信用证是一项不可撤销的安排，构成了开证行对符合信用证要求的提单予以交付的确定承诺。在信用证内，银行授权出口人在符合信用证所规定的条件下，以该行或其指定的银行为付款人，开具不得超过规定金额的汇票，并按规定随附装运单据，按期在指定地点收取货款。

信用证是一种银行有条件保证付款的书面承诺，通常包括以下三个要素：开证行开出的确定承诺文件；开证行承付的前提条件是相符交单；开证行的承付承诺不可撤销。

信用证的产生与世界贸易发展密切相关。有学者认为，信用证的起源可以追溯到古罗马时代。在古罗马法中对商品在生产流通时的物权以及债权都作出了明确的规定。也有学者认为，信用证可以追溯到 12 世纪，当时的教廷、贵族和大地主常常让奴仆去很远的地方采购一些商品，而当时的欧洲正处于黑暗的中世纪，交通运输并不方便，不适合携带笨重的金银，同时战乱和强盗横行也导致了携带大量现金很不安全，于是当时的达官贵人就通过信件联系当地的亲友，请求他们将货款先行借给自己派去采购商品的奴仆来满足采购的需要，这样也就产生了信用证的雏形。

事实上，真正由银行出具的信用证只有两百多年的历史。银行最初出具的信用证源于 19 世纪初的旅行信用证。旅行信用证是为了方便旅客到国外旅游时支付方便，由银行开具的信函式信用证。第一次工业革命后，由于大工厂的不断兴起和海运的不断发展，国际贸易进入了高速发展的黄金时期，提单的广泛使用使得国际贸易从原始的实际交货发展到象征性交货的新阶段。象征性交货的核心是单据的买卖。卖方以交单代替了交货，买方凭单付款，单据的买卖代替了货物的买卖，在这样的基础上，产生了信用证支付方式，给买卖双方都带来了很大的便利。

随着国际贸易的不断发展，跟单信用证也渐渐兴起。20世纪初期，由于第一次世界大战的影响，国际市场经常出现剧烈波动，这对各国商业和经济领域危害甚大，加之国际贸易中的违约、毁约等现象频繁发生，最终导致国际贸易秩序被打乱。在这种条件下，出口商逐渐不再使用当时较为流行的跟单托收结算方式，转而采用跟单信用证方式进行结算，以便更好地保障货款的安全收回。当时的这种时代背景也在一定程度上促进了信用证自身的发展完善。在国际商会的推动下，《跟单信用证统一惯例》逐渐发展起来，该惯例旨在使信用证在全世界范围内成为可靠的支付工具，从1933年的第一版颁布之后一共经历了多次修订，有力促进了信用证的推广和应用。

▲ 3.4.2　信用证的种类

1. 按信用证项下的汇票是否附有货运单据分类

（1）跟单信用证（documentary credit）。跟单信用证是凭跟单汇票或仅凭单据付款的信用证。此处的单据指代表货物所有权的单据（如海运提单等）或证明货物已交运的单据（如铁路运单、航空运单、邮包收据）。

（2）光票信用证（clean credit）。光票信用证是凭不随附货运单据的光票（clean draft）付款的信用证。银行凭光票信用证付款，也可要求受益人附交一些非货运单据，如发票、垫款清单等。

在国际贸易的货款结算中，绝大部分使用跟单信用证。

2. 按开证行所负的责任分类

（1）不可撤销信用证（irrevocable L/C）。根据国际商会1993年颁布的《跟单信用证统一惯例》（UCP500）有关规定，只要受益人依信用证条款规定已得到了议付、承兑或延期付款保证，该信用证即不能被撤销或修改。2006年通过的《跟单信用证统一惯例》（UCP600）则规定银行不可开立可撤销信用证，常用的都是不可撤销信用证。不可撤销信用证是指信用证一经开出，在有效期内，未经受益人及有关当事人的同意，开证行不能片面修改和撤销，只要受益人提供的单据符合信用证规定，开证行必须履行付款义务。

（2）可撤销信用证（revocable L/C）。可撤销信用证是指开证行不必取得受益人或有关当事人同意有权随时撤销的信用证，应在信用证上注明"可撤销"字样。如果信用证中未注明是否可撤销，则应视为不可撤销信用证。

3. 按有无其他银行加以保证兑付分类

（1）保兑信用证（confirmed L/C）。开证行开出的信用证，由另一银行保证对符合信用证条款规定的单据履行付款义务。对信用证加以保兑的银行被称为保兑行。

（2）不保兑信用证（unconfirmed L/C）。开证行开出的信用证没有经另一家银行保兑。

4. 按付款时间分类

（1）即期信用证（sight L/C）。即期信用证是指开证行或付款行收到符合信用证条款的跟单汇票或装运单据后，立即履行付款义务的信用证。

（2）远期信用证（usance L/C）。远期信用证是指开证行或付款行收到信用证的单据时，在规定期限内履行付款义务的信用证。

（3）假远期信用证（usance credit payable at sight）。信用证规定受益人开立远期汇票，由付款行负责贴现并规定一切利息和费用由开证人承担。这种信用证对受益人来讲，实际上仍属即期收款，在信用证中有"假远期"条款。

5. 按受益人对信用证的权利可否转让分类

（1）可转让信用证（transferable L/C）。可转让信用证是指信用证的受益人（第一受益人）可以要求授权付款、承担延期付款责任，或当信用证是自由议付时，可以要求信用证中特别授权的转让银行，将信用证全部或部分转让给一个或数个受益人（第二受益人）使用的信用证。开证行在信用证中要明确注明"可转让"（transferable），且只能转让一次。

（2）不可转让信用证（untransferable L/C）。不可转让信用证是指受益人不能将信用证的权利转让给他人的信用证。凡信用证中未注明"可转让"，即是不可转让信用证。

◢ 3.4.3　进口押汇信用证融资

进口押汇信用证融资简称进口押汇融资。在国际贸易中，信用证融资主要是针对进出口企业由于存在信息不对称而相互不信任所采取的授信方式，将商业信用转化为银行信用，从而增大进出口企业进行贸易往来的可能性。在实际业务开展过程中，进口押汇信用证融资模式还可以为处于供应链下游的中小企业开展进口业务提供融资解决方案。进口企业只用向开证行支付较少的保证金就可以进口较大规模的货物，为进口企业提供了杠杆缓解资金不足和资金占压的问题，同时进口后货物转为存货质押融资，进口企业不用立即付款赎单。而银行控制进口企业信用证下单据所代表的货权，并将其作为还款来源，从而降低自身开展业务时所面临的风险。

当议付行（通常是受益人开户行）将单据交到开证行，开证行经过严格审单后无不符合点，或虽有不符合点但供应链核心企业及开证行双方都同意接受，开证行应在合理的工作时间内对作为出口方的上游核心企业付款，并通知供应链下游的进口方赎单。此时供应链下游企业可能凭单付款有资金困难，开证行根据协议可以不立即要求供应链下游企业付款，而是将到港后的货物转换为存货质押融资，为供应链下游中小企业办理进口押汇，待供应链下游企业取得销售或再生产时再进行收款发货。可见进口押汇信用证融资既是信用证融资的发展和衍生，又是存货质押融资的发展和衍生。

进口押汇融资业务主要流程如图 3-6 所示。

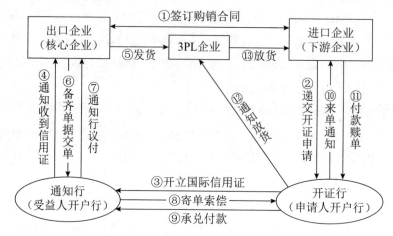

图 3-6　进口押汇融资业务主要流程

注：① 供应链双方签订购销合同。

② 进口企业向开证行提交开证申请，申请开立可议付的延期付款信用证。

③ 开证行受理申请，向通知行（受益人开户行）开立信用证。

④ 通知行收到信用证并通知受益人（出口企业）。

⑤ 出口企业收到国际信用证后，按照信用证条款和合同规定发货。

⑥ 出口企业发货后备齐单据，向受益人开户行（通知行）交单。

⑦ 受益人开户行向出口企业议付，支付对价。

⑧ 通知行（受益人开户行）将全套单据寄送开证行，办理委托收款。

⑨ 开证行收到全套单据、审查单证相符后，向通知行（受益人开户行）发出到期付款确认书或付款。

⑩ 开证行通知进口企业付款赎单。

⑪ 进口企业根据生产经营需要向开证行追加部分保证金，办理进口押汇。

⑫ 开证行根据进口企业追加的保证金的金额，通知第三方物流公司发货。

⑬ 第三方物流企业根据银行指示发货。

注意：步骤 ⑪ ～ ⑬ 循环操作，直至发货完毕。

◢ 3.4.4　国内信用证融资

虽然信用证在国际结算中早已被广泛应用，但是出于多种原因，我国国内信用证的应用严重滞后。1997 年，中国人民银行为了适应国内贸易发展的需要，正式推出用于国内企业商品交易的国内信用证。除了交易双方的地域范围均在国内之外，国内信用证与国际贸易中的信用证基本一致，国内信用证是开证行依照申请人的申请开出的，凭符合信用证条款的单据支付的付款承诺。国内信用证是不可撤销、不可转让的跟单信用证。国内信用证适用于国内企业之间的交易结算，但只限于转账结算，不得支取现金。国内信用证的结算币种为人民币。

国内信用证融资业务主要流程如图 3-7 所示。

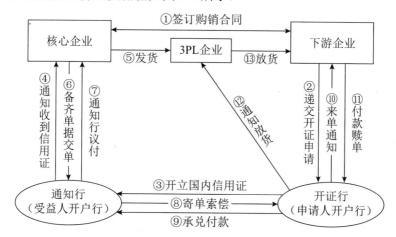

图 3-7　国内信用证融资业务主要流程

注：① 供应链双方签订购销合同。

② 下游企业向开证行提交开证申请，申请开立可议付的延期付款信用证。

③ 开证行受理申请，向通知行（受益人开户行）开立信用证。

④ 通知行收到信用证并通知受益人（核心企业）。

⑤ 核心企业收到国内信用证后，按照信用证条款和合同规定发货。

⑥ 核心企业发货后备齐单据，向受益人开户行（通知行）交单。

⑦ 通知行向核心企业议付，支付对价。

⑧ 由通知行寄单索偿，即将全套单据寄给开证行办理委托收款。

⑨ 开证行收到全套单据、审查单证相符后，向通知行（受益人开户行）发出到期付款确认书或付款。

⑩ 通过来电通知，由开证行通知下游企业办理存货质押手续。

⑪ 下游企业向开证行追加保证金，并领取单据。

⑫ 开证行根据下游企业追加的保证金的金额，通知第三方物流企业放货。

⑬ 第三方物流公司根据银行指示放货。

1. 简述供应链管理中企业资金流的变化规律及其意义。

2. 简述预付类融资的供应链金融业务流程。

3. 简述基于预付类融资的供应链金融模式的风险与特征。

4. 结合激励机制的有关策略，分析回购对供应链上下游企业的影响。

JS 银行线上汽车供应链金融服务

● JS 银行汽车供应链金融的发展历程

JS 银行是一家成立于 2000 年的城市商业银行。经过多年的探索，JS 银行取得了巨大的发展，被公认为最具潜力的城商行之一。从 2008 年提出"供应链金融"服务理念和金融产品以来，该行一直在供应链金融生态圈的打造上下功夫。在 2017 年，JS 银行成功地完成了某一线汽车品牌的在线供应链融资业务，并发放了第一批经销商贷款，为全国众多该品牌经销商提供了新的融资渠道。这是 JS 银行利用信息技术升级传统供应链的又一次成功探索，有效地提高了 JS 银行在小企业网上融资领域提供服务的能力。

针对供应链线下融资程序复杂、效率低下、风险管理困难等问题，JS 银行积极与汽车公司合作，为经销商提供网上融资服务，发挥订单信息数据跟踪、电子验证贸易背景以及自动批准等系统功能，实现"一触式融资"的在线融资。

● 线上汽车供应链金融的服务模式

汽车经销商网络融资产品是指汽车生产企业下游经销商向核心企业采购品牌汽车时，JS 银行引入第三方监管企业对经销商采购的品牌汽车进行动产质押监管，与监管商系统进行直联，获取真实有效的汽车经销商预付款融资项下的车辆的相关信息，并确保在有效控制品牌汽车处置权的前提下，按汽车采购总价款的一定比例为核心厂商下游汽车经销商提供的短期融资业务。经银行授信审批通过的经销商预付款融资业务，在能够实现监管商系统直联的前提下，采用"网络融资平台——汽车经销商网络融资模块"进行线上操作。

● 线上汽车供应链金融的结构风险

供应链金融业务是由多个主体、不同商业阶段、众多管理活动，以及各种关系组成的复杂网络，风险因素容易相互传导，上述特性决定了线上汽车供应链金融具有以下结构风险。

首先，行业政策变化诱发系统性风险。供应链金融是以核心企业为切入点，对整个链条提供综合性金融服务，供应链所涉及的行业风险可能诱发系统性风险。如国家产业结构调整，相关政策限制一个产业发展，这个产业链从源头到最后的零售商都会受到影响，或生产规模缩小，或价格被迫调整。政策的变化会影响相关行业的整个产业链，银行如果选取了这条产业链上的核心企业开展供应链融资业务，那么相关业务都会被波及。

其次，供应链金融的内在结构出现问题导致风险。供应链上的各个环节、流程要素以及参与主体环环相扣、彼此依存，任何节点出现问题都可能波及整个体系。

（1）线上供应链参与主体产生的法律风险，如交易所基于交易所平台的供应链金融，若交易平台自身出现非法集资、挪用资金等问题，将使整个链条产生结构化风险，并使银行融资出现损失。

（2）线上供应链结构设计不合理产生的风险隐患，如供应链的上下游企业结构混乱、供需目标不一致，供应链的角色法律定位不清晰、相应责任义务未能妥善有效设置，供应链的组织者和参与者之间的利益分享与补偿机制不合理等，上述问题将影响供应链运营中价值的实现和传递，并给融资现金流循环带来风险隐患。

（3）基础贸易背景不真实，导致自偿性无法实现的风险。例如，近年来出现为了融资而伪造大宗交易和物流活动等现象，贸易商利用从银行获得的授信资金进行投机类投资交易，而一旦投资失败，发生损失或所囤积的大宗物资价格下跌，融资人即无法偿还融资。融资人的融资规模与真实贸易不匹配导致风险产生。

（4）线上供应链操作环节执行不力的风险。操作制度的完善性、操作环节的严密性和操作要求的执行力度，将直接影响银行的资金安全。

● 线上汽车供应链金融的信用风险

线上供应链金融也要通过担保措施或增信手段来确保风险可控，主要风险点如下。

（1）核心企业信用捆绑不当的风险。在供应链融资的安排中，如果过分依赖核心企业的信用支持，或完全忽视对核心企业责任捆绑，一旦核心企业的负债超出其承担极限，或在行业中的地位发生重大不利变化，或出于自身利益追逐而做出损害银行利益的行为，供应链的信用基础将不复存在，必然会影响供应链融资的整体安全。

（2）担保措施未有效设置。在此前的供应链融资风险事件中，很多是由于抵质押担保未能有效设立而出现风险。例如，未办理相关担保登记、担保物权属存在瑕疵、重复担保、对质物监管库无法有效监管、部分监管商监管流于形式导致监管物流设施毁损等。

（3）第三方平台机构无权担保或超越权限担保。在实践中存在第三方贸易平台，为吸引交易承诺，以平台自身的资金或信用保障融资人的融资，一方面，平台不具有专门从事经营性融资担保业务的资格；另一方面，如平台承担过高担保责任，则可能产生风险。

● "互联网 +" 的应用风险

供应链金融由线下到线上，风险管理则由强担保发展为以数据征信的审核为重点，包括：

（1）生成和留存的电子证据的合法有效性。与供应链贸易有关的采购、运输、销售交付，以及供应链融资有关的融资担保等环节，大多通过线上方式完成，所涉及的法律文件的签署、保存等环节也都通过数据电文的形式进行，因此完整可靠和有效的电子证据的生成和留存，是整个供应链金融风险控制的关键。

（2）数据的真实性、完整性和深入度的信息不对称的风险。一旦数据的完整性、真实性无法保障，云计算、大数据等风控技术落后，将会直接影响银行对于供应链中基础贸易真实性、合法性或担保物权属质量以及供应链参与主体资信行为的判断和评估，银行信贷将面临巨大的风险，尤其是在只由市场主体通过登录银行网银系统，自发提供信息的业务模式中，需要着重关注此类风险。

（3）数据获取及使用合法性的风险。供应链金融中积累沉淀的数据信息提供者或使用者可能会忽略数据使用权或对后续的商业运用进行明确约定，或违反商业秘密及隐私方面的法律规定，这将会给银行处理这些数据信息造成法律风险隐患。

资料来源：谢铠键. JS 银行线上汽车供应链金融的风险特征和风险管理 [D]. 长春：吉林大学，2018.

分析问题

1. 讨论线上供应链融资与传统供应链融资的关系。

2. 分析商业银行在供应链金融服务创新中的作用。

3. 讨论 JS 银行开展线上供应链金融服务的风险防范及其管控措施。

第4章 库存类供应链金融模式

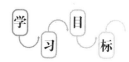

1. 学习基于货权的质押融资的发展过程，以及动产质押与权利质押、标准仓单质押与普通货权质押等概念。

2. 分析动产质押融资、先票/款后货、未来提货权质押融资、未来货权质押开证等基于货权的供应链融资模式的特征、业务流程以及风险控制措施。

3. 掌握基于货权的供应链金融的业务流程以及对货权的选择和评估方式，重点掌握有关物流动产、未来提货权、质物权的融资模式。

《赘婿》中的金融思维

2021年春节热播的《赘婿》不仅有《庆余年》演员班底的支撑，而且剧情丰富，各色人物塑造很成功，因此，深受广大观众的喜爱。

《赘婿》虚构了一个历史时代，武朝在战争中败给了金国，每年要交纳岁布，而岁布供应商每年通过民间招标采购确定。岁布虽然给价低但其供应商具有一些皇商的特权，所以颇受布行青睐。

苏氏和乌氏两家布行是主要竞争对手。苏家的一个掌柜席君煜通过内应把苏家某种独门的染布方子泄露给了乌家，使苏家赢得采购招标的美梦成空。而苏家则选择将计就计，放任乌家赢下了采购招标。战势的发展直接影响了苏氏和乌氏两家布行的兴衰和博弈。剧中主角苏家赘婿宁毅通过分析认为，若是武朝能出兵讨伐并战胜，则没有必要再交岁布。宁毅最终通过市场竞争策略和金融思维大获全胜。

首先，做空期货合约。宁毅抛售蚕丝合约并不断刺激乌家公子乌启豪大量买入，两人交易的是期货合约。交易完成后，合约所有权也完成了交割，仓位就已经清空了。

也就是说，购买期货合约的人，可以直接从蚕农手里交割，这区别于做空。做空是每卖出一次，相当于开了一个空的仓位，需要在合约到期之前补仓履约。

所以宁毅的操作其实是典型的对蚕丝期货的低吸高抛，利用信息差高抛低吸赚取差价，因为在整个过程中，宁毅并不存在"卖空"的情况，卖的都是真实的期货合约。

其次，用皮蛋来"对冲"布行。这种方式俗称"鸡蛋不放到一个篮子里面"，也就是分散风险，打造投资组合。皮蛋相对于布行，走的是独立的行情。

最后，低价收购蚕丝期货。剧情中宁毅用一成的价格来收购乌启豪的蚕丝期货。乌启豪手里持有大量蚕丝合约所有权，只是政府不采购了，现金流断裂。而苏家现金充裕，廉价买进部分蚕丝期货。

为了撬动蚕丝价格，宁毅以10倍价格收购蚕丝，并通过薛老板以15倍的价格卖给乌家，这样一来，其他蚕丝商感觉到不平衡，纷纷找乌家提高收购价格，迫使乌家借高利贷以15倍的价格把全部蚕丝全部买下。乌家虽然控制了蚕丝原料，但却欠下高额外债，出现了严重的债务危机。

资料来源：根据腾讯新闻相关报道整理，https：//new.qq.com/，2021-02-17.

启发问题

1. 期货与现货在存储、流通交易、风险管控方面有何区别？
2. 在供应链金融业务中，如何发挥货权的金融杠杆作用？

4.1 库存类融资概述

4.1.1 库存类融资的产生动因

库存类融资作为最主要的供应链金融模式之一，其历史十分悠久，可以追溯到4 000多年前的美索不达米亚地区。考古发现，那里保存着世界上最早的仓单，即"谷物仓单"。现代意义上的库存融资始于美国，美国最早将仓单质押运用在农产品上，农民可以将仓单作为向银行贷款的抵押品，也可以当作支付手段进行流通。1916年，美国颁布了《仓储存储法案》（*US Warehousing Act of* 1916），并以此建立起一整套关于仓单质押的系统规则，标志着现代库存类融资进入了快速发展的阶段。

对于中小企业而言，由于处在供应链中的非核心地位，加之信息不对称，对市场没有很好的把握，所以在采购和销售环节存在大量库存，占用了企业大量的资金。企业为保证采购和销售环节有稳定的生产原材料或销售产品，通常不得不维持较高的库存水平，占用较大的流动资金，增加了企业的流动性债务。供应链金融服务的库存类融资有效地实现了存货与流动资金二者之间的平衡，受到了银行和中小企业的青睐。

4.1.2　库存类融资的内涵

库存类融资是以供应链为基础，借助物流企业自身的信用和专业化的物流监管能力，面向中小企业开展的动产融资，有效地帮助供应链中小企业解决存货资产的一种供应链金融模式。在业务开展过程中，银行委托第三方物流企业代其履行监管职能，或者统一授信给第三方物流企业，由其全权负责对中小企业的融资。

随着第三方物流的快速发展，仓储、运输以及国际货运代理等物流服务企业与生产制造企业和贸易企业的联系越来越紧密，第三方物流企业正逐渐渗透到供应链的各个环节。在供应链上下游企业之间，货物是最重要的商品流通形式，供应链金融有效地满足货物流通对资金融通的需求。

库存类融资最早始于仓单质押，随着供应链金融不断发展，延伸出多种存货质押模式。按照质押物对象，可以将库存类融资分为基于存货本身的存货质押融资和基于货权的仓单质押融资两大类。根据质押物是否可以自由更换、仓单是否标准化，以及货物存放地点和业务责任主体的不同，每一类都可以进一步细分。

【案例 4-1】　　　　　　　货权质押撬动企业融资

深圳某铝锭贸易公司主要经营有色金属的国际贸易业务。由于公司自有资金和资产有限，而且公司很多流动资金又大都被途中货物所占用，虽然市场需求很大，但公司业务量受资金的约束始终难以做大。

在平安银行与企业客户沟通会上，该公司向银行提出了能否用自己手中的待售货品和货权单证，以及产品销售合同等作为质押品，从银行获得授信。经过与企业的多次讨论，平安银行广州分行便将这一设想变成了现实。在 5 000 万元的货权质押贷款帮助下，该公司销售方收入从原来的 500 万元做到了现在的 6 亿多元，银行也拓展了贷款业务范围，并对贷款风险完全可控。

4.1.3　存货的选择标准

质押标的物是中小企业获得商业银行融资授信的重要依据，对于商业银行降低自身业务风险也具有重要意义。质押标的物选择对于供应链金融业务的风险控制至关重要，供应链金融业务中质押物选择主要应该考虑质押标的物的变现能力和销售能力。在商业银行提供信贷服务后，若融资企业违约则可以通过质押标的物的变现来补偿信贷所造成的损失。在存货融资中，选择存货需要考虑违约后变现的便利性以及变现成本等因素，所以抵（质）押的存货应符合以下特征。

1. 质押标的物货权清晰

为了保证银行最终对货物处置时没有其他第三方主张权利，避免不必要的纠纷，银行在接受动产抵（质）押时，应对出质人或抵押人提供的动产进行权属认定。认定的依据包括增值税发票、货运发票等。此外，应避免对一些法律上不允许作为担保物权的动产设定抵（质）押，如根据有关规定，保税仓储货物未经海关批准不得擅自出售、转让、抵押、质押，留置、移作他用或者进行其他处置。此外，应特别防止授信人恶意将已销售货物提供给银行作为抵（质）押物，因为在这种情况下，银行将无法对抗善意第三方以取得这些货物。

2. 质押标的物质量可控

在质押融资中，特别是在存货质押等动产质押中，融资企业的存货等质押标的物交由商业银行委托的物流企业监管。《民法典》规定："质权人负有妥善保管质押财产的义务；因保管不善致使质押财产损毁、灭失的，应当承担赔偿责任。质权人的行为可能使质押财产毁损、灭失的，出质人可以请求质权人将质押财产提存，或者请求提前清偿债务并返还质押财产。"因此，商业银行或物流企业"监管"质押标的物，负有妥善保管质押物的义务。同时，质押标的物变现也是商业银行在融资企业违约后补偿自身损失的重要途径。

在标准仓单质押中，要求所对应货物的等级、质量、有效期等系列指标，由交易所统一制定标准。标准仓单质押中，质押标的物的品质是透明的、可控的。标准仓单质押减少了因为质押标的物质量衡量标准不一致、质量下降等产生的纠纷，降低了银行的业务风险。

质押标的物通常是一些容易保管、质量和价格比较稳定的物品。因此，对于容易挥发、爆炸、渗漏、燃烧、霉变、氧化等货物特性，均构成抵（质）押物价值减损的额外风险，此类产品银行应谨慎接受；对于剧毒、有辐射的产品可能触及公共安全的敏感神经，银行也不应接受为抵（质）押物；对于更新换代快的电子类产品，时间折旧特征明显，银行应结合赎货期限的控制，谨慎介入。

3. 质押标的物价格波动小

对于银行或者融资企业来说，都希望质押标的物的价格波动小，从而减少质押风险。对于银行来说，在债务履行期内占有质押标的物，当融资企业不履行到期债务或者发生当事人约定的实现质权的情形，银行有权就该动产优先受偿。虽然《民法典》规定"质押财产折价或者拍卖、变卖后，其价款超过债权数额的部分归出质人所有，不足部分由债务人清偿"，但是当融资企业违约后，很难再有能力和意愿对剩余部分进行清偿。因此，价格波动就会增加银行收回贷款的风险。对于融资企业来说，也倾向于将价格波动小的物品用于质押。例如，价格波动造成的物品贬值，物品市场价格走势上涨时转移给银行，当债务履行期届满后，质押标的物价格走低，这种情况使融资企业产生了经济损失，失去了市场主动性。

因此，价格波动剧烈的商品不宜作为抵（质）押物，一是价格的波动增加了银行价格盯市的工作量；二是客户违约后，货物处置需要一定时间，如果此时价格大幅下跌，银行将遭受额外损失。为了避免价格波动对授信安全的影响，银行应对客户约定跌价补偿条款，如价格对比核定价格下跌 10% 以上，则客户必须以补保证金或补货方式追加抵（质）押，以保证动态抵（质）押率始终符合银行授信的初始要求。

4. 质押标的物流动性强

在供应链金融业务中，质押标的物可以是原材料、零部件、半成品或产成品，如铜精矿（原材料）、阳极铜板（半成品）、阴极铜板（产成品）、钢材、粮食、煤炭、大宗有机原料（如对苯二甲酸）、塑料原料（如聚丙烯、聚苯乙烯、聚氯乙烯、聚乙烯）、机电设备、电子产品等。

若贷款客户违约，银行则可以对抵（质）押物通过变卖、拍卖等方式处置。对于市场容量小、专用性强的货物，处置过程中的价格谈判空间有限，并有可能超过银行的融资折扣率，导致银行债权无法全额收回。因此，银行应主要选择原材料、战略物资、大宗物资、初级产品、重要中间产品等类型的商品作为抵（质）押物。

4.2　基于货物的存货质押融资模式

4.2.1　存货质押融资模式的概念

存货质押融资模式是指企业将自己库存的原材料、半成品和产成品作为抵押、质押的物品，向商业银行获取融资贷款的模式。传统的银行信贷将很大一部分注意力放在了不动产抵押或者第三方信用担保上，中小企业因为缺少不动产以及经营规模小，很难获得银行信贷融资，而存货质押融资则将注意力转移到了中小企业存量较大的动产上。虽然存货质押融资并没有脱离"产权融资"的范畴，但是对于缓解中小企业融资难问题具有重要的实践意义。《民法典》中规定了原材料、半成品和产成品都可用作质押物，可以此向银行申请贷款。在存货融资操作过程中，银行因为信息不对称和缺乏专业的物流监管能力，必须引入第三方物流企业来充当监管方的角色。

存货质押融资模式根据是否可以自由更换质押物分为静态存货质押融资和动态存货质押融资。融通仓模式是对存货质押融资模式的一种优化和衍生，相较于在传统的存货质押融资中货物可以存放在融资企业自有的仓库，物流企业仅派出监管，融通仓则要求融资企业将货物存放在物流企业的仓库内。相较于存货质押融资，融通仓模式要求物流企业承担更多的责任，需要对货物进行评估，并对其状态实时监管，甚至银行会统一授信给物流企业，由物流企业全权负责对中小企业的存货融资。

4.2.2 静态存货质押融资

1. 静态存货质押融资的基本概念

静态存货质押融资是一种最简单、最基础的库存类融资模式。在业务开展过程中，供应链企业将存货质押给银行时，再将存货送交银行指定的第三方物流监管，然后根据企业生产、销售需要实时还款赎货。

2. 静态存货质押融资的好处

（1）对于中小企业而言，有利于盘活积压的原材料、半成品和产成品，提高资金利用效率，扩大生产。

（2）对于物流企业而言，有利于拓宽业务范围，增加利润来源，并通过深入供应链中获得更多客户。

（3）对于银行而言，有利于拓宽业务范围，增加利润来源。

（4）对于宏观经济而言，通过存货质押融资扶持中小企业，有利于提高社会资源利用效率，促进国民经济发展。

3. 静态存货质押融资的主要风险

（1）质押物选取的风险。质押物具有在中小企业不能按时还款时弥补银行损失的作用，并不是所有物资都适合做质押物，如果选取了不易保存或容易受市场波动影响的货物作为质押物，则可能给银行带来更大风险。

（2）中小企业与物流企业的合谋风险。因为银行委托第三方物流企业代为监管质押物，如果融资企业与物流企业合谋，在没有银行指令下私自提取货物，则会给银行带来损失。

4. 静态存货质押融资业务流程

静态存货质押融资的参与主体包括贷款企业、银行以及第三方物流企业，业务流程如图 4-1 所示。

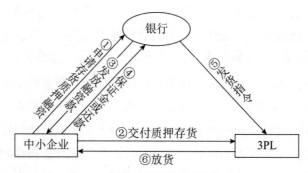

图 4-1　静态存货质押融资业务流程

注：① 中小企业、银行与第三方物流企业签订静态存货质押融资合同，中小企业向银行申请存货质押融资贷款。

②中小企业按照银行要求，将货物存放在指定第三方物流企业接受监管。

③银行对中小企业进行授信，发放融资贷款。

④中小企业向银行存入赎货保证金或归还融资贷款。

⑤银行向第三方物流企业发出发货指令。

⑥第三方物流企业向中小企业放货。

注意：步骤④～⑥循环操作，直至发货完毕。

◢ 4.2.3　动态存货质押融资

1. 动态存货质押融资的概念

动态存货质押融资是指融资企业将存货质押给银行后，中小企业在满足质押合同规定的应保有的最低质押货物价值条件下，可以自由地按照合同规定的货物种类、品质标准换入换出等值货物，在此基础上融资企业可以通过质押的存货办理各种短期授信业务。当中小企业质押货物价值低于合同规定的中小企业应保有的最低质押货物价值时，融资企业需要及时补足货物或补足保证金。在动态存货质押融资结束时，融资企业需要向银行归还融资款提取剩余货物。相较于静态存货质押融资，动态存货质押融资更适合业务规模小但业务频繁的中小企业，可以帮助它们解决库存货物对资金占用的问题。

2. 动态存货质押融资的好处

（1）对于中小企业而言，可以实现以货易货。进出货物频繁的中小企业可以减少重复办理手续的时间成本和资源消耗。

（2）对于银行、物流企业而言，动态存货质押融资可以将原本数额很小的多笔融资整合为单笔大额融资，以简化业务手续，降低业务开展成本和质押监管成本。

3. 动态存货质押融资的风险

（1）中小企业与物流企业合谋风险。动态化的融资，给中小企业与物流企业合谋带来了更多机会。在以货易货过程中若融资企业以次充好，虚报换入货物的质量或价值，则银行很难发现，因此面临更大的风险。

（2）质押货物选取风险。动态存货质押融资相较于静态存货质押融资周期更长，部分质押物如果长时间处于物流监管，因仓储保管不善可能影响货物质量或者因质押物市场价格变化而造成价值波动。

4. 动态存货质押融资业务流程

动态存货质押融资的参与主体同样也是贷款企业、银行以及第三方物流企业，业务流程如图 4-2 所示。

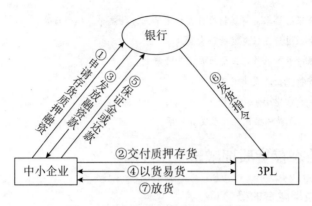

图 4-2　动态存货质押融资业务流程

注：① 中小企业、银行与第三方物流企业签订动态存货质押融资合同，中小企业向银行申请存货质押融资贷款。

② 融资企业向第三方物流企业交付质押存货。

③ 银行对融资企业进行授信，发放融资款。

④ 在满足最低存货的前提下，中小企业可以自由地以货易货。

⑤ 中小企业向银行存入赎货保证金或归还融资款。

⑥ 银行向第三方物流企业发出发货指令。

⑦ 第三方物流企业向中小企业放货。

4.2.4　融通仓融资

1. 融通仓的概念

罗齐等最早提出"融通仓"的概念[①]，并通过应用融通仓模式有效解决了供应链中小企业的融资问题。融通仓是一种物流和金融集成式的创新服务。所谓"融"是指金融，"通"是指物资的流通，"仓"则是指物流的仓储。融通仓是一种把物流、信息流和资金流综合管理的创新，其核心思想是在各种流的整合与互补互动关系中寻找机会和时机，其目的是提升客户服务质量，提高经营效率，减少运营资本，拓广服务内容，减少风险，优化资源使用，协调多方行为，提升供应链整体绩效，增加整个供应链竞争力。由于第三方物流的引入，主体和主导不再是银行等金融机构，运作模式也更加多样化。融通仓融资服务不仅可以为企业提供高水平的物流服务，而且可以为中小型企业解决融资问题，解决企业运营中现金流的资金缺口。

在融通仓业务开展过程中，供应链中小企业与银行、第三方物流企业签订三方合同，将原材料、半成品或产成品作为质押物存入第三方物流的仓库内，随后银行对中小企业办理融资授信。在货物质押期间，中小企业可以根据业务需要以货易货或以款

---

① 罗齐，朱道立，陈伯铭. 第三方物流服务创新：融通仓及其运作模式初探 [J]. 中国流通经济，2002（2）：3-4.

易货。在融通仓业务中第三方物流企业除了需要提供货物的运输、仓储等传统物流服务外还要对货物的价值进行评估和监管。

可以看出，融通仓业务是对存货质押融资的一种衍生，其基本原理与存货质押融资类似，但二者存在着以下区别。

（1）质押货物存放地点的要求不同。融通仓模式要求中小企业将货物存放在第三方物流企业的仓库内，而存货质押融资并未对此作出规定。

（2）物流企业的责任不同。因为质押存放地点的不同，物流企业承担责任也有所不同。在融通仓模式下，第三方物流企业承担主要的监管责任和业务办理手续，特别是在统一授信模式下，第三方物流企业被银行直接作为授信对象。

融通仓模式根据第三方物流企业的参与度不同可以划分为质押担保融通仓模式和统一授信融通仓模式。质押担保融通仓与存货质押融资类似。统一授信融通仓模式下第三方物流企业将代替银行与融资企业签订合同，对整个业务开展全权负责，而银行只需根据第三方物流企业的信用状况、规模、管理水平和运营情况对其统一授信即可。

2. 质押担保融通仓融资

1）质押担保融通仓融资的概念

质押担保形式的融通仓融资与存货质押融资的原理类似，在业务中供应链中小企业是质押物的提供方和资金的需求方，第三方物流企业是融通仓的服务商，银行是资金的提供方。与存货质押融资的不同点在于供应链中小企业在办理融资业务时需要将质押货物运送至第三方物流企业的仓库，所以第三方物流企业需要承担更多的监管责任。

2）质押担保融通仓融资的好处

相较于存货质押融资，质押担保融通仓融资要求货物存放在第三方物流企业的仓库，这有助于第三方物流企业更好地监管，实现对质押货物的实时把控，帮助银行降低业务开展的风险。

3）质押担保融通仓融资业务流程

质押担保融通仓融资业务流程如图4-3所示。

3. 统一授信融通仓融资

1）统一授信融通仓融资的概念

统一授信融通仓融资是指银行根据第三方物流企业的信用状况、企业规模、运营状况和管理水平，直接对其统一授信，由第三方物流企业负责具体的对中小企业的质押贷款过程，银行基本不再参与质押贷款的具体运作过程。在实施统一授信的融通仓融资时，第三方物流企业可以根据供应链企业的运营状况，自主决定是否对其贷款，并定期向银行支付一定的资金使用费用。

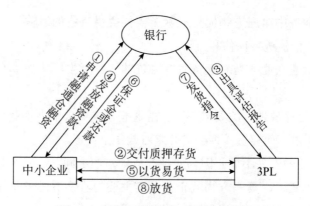

图4-3 质押担保融通仓融资业务流程

注：① 供应链中小企业、银行与第三方物流企业签订质押担保融通仓融资合同，中小企业在银行申请开具融通仓专户并提出融资申请。

② 中小企业将质押货物运至第三方物流企业仓库内。

③ 第三方物流企业出具中小企业的存货评估报告。

④ 银行对中小企业进行授信，发放融资款。

⑤ 在满足最低存货的前提下，中小企业可以自由地以货易货。

⑥ 中小企业向银行存入赎货保证金或归还融资款。

⑦ 银行向第三方物流企业发出发货指令。

⑧ 第三方物流企业向中小企业放货。

2）统一授信融通仓融资的好处

（1）对于中小企业而言，因为第三方物流企业直接负责融资授信过程，可以简化业务手续，同时缩短业务办理的周期。

（2）对于物流企业而言，统一授信模式可以使物流企业利用自身的物流监管优势拓宽业务范围，参与到原本需要一定资质的融资授信业务中以增加利润来源。

（3）对于银行而言，统一授信模式既能保证银行的利润又能摆脱自身并不擅长的货物估值、质押监管业务，有助于降低开展供应链金融业务的风险。

3）统一授信融通仓融资的风险

（1）对于第三方物流企业而言，因为统一授信融通仓融资中第三方物流企业承担了对中小企业的授信融资和货物监管的责任。中小企业的违约将直接影响第三方物流企业的资金安全和其与银行之间的合作关系。

（2）对于银行而言，因为银行不再直接参与中小企业的融资授信过程，而物流企业的经营状况和对风险的把控将直接影响其是否能按时归还银行的贷款和融资费用，这会给银行带来风险。

4）统一授信融通仓融资业务流程

统一授信融通仓融资业务流程如图4-4所示。

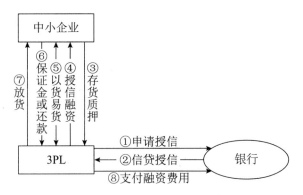

图 4-4　统一授信融通仓融资业务流程

注：① 第三方物流企业向银行申请授信。

② 银行对第三方物流企业进行统一授信，给予其一定的授信额度。

③ 供应链中小企业向第三方物流企业质押存货，并进行授信额度申请。

④ 第三方物流企业向中小企业授信，并发放融资贷款。

⑤ 中小企业根据生产经营需要向第三方物流企业以货易货。

⑥ 中小企业向第三方物流企业存入赎货保证金或归还融资款。

⑦ 第三方物流企业向中小企业发货。

⑧ 第三方物流企业定期向银行支付融资费用。

4.3　质押物的管理

确保质押物的真实有效是供应链金融业务运作的前提和保障。在存货质押融资业务中，质押物须为所有权明晰的动产，包括融资企业所拥有的生产原料、存货、商品等可流通的货物。而在仓单质押融资业务中要防范仓单造假，具体措施包括指定印刷、固定格式、预留印鉴、由指定专人送达，并在协议中声明。在核实质押物真实性方面，物流企业可以提供有关的服务如查询、证明及担保等。

4.3.1　质押物的监管

为了防范和控制风险，银行一般选择价格波动小、易变现、易保管的商品作为质押物。在复杂多变的市场环境下，商品价格的波动和变化等情况更加频繁，所以需要针对不同质押物分别进行细化管理。

质押物的监管是存货质押融资中的重要环节之一。动产质押为担保物权而非用益物权，质权人没有对质押物的使用收益权。质权人占有质押物，目的在于限制出质人使用或处分质押物。为了充分有效地利用质押物，发挥质押物的效益，各国民法又准许质权人有限度地使用或者授权使用质押物，具体的内容可以在信贷合约中约定。物流企业受银行委托对质押物进行监管，根据合约要求制定存货管理的具体办法等，银行可以定期或不定期地进行监控。

在实践中，常用的监管办法是冻结该项资产。这种操作简便、易于控制。首先，融资企业与银行指定的物流企业签订"仓储协议"，明确商品的入库验收和养护要求。其次，向其开具仓单或直接通知银行，同时明确质押物已抵押给银行，在出库前必须征得银行的同意。最后，物流企业要给银行出具书面承诺，保证质押手续完备、账物相符；且在质押期间无银行同意不得向融资企业或任何第三人发货；不能以融资企业未付有关保管费等为由阻挠、干涉、妨碍银行行使质权等。

对于融资企业而言，存货往往占用的资金比较多，而且存货周期短、周转速度快，冻结存货会影响正常的业务开展。针对这样的情况，银行积极开展动态质押的方式，通过追加保证金或替换质押物的方式满足融资企业正常经营需要，顺利解决其融资和资金占用等问题。在信贷合约中，银行要与融资企业签订"账户监管协议"，明确融资企业要在该银行开立专用监管账户，补充相应数量的保证金或者将该动产项下的商品的销售回笼款按比例打入该账户。物流企业应根据不同情况，对货物出库、销售等环节向银行提供监管服务。

由于供应链金融是一种典型的多方参与、优势互补的业务形态，为了有效地推进业务开展，质押物的管理广泛应用信息技术。一方面，信息技术促进了供应链金融参与各方的信息交流，优化作业环节，缩短作业时间；另一方面，信息技术提升了物流仓储的精准化管理水平，有利于银行对质押物的风险管理，如通过货物实时跟踪信息，银行可以实时掌握质押物的安全状态。

▲ 4.3.2 质押物的处置

贷款价值比是质押管理的参考指标，是融资企业在其商品质押后能得到的借款金额与其商品的评估总价值的比值。贷款价值比的高低对银行控制贷款风险和提高客户满意度产生直接的影响。找到合适的贷款价值比关键在于了解商品的一般价值及其波动情况。经验丰富的大型物流企业掌握了大量的行业交易信息，包括商品每天的到货数量、库存数量、销售数量等，往往比银行掌握更多的宏观与微观经济信息。物流企业可以向银行等贷款机构提供动产质押商品价值的历史资料分析、定期的商品价值评估报告（尤其是减值时），帮助银行和融资企业确定质押商品的范围和估价、贷款价值比、贷款期限和变现等级等内容。

在存货质押融资中，质押物的处置也是一项重要的内容。质押物的处置通常有以下两种情况。

（1）贷款还未到期，由于市场价格下跌，银行通知融资企业追加保证金。如果融资企业不进行追加，银行可以委托物流企业处理质押物，对其进行销售以收回贷款本金。

（2）贷款到期，但监管账户内的销售回笼款不足以偿还贷款本息且无其他资金来源作为补充，物流企业可接受银行委托对储存的相应数量质押物实行销售处理，直到收回贷款本息。

以上两种处置方式和要求均需在贷款前以书面的形式与融资企业进行明确的约定，其中折价处理的平仓限额是信贷合约设计的关键内容之一。因此，物流企业一方面可以协助银行进行质押物拍卖以收回资金，另一方面也可以提供质押担保等服务。

4.4　基于货权的供应链金融

4.4.1　基于货权的供应链金融的概念

基于货权的供应链金融与基于货物的供应链金融具有异曲同工之效。货权是指货物的所有权，通常通过一些凭证如仓单、提单来表现。基于货权的供应链金融是指中小企业将银行认可或指定的第三方物流企业开出的记载中小企业存放在第三方物流企业仓库的动产所有权的凭证作为质押物，向银行申请贷款的融资业务。

基于货权的供应链金融提货凭证主要是仓单，在实际业务开展过程中，有时提单和商品调拨单也被当作质押物。基于货权的供应链金融根据质押物即提货凭证的标准不同可以划分为普通仓单质押融资和标准仓单质押融资两种。

【案例 4-2】　　　　　　　　冠鑫光电的供应链融资

冠鑫光电有限公司是由中国台湾和立联合集团在苏州工业园区投资设立的一家光电企业，注册资本 2 000 万美元。该公司主要生产和销售薄膜电晶体型液晶显示器（TFT-LCD）成品及相关零组件。

该公司所处供应链的上下游均是强大的垄断企业，在采购原材料时需现货付款，而销售产品贷款回收期长（应收账款确认后 4 个月才支付），应收账款占公司总资产的 45%，面临资金短缺风险。中国银行通过对该公司所处供应链合作企业的分析，提供了以第三方物流企业货权质押的供应链融资服务，有效缓解了企业的流动资金困难。冠鑫光电的供应链融资如图 4-5 所示。

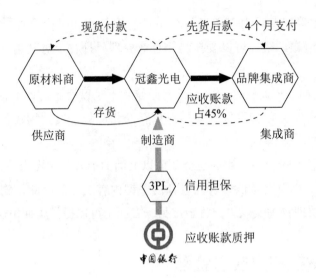

图 4-5　冠鑫光电的供应链融资

4.4.2　普通仓单质押融资

1. 仓单质押融资的概念

仓单是指由货物保管人向存货人填发的表明双方仓储保管关系存在，并向持有人无条件履行交付仓储货物义务的一种权利凭证。仓单由第三方物流企业签发给存货人或货物所有权人，并记载有仓储货物的所有权，仓单持有人凭仓单可以随时向保管货物的第三方物流企业提取仓储货物。仓单按照标准不同可以划分为普通仓单和标准仓单。

仓单质押融资是指供应链中小企业以自己合法拥有的仓单作为质押物向银行出质，并凭借质押物向银行办理各种短期授信业务的融资方式。

2. 普通仓单质押融资的概念

普通仓单是由第三方物流企业自行设计制作的仓储物权利凭证，没有标准化的格式。普通仓单承载着第三方物流企业的信用，具有有价证券的性质。

普通仓单质押融资是指供应链中小企业以第三方物流企业填发的普通仓单作为质押物向银行办理各种短期授信业务的融资方式。因为作为质押物的并非货物本身，而是代表货物所有权的仓单，所以核实普通仓单的真实有效性十分必要，出具普通仓单的第三方物流企业需要具有很高的信用额度。在实际业务开展中，有时供应链中小企业会将自己签发的代表仓储货物唯一提货凭证的提货单作为质押物进行融资。

3. 普通仓单质押融资的好处

（1）对于中小企业而言，利用仓单质押向银行贷款，可以解决企业经营过程中货物占用资金的问题，仓单质押融资相较于存货质押融资过程更加简单。

（2）对于第三方物流企业而言，参与仓单质押融资业务，一方面可以拓宽业务范围和吸引新客户，增加新的利润来源；另一方面，同时提供的仓储服务还会促进物流企业传统业务的发展，提升企业的综合竞争力。

（3）对于银行而言，融资监管更加有效。在仓单质押融资中，银行侧重于代表货物所有权的仓单的监管，而具体融资质押货物的管理则由专业的第三方物流企业负责。

4. 普通仓单质押融资的风险

仓单质押融资模式中，用于质押的不再是货物本身，而是代表货物所有权的凭证。对仓单内容的审核极为重要，没有严格的审核将给银行带来较大的风险。

5. 普通仓单质押融资业务流程

普通仓单质押融资业务流程如图 4-6 所示。

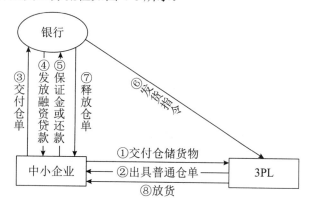

图 4-6　普通仓单质押融资业务流程

注：① 中小企业向第三方物流企业送交仓储货物。

② 第三方物流企业向中小企业出具普通仓单。

③ 中小企业向银行交付仓单，并将仓单作为质押物申请融资授信。

④ 银行向中小企业进行授信，发放融资贷款。

⑤ 中小企业向银行存入赎货保证金或归还融资贷款。

⑥ 在中小企业存入赎货保证金后，银行向第三方物流企业发出放货指令。

⑦ 当中小企业归还全部融资贷款后，银行将质押的仓单交回中小企业。

⑧ 第三方物流企业向供应链企业放货。

4.4.3　标准仓单质押融资

1. 标准仓单质押融资的概念

标准仓单是指符合期货交易所统一要求，由指定交割仓库在完成入库商品验收、确认合格后签发《货物存储证明》，按照统一格式要求制订的、用于提取商品的，并经交易所注册生效的实物提货凭证。目前，我国共有大连、上海、郑州三家商品交易所。我国标准仓单均由上述三家商品交易所指定交割仓库开出，并在这三家交易所进行了注册。

标准仓单按照保管形式不同，可以划分为纸质仓单和电子仓单。纸质仓单是指由指定仓库签发、在交易所注册生效的纸质标准仓单。

拓展阅读 4.1
**大宗商品
期货交易**

而电子仓单是由交易所依据《货物存储证明》代为开具，表现形式为《标准仓单持有凭证》。由于电子仓单安全性、流通性更好，所以代表了标准仓单的发展方向。

标准仓单因为承载着交易所和交割仓库的信用，所以在流通性和安全性方面要远远好于普通仓单。由于期货交易所能够保证标准仓单的提货权，所以银行在开展业务时不需要对交割仓库和交易所核定信用额度。

标准仓单质押融资是指中小企业以其自有的或第三方合法拥有的标准仓单作为质押物向银行出质，并申请用于其正常经营活动资金周转所需的短期人民币流动资金贷款的业务。在中小企业不履行还款义务时，银行有权依照《民法典》及其他相关法律法规，以该标准仓单折价或拍卖、变卖该仓单的价款优先受偿。因为标准仓单具有很好的流通性和安全性，且格式十分标准，所以在实际业务中通常可以对仓单进行置换，形成标准仓单池融资。

2. 标准仓单质押融资的好处

（1）对于中小企业而言，标准仓单市场认可度较高，质押融资的手续简单，融资成功概率更大。同时，标准仓单更容易置换，方便中小企业融资。

（2）对于银行而言，开展标准仓单质押融资的风险很低、监管成本较低。即使出现违约，质押物也易于变现以弥补银行损失。

（3）对于商品期货市场而言，标准仓单质押融资可以促进中小企业加入商品期货市场，推动商品期货市场发展。

3. 标准仓单质押融资业务流程

标准仓单质押融资业务流程如图4-7所示。

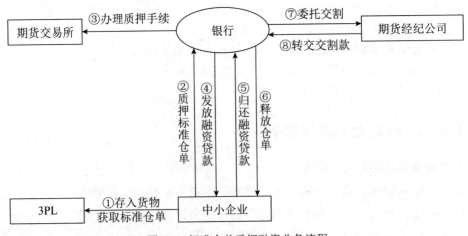

图 4-7　标准仓单质押融资业务流程

注：① 供应链中小企业将货物存入期货公司指定第三方物流企业的仓库，并获取标准仓单。

② 中小企业向银行交付标准仓单，并将仓单作为质押物。

③ 银行与期货交易所协商并办理质押手续。

④ 银行向中小企业授信，并发放融资贷款。

⑤ 中小企业向银行归还融资贷款。

⑥ 银行将质押的仓单交回中小企业。

⑦ 出现违约时，银行委托期货经纪公司代为交割仓单。

⑧ 交割完成后，期货经纪公司将交割款转交银行用于弥补损失。

1. 试比较基于货权与预付类供应链融资的异同。

2. 简述基于货权融资的业务流程。

3. 应用供应链协调机制，分析基于货权供应链融资模式中物流企业、银行、融资企业三者的关系及其相互作用的机理。

4. 举例分析各种货权（如粮食仓单、农产品仓单、银货通等）及其在融资贷款中的作用。

5. 分析存货质押融资业务中的主要融资风险及其管控措施。

HZ 汽车制造企业的供应链融资方案

HZ 汽车公司是拥有自主知识产权的中国皮卡汽车制造商。公司具有完全的自主知识产权和整车研发及生产能力，拥有 1 个汽车研究院和 4 个整车制造基地。HZ 汽车研制的产品主要有皮卡和 SUV（运动型多用途汽车）两种车型，公司共开发有四大产品平台、18 个产品系列、36 款民用车和 52 款专用车。HZ 汽车目前在国内和国外有多家零配件供应商，在国内外 29 个地区建立了完善的汽车营销服务体系，其中汽车特许一级经销商 109 家、二级经销商 198 家、汽车特约服务站 206 家。

HZ 汽车公司的资产构成和交易情况是银行目前重点关注的信息。从 HZ 汽车公司的财务报表中不难发现，在该公司的资产构成里面，流动资产的比重一直都保持在 80% 以上，而在流动资产的构成中，预付账款、存货、应收账款这三项占非常大的比重，高比例的流动资产和存货与汽车制造行业的特征相符，而应收账款和预付账款在企业流动资产中占有很高比重则跟 HZ 汽车公司所在供应链的交易特点有着密切关系。

从公司的财务数据来看，HZ 汽车公司的预付账款对流动资金的占用比例比应付账款更突出。另外，预付账款有稳定增加趋势，尤其是 2008 年和 2009 年，HZ 汽车公司预付账款在流动资产中所占的比例分别达到 22% 和 28%，应收账款占流动资产比例分别为 11% 和 9%。为此，银行信贷工作人员一致认为"未来货权质押授信"应当是解决 HZ 汽车公司资金问题的首选。

● 预付款融资服务

"未来货权质押授信"属于一种预付款融资，也就是银行可以向贷款企业提供短期贷款，但是要以企业向上游企业支付预付账款后所形成的未来提货权益为质押标的。2009 年 10 月，HZ 汽车公司的预付款额度为 23 966 万元，比年初增加 9 561 万元，主要是预付汽车生产重要原材料的款项，前十五名客户如表 4-1 所示。

表 4-1　2009 年前三季度预付款情况　　　　　　　　　　　　　　　元

客户名称	金　　额
北京联合中兴汽车有限公司	115 021 007.23
鞍钢股份有限公司	30 614 090.77
天津宝钢北方贸易有限公司	21 741 285.75
北京首钢冷轧薄板有限公司	12 127 981.99
克康（上海）排气控制系统有限公司	7 444 951.12
上海盾冶钢铁贸易有限公司	6 499 401.85
成都成发汽车发动机有限公司	5 598 176.46
北京博格华纳汽车传动器有限公司	4 355 676.96
正新橡胶（中国）有限公司	3 435 595.01
新疆博超汽车营销有限公司	3 051 815.55
昆明豪雅汽车销售有限公司	2 833 093.55
佛山市信众贸易有限公司	2 622 940.00
厦门市卓欣中贸易有限公司	2 399 718.32
重庆嘉川汇洋汽车销售有限公司	2 263 250.20

从表 4-1 中可以看到，HZ 汽车公司支付给北京联合中兴汽车有限公司的预付款最多，几乎是全部预付款的一半，支付给鞍钢、宝钢的预付款紧随其后，说明这三家大型企业在 HZ 汽车所在的供应链上居于比较强势的地位。

以 HZ 汽车公司支付给北京联合中兴汽车有限公司的预付账款而形成的未来提货权益为质押，北部湾银行认为，可以向 HZ 汽车公司提供短期贷款。授信的额度和标准可以通过以下几个方面的计算来确定。

2009 年 10 月末，HZ 汽车公司的自有资金约有 15 870 万元，稳健地考虑，应当保证 30% 的保证金和 20% 的流动资金以满足企业经营的需求。这样一来，银行能够给予企业的首次融资额度基本上和企业的自有资金持平，在熟悉企业的经营模式之后，银行给予企业的融资额度可以相应提高，最高能到自有资金的 3 倍。

（1）企业营运资金缺口。HZ 汽车公司的贸易模式中，经营周期可以分为交付预付资金—上游企业排产—产成品运输及加工装配—向下游企业销售这样四个阶段。

2009 年，HZ 汽车公司的平均资金周转期在 75 天左右，每年资金循环 5 次左右，该公司 2010 年销售收入达到 180 000 万元，那么根据 75 天的经营周期计算，保守估计需要 36 986.3 万元的运营资金。而公司自有资金约为 15 870 万元，资金缺口为 21 116.3 万元。

（2）授信额度的测算。根据 HZ 汽车经营循环资金周转量计算出授信限额为 26 571.34 万元，可以覆盖企业的资金缺口。这份授信方案得到 HZ 汽车公司的认可，与 HZ 汽车协商后，北部湾银行与 HZ 汽车签订了"未来货权质押授信"协议。北部湾银行自 2009 年 11 月起向 HZ 汽车提供 20 000 万元的授信额度，期限为 1 年。

在实施供应链融资业务中，首先，由北部湾银行、HZ 汽车公司和北京联合中兴汽车有限公司签订"三方合作协议"及供货合同。然后，北部湾银行根据供货合同开立银行承兑汇票，开票保证金比例为 30%，收款人限定为北京联合中兴汽车有限公司。随后，由北京联合中兴汽车有限公司按协议和合同要求把原材料发运到由北部湾银行认可的第三方监管仓库，监管仓库和北部湾银行之间订有仓储监管协议，仓库根据北部湾银行指令办理入库手续，HZ 汽车公司则根据业务进度向北部湾银行要求补款提货，一直到补足全额保证金。不难发现，这项供应链融资业务的实际操作中不光涉及"未来货权质押"，还用到了"现货质押"，是新模式和传统模式的创新结合。

HZ 汽车公司由此获得 20 000 万元的授信余额，基本解决了当年的资金缺口问题，并为公司快速发展打下基础。到 2010 年 10 月该公司实现销售收入 178 595 万元，比 2008 年增长了近 40%；资产规模也在继续稳步增长，到 2010 年 10 月末达到 151 672 万元，比 2008 年增长约 48%；另外，2009 年末到 2010 年 10 月，该公司的货币资金保持在 22 500 万元左右，比 2009 年 10 月前有明显的改善，现金不足的压力得到缓解。

资料来源：肖鸿澎．汽车制造企业的供应链融资解决方案 [D]．成都：西南交通大学，2012.

分析问题

1. 在国内国际双循环发展格局中，分析外贸型生产企业发展供应链金融的机遇与挑战。

2. 分析 HZ 公司供应链系统结构及其特征。

3. 讨论 HZ 公司开展供应链金融中面临的融资风险及防范措施。

第5章 基于债权的供应链金融模式

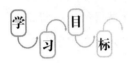

1. 分析债权及其在供应链融资中的特征、价值、风险及其控制方法。

2. 掌握基于债权的供应链金融服务模式、业务流程及其相关分析方法。

3. 结合债券融资、信托融资、项目融资、商业信用及其租赁等债权形式，了解债权供应链融资服务创新。

蚂蚁集团开启普惠金融新赛道

2020年8月25日，支付宝母公司蚂蚁集团的IPO（首次公开募股）计划正式启动。公开的招股文件显示，蚂蚁集团实现180亿元的净利润，相当于工商银行的1/17、招商银行的1/5。蚂蚁集团通过科技打开了一条普惠金融的新赛道，为满足社会金融服务需求创新服务模式。

● 破解普惠金融难题

中国作为一个人口大国和第二大经济体，拥有着最大的普惠金融群体。政府对于解决小微企业融资难、融资贵的尝试也给予鼓励和支持。2005年，联合国首次提出了"普惠金融"的概念，强调"立足机会平等要求和商业可持续原则，以可负担的成本为有金融服务需求的社会各阶层和群体提供适当、有效的金融服务"。

对于小微企业、农民、城镇低收入人群来说，如何获得金融服务，在当时的中国乃至全世界几乎是一个不可解的难题。要实现普惠金融中"可负担的成本"，传统金融机构完全无法解决成本问题。

普惠金融的受众，往往只需要相对小额的信贷资金。但对银行来说，100万元以下的贷款几乎无利可图。同样是做一套调查、审核，贷出去100万元的收益肯定比贷出去 10 万元的多。同时,小企业贷款的不良率较高,2019 年的有关数据显示,中国银行业 100 万~1 000 万元的小企业贷款不良率达到 5.9%,远高于贷款业务 2% 的整体不良率。

2009 年,针对淘宝中小商家普遍反映的贷款难问题,阿里小贷应运而生。淘宝的中小商家是当时的新职业——它们需要的贷款额度未必很高,但需求频繁,进货周转后很快可以还钱;它们在传统金融机构能够提供的信息有限。马云为时任阿里小贷CEO(首席执行官)的胡晓明划定了一条红线——只做 100 万元以下的小微贷款。与传统的"二八定律"相反,马云为阿里小贷设定的目标是"八二",即服务 80% 的群体仅赚 20% 的钱。

● 创新金融风控管理

为了更好地提供融资服务,阿里小贷严格控制住单笔贷款的成本,提出了"310"服务模式:3 分钟申请,1 分钟放款,无人工介入。要实现这一模式,必须依托于自动化的风控和审贷体系,以及完善的技术平台。淘宝数百万的小商家在平台上的交易、经营数据,成为风控的起点。

阿里小贷不断完善金融风控体系。通过数据分析模型,阿里小贷能实现传统银行不能做到的精准判断。2015 年,花呗诞生,成为解决"双 11"支付问题的兜底方案,即当银行的系统无法承载短期巨量的交易时,花呗先帮买家把钱垫上完成交易,再慢慢和银行结算。花呗采取了"小步快跑"的形式,对几乎没有留存任何信息的客户,花呗也愿意给出少量的额度。而每一次使用,每一次信用积累,都成为后续提升额度的依据。

在网商银行的客户中,小微贷款的不良率仅为 2% 左右,远低于传统金融机构小微贷款 5.9% 的不良率。在成本上,网商银行的"310"模式下单笔贷款运维成本仅为 2 元,而传统金融机构的成本是 2 000 元。

经历十年,共有 7.3 亿用户在使用蚂蚁集团的数字金融服务,2019 年累计有 5 亿人使用花呗、借呗,网商银行在 2019 年共服务了 2 000 万小微商家,触达传统金融机构不曾服务的草根群体。蚂蚁集团已经是全球最大的线上消费信贷和小微经营者信贷服务平台,信贷余额达到 2.1 万亿元,其中 98% 的信贷余额规模来自蚂蚁集团合作的银行或持牌金融机构。

资料来源:根据中国经营报相关报道整理,https://tech.sina.com.cn/i/2020-08-26/doc-iivhvpwy3076938.shtml,2020-08-26.

启发问题

1. 分析现代信息技术对于传统金融风控管理和债权质押的影响与变革。

2. 在发展普惠金融服务中,如何通过技术创新进一步发挥供应链金融的作用?

5.1 应收账款融资概述

5.1.1 应收账款融资的产生动因

随着全球经济发展，供不应求的市场格局被打破，买方市场逐渐成了市场竞争基本形态。市场交易中，买方占据了主导地位，赊销逐渐成为商品交易的主要模式，而处于供应链弱势地位的中小企业，在向核心企业销售产品时更会面临应收账款账期过长的困扰。赊销的发展使供应链上游企业应收账款数额明显增多，管理应收账款已成为企业经营活动的重要问题。为了确保企业正常生产经营活动，供应链上游中小企业非常重视应收账款的催收和变现，进一步促进了企业开展应收账款融资的积极性。

在供应链实践中，中小企业面临的货款拖欠问题十分突出，应收账款一般期限为3～6个月。从国际应收账款平均水平来看，应收账款逾期率一般应低于企业应收账款总额的10%，但是我国应收账款的平均逾期率高达60%，成了中小企业资金管理、生产管理和流动性管理的巨大难题。我国于2013年推出了应收账款融资服务平台，促进了应收账款融资业务的发展。由于该平台以服务大型企业为主，中小企业能够获得的融资贷款仅占平台融资总数的23%[①]。

在我国国内贸易中，以赊销作为结算方式的商业活动占比超过80%，而国内信用证推广相对滞后，国内信用证的使用率仅为16%左右[②]。在国际贸易中，大量采用赊销结算方式。因此，在国内外贸易中均形成了大量的应收账款，这客观上反映出中小企业对应收账款类融资的内在需要。

应收账款融资的兴起，为中小企业破解应收账款问题提供了新的手段。推动供应链中小企业应收账款与供应链的融合，大力发展供应链金融势在必行。

5.1.2 应收账款融资的基本内涵

美国《布莱克法律词典》对应收账款下的定义为："在正常商业交易中产生对某个企业所负的债权，此等债权不应建立在流通票据上。"《美国统一商法典》把应收账款界定为："对任何售出或租出的货物或对提供的服务收取付款的权利，只要此种权利没有票据或动产契据作为证明，而不论其是否已通过履行义务而获得。"因此，应收账款的概念都强调其产生于普通商业交易活动，这在本质上区别于基于流通票据（如汇票、本票或支票等）的债权。

我国《应收账款质押登记办法》指出，应收账款是权利人因提供一定的货物、服

① 何珊，马小林.基于供应链金融的应收账款质押融资问题分析 [J].征信，2018，36（10）：89-92.
② 李金龙，宋作玲，李勇昭，等.供应链金融理论与实务 [M].北京：人民交通出版社，2011.

务或设施而获得的要求义务人付款的权利，包括现有的和未来的金钱债权及其产生的收益，但不包括因票据或其他有价证券而产生的付款请求权。其具体包括的权利有：销售产生的债权，如销售货物，供应水、电、气、暖，知识产权的许可使用等；出租产生的债权，如出租动产或不动产；提供服务产生的债权，公路、桥梁、隧道、渡口等不动产权收费；提供贷款或其他信用产生的债权。

应收账款融资是指供应链上游中小企业以与供应链核心企业真实贸易合同产生的应收账款为基础，将应收单据等凭证作为质押担保物，约定以合同项下的应收账款作为第一还款来源，向商业银行申请短期贷款的一种融资模式。应收账款是企业未来的现金流，对经营期的资金流转具有较大的影响，所以应收账款融资就是将企业未来的现金流变成了现在可用的现金流，使得企业短期的资金周转需求得到满足，改善企业现金流，保证企业能够有充足的资金进行再生产。应收账款类融资可以帮助供应链上游中小企业提前回笼销售资金、降低销售财务风险、提高资金运用能力、改善企业财务报表结构。

应收账款融资主要应用于产品销售阶段，为处于供应链上游的中小企业开展债权融资。当供应商将货物卖给客户，若客户不直接支付现金，则产生应收账款，直到付款期限才能收回现金。由于供应链生产的连续性，供应商需要支付生产加工所花费的劳动成本和到期应付账款，以及存货融资质押贷款到期的本息，或者提前支付进入下一个生产运营周期所需的采购资金。因此，应收账款融资成了供应商破解资金困境的重要融资方式。

传统的应收账款融资方式是由贷款企业将自己的应收账款的债权抵押给保理商（如银行等）并提出贷款申请，申请一经通过，保理商将为企业提供应收账款面值50%～80%的贷款。在传统模式下，由于应收账款的债务人并非都是经营状况良好、信用度高的企业，所以保理商往往要求融资企业在债务人没有按时支付应收账款时承担连带责任。在传统模式下，由于对融资企业自身的信用和实力有一定的要求，中小企业在这种模式下就很难通过应收账款得到保理商的融资。

在供应链管理实践中，应收账款融资得到进一步发展和提升。一般地，融资对象是拥有应收账款债权的供应链上游中小企业，即应收账款的债权人，凭借供应链合作关系，核心企业将承担对整个融资过程的反担保作用。因此，保理商可以更加有效地转移有关融资风险，同时也增大了保理商对中小企业贷款的意愿，可以更好地解决中小企业面临的资金问题。

◢ 5.1.3　应收账款融资的种类

应收账款融资按照所有权是否发生转移以及转移对象的不同，可以划分为应收账款质押融资、应收账款转让和应收账款证券化融资三种方式。有关学者针对保理商实践需要，将商业承兑汇票保贴业务也归入应收账款类融资。事实上，商票保贴业务可从两个层面理解其产品特性，当保理商授信给出票人时是一种预付款类融资；当保理商授信给收票人时，即给予一个贴现额度，则是一种应收账款类融资，即票据化保理。

应收账款质押融资是指融资企业与银行等金融机构签订融资协议，以应收账款作为质押品。在协议规定的期限和信贷限额条件下，企业可以采取随用随支的方式，向银行等金融机构取得短期借款的融资方式。应收账款质押融资可以有效盘活企业沉淀资金，是缓解中小企业融资担保难题，增强中小企业循环发展、持续发展能力的重要途径。

应收账款转让是银行针对企业因应收账款增加而造成的现金流量不足，而及时向企业提供的应收账款转让的融资便利方式。在应收账款受让期间，银行可以委托应收账款转让人（销售方）负责向购货方催收已转让的应收账款，如在规定期限内银行未能足额收回应收账款，则由转让人无条件地回购未收回的部分。应收账款转让可以及时回笼销售资金，为企业的赊销提供便利，避免企业因赊销造成的现金流量不足；并且可以提高企业资产的流动性，改善企业的财务状况。

按照应收账款转让是否具有追索权，可分为附加追索权的应收账款转让和不附加追索权的应收账款转让。附加追索权的应收账款转让是指企业将应收账款转让给银行等金融机构，在有关应收账款到期无法从债务人处收回时，银行等金融机构有权向转让应收账款的企业追偿，或按照协议规定，企业有义务按照约定金额从银行等金融机构回购部分应收账款，应收账款的坏账风险由企业承担。不附加追索权的应收账款转让是指企业将应收账款转让给银行等金融机构，在有关应收账款到期无法从债务人处收回时，银行等金融机构不能向转让应收账款的企业追偿，应收账款的坏账风险由银行承担。

应收账款证券化融资是指以销售产品或提供服务产生的应收账款为支撑，通过特定的组织机构和结构设计提升信用状况，向投资者发行信用级别较高的证券的一种融资方式。应收账款证券化融资是资产证券化的一种，能够把企业生产经营活动中存在的一些流动性较差且在未来能够产生现金流的应收账款转让到金融市场中，并且通过证券化进一步销售流通。

应收账款证券化融资是一类新型的应收账款融资模式，近年来随着金融市场的发展和应收账款融资需求的日益增长，其得到了快速发展，并衍生出了多种应收账款证券化金融工具。

◢ 5.1.4 应收账款的选择标准

为了保证授信的自偿性，应收账款融资中的应收账款必须具备可实现性，需要满足以下特征。

1. 可转让

应收账款必须是依照法律和当事人约定允许转让的。如果当事人在产生应收账款的基础贸易或服务合同中明确约定，基于该基础合同所产生的一切权利是不可以转让的，基础合同的权利义务只属于合同双方，则这样的合同履行所产生的应收账款债权就不能作为融资依据。此外，基于特定的与人身性质不能分割的缘由所产生的应收账款债权，也不适宜作为质押标的。

2. 特定化

应收账款的有关要素，包括金额、期限、支付方式、债务人的名称、产生应收账款的基础合同等必须明确、具体和特定化。由于应收账款是一种没有物化的权利凭证，银行对融资企业授信后，对债权的控制依据主要依靠上述要素来予以明确。

3. 时效性

应收账款必须在诉讼时效内。目前，我国法律关于一般性债权予以保护的诉讼时效是两年。超过两年的诉讼时效后，债权人的债权将从法律权利蜕变为一种自然权利。法律并不禁止债务人继续清偿上述债务，但对债权人诉诸法律要求债务人清偿的主张不再支持和保护。因此，从保障银行债权实现的角度出发，一方面，银行应确保所选择的应收账款的债权尚未超过诉讼时效；另一方面，在融资期限内也要对应收账款的债权的时效予以充分关注，及时督促融资企业中断诉讼时效，避免应收账款债权不再受法律保护。

4. 资格合法性

提供应收账款的民事主体必须具备法律所承认的提供担保的资格。《民法典》对于担保人的资格已作出了比较明确的规定。例如，国家机关一般情况下不能对外提供担保，未经授权的法人分支机构也不能对外提供担保等。因此，银行在选择应收账款融资时最好选取拥有独立法人资格、能够独立对外承担民事责任的企业法人的应收账款作为融资支持。

可接受转让的应收账款须具备以下条件：一是商务合同已生效，且卖方已履行合同项下的义务；二是应收账款未到期；三是对应收账款账龄和付款期，即应收账款自转让之日起到应收账款商务合同约定付款之日，各家银行应分别明确一个最高时限；四是仅指对卖方根据商务合同的约定应向买方收取的净额。

对于可能发生债务抵消的应收账款、已经转让或设定担保的应收账款、买卖双方正在发生贸易纠纷的应收账款、商务合同约定或法律法规规定债权不得转让的应收账款、商务合同因违反国家法律法规而可能导致无效的应收账款、被第三人主张代位权的应收账款等，银行原则上不予接受，以避免法律纠纷导致受让的应收账款难以实现。

对于代销或者其他方式约定销售退货而形成的应收账款、基础合同项下的尾款、质量保证金类的尾款、因关联交易等（如卖方向其附属机构、控股公司、母公司或者所属集团其他成员销售而产生的应收账款）服务贸易项下的应收账款，以及分期付款项下的应收账款等，银行应视具体情况参考上述一系列原则审慎选择。

5.2 应收账款质押融资

5.2.1 应收账款质押融资概述

1.应收账款质押融资的概念

供应链金融模式中的应收账款质押融资是指中小企业以与核心企业真实交易项下的未到期的应收账款为质押物，向银行等金融机构提出质押担保并获得贷款的行为。应收账款质押融资以应收账款为质押物，以核心企业的信用作为担保。这种担保具有贸易自偿性，区别于传统融资担保业务，如果违约则用抵押物来偿还。在应收账款质押融资中，当银行向融资企业融通资金后，如果融资企业拒绝付款或者无力偿还贷款，银行具有要求应收账款债务人核心企业偿还资金的追索权。简单来说，一旦融资企业还款出现问题，核心企业将会代替中小企业来弥补银行的损失，从而保证银行资金安全，在整个过程中，核心企业起到类似反担保的作用。

2.应收账款质押融资的分类

根据是否可以循环使用授信，应收账款质押融资划分为两类：应收账款质押单笔融资和应收账款质押循环融资。应收账款质押单笔融资又称特定融资，是指银行根据融资企业拥有的单笔或特定的多笔应收账款来确定授信额度并提供融资。这种模式主要适用于同一交易项下或短期内与同一交易对象所发生的金额较大的应收账款；应收账款质押循环融资，是指银行根据融资企业在一段时间内连续稳定的应收账款余额核定其最高授信额度，并根据每笔应收账款单独提供融资。在融资期内，融资企业可以不断提取、偿还贷款。循环融资主要采用总量担保的方式，适用于应收账款发生频率较高、回收期短、周转快，特别是连续发生的小额应收账款，应收账款存量较为稳定的情况。

此外，还可以根据中小企业与核心企业确定的未来交易，如以双方签订的长期、明确的购销协议所产生的未来应收账款为基础，划分应收账款质押融资业务。将未来的应收账款纳入质押担保范围，会使银行的放贷金额和周期大幅增加，并且尚未发生的应收账款也会给银行开展相关业务带来不少风险，所以在开展未来应收账款质押融资业务时，一定要明确未来的应收账款是否能够落实。

5.2.2 应收账款质押单笔融资

应收账款质押单笔融资是一种最基础、最简单的应收账款质押融资方式。供应链上游的中小企业，将自身所持有的核心企业承诺付款的应收账款，质押给银行等金融机构，并向其申请短期信贷融资，金融机构根据应收账款的金额，以及融资企业和核心企业的资信实力来确定授信额度发放贷款。

1. 应收账款质押单笔融资业务流程

在应收账款质押单笔融资业务中，供应链上的中小企业根据自身业务状况，在符合条件的情况下向银行申请应收账款质押融资，按照银行要求提供业务申请、贸易合同、发货清单、收货单、付款确认函等资料，具体业务流程如图5-1所示。

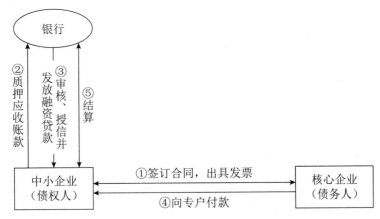

图 5-1 应收账款质押单笔融资业务流程

注：① 供应链中小企业与核心企业签订销售合同，并确认应收账款。

② 中小企业凭借应收账款向银行申请应收账款质押融资，并在银行开设用于回收应收账款的专门账户。

③ 银行在对应收账款票据真实性和核心企业的付款能力审核后，对中小企业进行授信并发放融资贷款。

④ 应收账款到期后，核心企业将应付款项打入中小企业的专户。

⑤ 融资到期后，银行与中小企业结算融资款和利息，将剩余账款退还给中小企业。

2. 应收账款质押单笔融资的特征

对于供应链上游中小企业而言，通过将未来的现金流向银行质押获得当期的现金流，有利于改善企业财务结构，扩大业务规模。

对于银行而言，应收账款质押融资模式具有自偿性，并且涉及环节少，操作相对简单，风险小。

3. 应收账款质押单笔融资的风险

（1）供应链核心企业信用风险。应收账款质押融资的还款来源是供应链核心企业对上游中小企业应收账款的支付行为，如果核心企业因为经营实力或道德风险问题没有按时支付应收账款或直接违约，则会影响供应链上游企业归还银行的融资贷款。

（2）供应链核心企业与上游中小企业合谋。应收账款质押融资通常要求融资企业在银行开设专门账户用于收取核心企业的付款以偿还融资贷款，如果核心企业与中小企业合谋，没有按照规定转入相应账户则会增加银行的风险。

▶ 5.2.3 应收账款质押循环融资

应收账款质押循环融资是应收账款质押单笔融资服务的发展和衍生项目，根据供应链中小企业的经营实力和信用状况以及在一段时间内的连续稳定的应收账款余额，核定中小企业的质押授信最高额度。中小企业可以在这段时间内，以每一笔应收账款向银行申请质押融资，银行在授信额度内对应收账款审核后提供融资贷款。当中小企业偿还贷款后，其授信额度又会恢复相应金额，所以在授信期内中小企业可以不断提取、偿还贷款。

1. 应收账款质押循环融资业务流程

应收账款质押循环融资业务流程如图 5-2 所示。

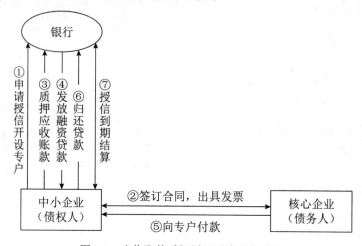

图 5-2　应收账款质押循环融资业务流程

注：① 供应链中小企业向银行提交材料申请应收账款质押循环融资，并在银行开设专户。银行审核材料后确定最高授信额度。

② 供应链中小企业和核心企业达成交易并签订合同，形成应收账款。

③ 供应链中小企业凭借和核心企业交易产生的应收账款向银行申请应收账款质押融资。

④ 银行审核应收账款的真实性后放款。

⑤ 应收账款到期后核心企业将应收账款打入中小企业在银行开设的专门账户。

⑥ 贷款到期后中小企业利用专门账户里的资金或利用其他资金归还贷款。

⑦ 授信到期后，对账户内剩余资金和剩余未到期的融资贷款进行结算。

2. 应收账款质押循环融资的特征

相对于传统的单笔融资，应收账款质押循环融资的主要特点是，对中小企业在一定时期内一次性确定最高授信额度，而不用每次单独授信。因此，质押循环融资更有利于中小企业和银行企业伙伴关系的发展，促进双方业务往来。

对于供应链中小企业而言，特别是发生业务频率高但是金额相对较小的企业，质押循环融资不用每次单独申请授信，流程相对简单，同时金额较小的应收账款也可以参与融资，从而进一步扩大了应收账款融资的范围，破解了单笔质押融资交易费用高的瓶颈。

对于银行而言，质押循环融资省去了每次单独授信的麻烦，节约了开展业务的资源，同时将不同金额的应收账款都纳入融资范围可以扩大业务规模。

但是，应收账款质押循环融资业务发生频率高且金额小，容易造成银行工作人员在对应收账款审核时懈怠，不按照规定严格审核，从而增加银行的风险。

▲ 5.2.4　未来应收账款质押融资

未来应收账款质押融资是一种特殊的供应链金融模式，与其他大多数模式不同，它并不是以当下已经发生的真实交易为基础来对中小企业进行授信，而是将供应链中小企业和核心企业未来将要产生的应收账款作为放款基础来进行授信放款。当交易真实发生时，未来应收账款也变成了真实的应收账款，此时再将真实的应收账款作为质押物，转为应收账款质押融资。

1. 未来应收账款质押融资业务流程

未来应收账款质押融资业务流程如图 5-3 所示。

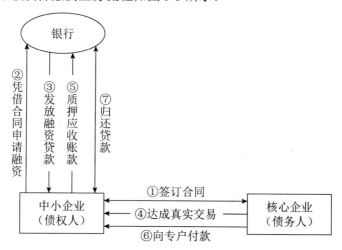

图 5-3　未来应收账款质押融资业务流程

注：① 供应链中小企业与核心企业达成销售合同。

② 中小企业凭借尚未履行的销售合同下的未来应收账款向银行申请融资。

③ 银行审核相关材料后，对中小企业授信放款。

④ 中小企业与核心企业达成真实交易，形成应收账款。

⑤ 真实交易发生后，中小企业再将应收账款质押给银行，办理应收账款质押手续。

⑥ 应收账款到期后，核心企业将货款打入指定账户。

⑦ 融资到期后，中小企业归还贷款。

2. 未来应收账款质押融资的特征

对于中小企业而言，可以提前凭借和核心企业的交易意向以及尚未履行的交易合同来向银行申请短期融资贷款。提前获取的融资有助于缓解生产和采购环节的资金压力，扩大生产规模，实现规模化效益。

对于银行而言，可以进一步挖掘应收账款质押融资的潜力，获取更多的利润来源。

3. 未来应收账款质押融资的风险

（1）未来交易的不确定性带来的风险。未来应收账款质押融资是以未来可能会发生的应收账款为融资基础的。市场的不断变化以及交易双方合作关系的变动都可能会影响交易的发生。若应收账款没有发生，这会给银行开展业务带来很大风险，所以银行在确定融资授信时需要十分谨慎。

（2）道德风险下的重复质押问题。因为未来的应收账款相较于已经发生的真实应收账款，没有实际的担保物做支撑，中小企业有机会凭借同一潜在的应收账款向多家银行申请融资，而银行又很难发现。中小企业的道德问题也会增加银行的风险。

5.3 应收账款保理融资

5.3.1 应收账款保理融资的概念

应收账款保理融资也被称作转让融资，指通过供应链中小企业将应收账款转让给保理商而获得融资服务。保理融资最早可以追溯到 5 000 多年前的古巴比伦王朝的保理业务，当时保理业务仅仅是一种商务行为代理而已。现代意义上的保理融资业务源于 19 世纪的美国，随着国际贸易的兴起，到了 20 世纪保理融资得到快速发展并扩展到全球。

1. 保理业务的兴起与发展

自 16 世纪美国成为英国殖民地之后，欧洲对美国的消费性商品出口持续增长，由于运输条件和通信技术的限制，加上欧洲出口商缺乏对美国市场和客户的了解，欧洲的出口商往往雇用美国当地的代理商代为销售货物，这些被雇用的代理商就是早期的保理商。这一时期，保理商主要提供市场销售、货物存储和批发、管理、收款、防范坏账和融资等服务。

到了 19 世纪末期，随着交通运输和通信技术的进一步发展，欧洲出口商逐渐摆脱了对美国当地代理商的依赖，货物越来越多地被直接发运给买主。但是，欧洲出口商仍然需要规避资金收款的风险，他们需要保理商提供融资和坏账担保，甚至还需要保理商提供预付款。在这样的背景下，代理商逐渐转变为保理商，出口商逐渐转变为保理商的客户，并向保理商出售债权。保理商从原来的推销货物，逐渐转向处理出口商的应收账款，同时也为出口商提供债务人信用评估，并在一定的限额内承担债务人的信用风险。至此，国际保理业务便从保理商提供应收账款管理、坏账担保、直接收款中发展起来。

英国的商业银行最早开办票据贴现业务，但是由于票据贴现收入难以弥补债务人违约造成的损失，所以很多商业银行对票据贴现业务缺乏兴趣。在 20 世纪 50 年代初期，英国的很多金融公司发现，向销售商做票据贴现融资比直接放贷获得的收益更高，因此票据贴现融资业务在英国得到迅速发展，并逐渐走向成熟。

在开展票据贴现业务时，销售商向金融公司提交票据副本并附文件以出售债权，同时销售商担保债务人在未来的一定期限内付款。金融公司根据票据副本上注明的债权转让条款和销售商的担保承诺，在扣留费用之后，根据票据面值按照一定比例向销售商放款。销售商利用自有资金或债务人的货款归还票据贴现款，也可以用新的票据贴现款冲抵之前的票据贴现款。

20 世纪 60 年代，美国的国际保理与英国的票据贴现在英国出现融合，在全球市场上引起了较大的反响。20 世纪 70 年代，英国的商业银行开始重视保理业务，并纷纷组建了保理公司，英国的保理业务开始飞速发展。伴随着英国保理业务的繁荣，国际保理业务在欧洲大陆迅速扩张。由于在东南亚和东亚地区，每年都有大量的商品销往欧洲和北美，亚洲地区的保理业务紧随欧洲也开始了迅速发展。

2. 供应链保理融资

供应链保理融资是为以赊销方式进行贸易的供应链上游中小企业提供的一种综合性金融服务。它以供应链上游中小企业在向核心企业销售货物时所产生的应收账款为基础，中小企业将现在的或将来的应收账款转让给银行等金融机构（通常被称为保理商），保理商通过收购中小企业的应收账款，向中小企业提供贸易融资、销售分户管理、账款催收、信用风险控制与坏账担保等一系列综合性服务。

对于中小企业而言，保理融资可以将未来流动资金——应收账款转变为当下的流动资金。因为应收账款转让后账款催收和管理由保理商负责，并且在大多情况下风险也将由保理商来承担，所以可以减轻中小企业对应收账款的管理成本，同时降低风险，改善企业财务报表结构。在保理融资中，保理商更关注应收账款中欠款的核心企业自身的信用水平和经营能力，因为其决定了保理商能否收回应收账款。

保理业务的种类有很多。按照应收账款涉及的交易对象是否在同一国家可以将其划分为国内保理和国际保理；按照是否通知核心企业转让事宜可以将其划分为明保理和暗保理；按照是否保留对上游企业的追索权可以将其划分为有追索权的保理和无追索权的保理；按照授信额度是否可循环使用可以将其划分为非循环保理和循环保理（又称为保理池融资）。此外，保理融资还衍生出了其他多种形式。

▲ 5.3.2 普通应收账款保理融资

保理融资通常发生在国内，并且在应收账款转让时保理商和上游中小企业都会告知核心企业应收账款发生转让。相较于应收账款质押，核心企业信用风险由上游中小企业承担，在保理融资中没有特别说明的都属于无追索权的保理融资，核心企业的信用风险由保理商来承担。

1. 应收账款保理融资的好处

（1）对于供应链上游的中小企业而言，一方面，应收账款的转让可以提前获得销售回款，解决流动资金短缺的问题；另一方面，保理融资还可以促使中小企业在销售货物时提供赊销服务，从而扩大市场规模，形成规模效应，降低生产成本。

（2）对于供应链核心企业而言，保理融资解决了中小企业赊销货物的流动资金短缺问题，也变相地为核心企业提供了采购融资服务，减少了核心企业的流动资金占用问题。

（3）对于银行而言，保理融资可以为银行开拓新的信贷市场，丰富金融产品，发展中间业务，从而提高综合服务能力。

2. 应收账款保理融资的风险

对于保理商来说，无追索权的保理融资意味着核心企业一旦违约，所有风险将由保理商来承担，所以这种模式下保理商面临的核心企业信用风险问题被放大，保理商需要格外关注核心企业是否会违约。

3. 应收账款保理融资业务流程

应收账款保理融资业务流程如图 5-4 所示。

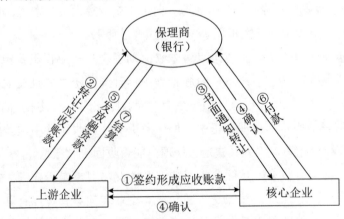

图 5-4　应收账款保理融资业务流程

注：① 供应链上游中小企业与核心企业达成购销合同，上游企业以赊销的方式销售，并取得应收账款。

② 上游企业因资金周转，需要将应收账款变现，通过与保理商协商，将应收账款转让给保理商。

③ 上游企业与保理商以书面通知的形式，将应收账款转让情况告知核心企业。

④ 核心企业确认收到书面通知，并向上游企业和保理商反馈。

⑤ 保理商向上游企业提供融资。

⑥ 应收账款到期后，核心企业向上游企业指定的保理商账户支付。

⑦ 保理商扣除融资额后，将剩余的款项存入上游企业账户中。

5.3.3 国际应收账款保理融资

1. 国际应收账款保理融资的含义

国际保理业务是指保理商通过出口商以发票标识的应收账款而向出口商提供的金融服务。从融资角度来讲，保理仅指出口商在采用赊销（open account trade，O/A）、承兑交单（document against acceptance，D/A）等信用方式向进口商销售货物时，出口地保理商根据供应商提交的发票及其他材料，向出口商提供与发票呈一定比例金额的融资。保理商为了更好地满足企业服务需求以及提升综合收益水平，在为企业提供融资服务的同时也向企业提供其他相关服务，包括销售分账户管理、信用销售控制、债务回收、坏账担保等。

2. 国际应收账款保理融资的特征

对于供应链上游的中小企业而言，除了解决资金流短缺问题，相关的综合性服务也有效解决了中小企业参与跨国贸易时面临的应收账款管理、销售分账户管理、债务回收等问题。

对于银行而言，参与国际保理融资会有更多机会提供各种中间业务服务，获取更多利润。此外，参与跨国贸易可以帮助银行提升国际竞争力。

3. 国际应收账款保理融资的风险

国际应收账款保理融资的风险主要是法律和政策风险。国际贸易涉及不同的国家、不同的法律体系和政策环境，关于贸易的要求和违约后的处理也各不相同。保理商需要深入了解贸易国的法律和市场基本情况，避免因为不了解当地法律和政策，造成重大损失。

4. 国际应收账款保理融资业务流程

国际应收账款保理融资由进出口地双方保理商共同参与，其业务流程如图 5-5 所示。

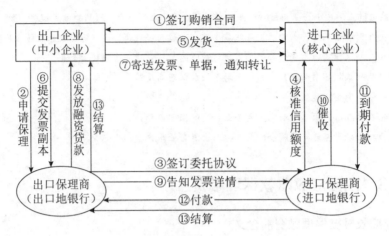

图 5-5　国际应收账款保理融资业务流程

注：① 出口中小企业与进口核心企业达成销售意向，签署进出口协议。

② 出口企业向出口保理商提交国际保理融资业务的书面申请。

③ 出口保理商联系进口保理商，并将出口企业本身及业务信息告知进口保理商，要求进口保理商对进口企业核定保理额度。

④ 进口保理商根据自身对相关信息的收集与评价，决定进口企业的保理额度。核定后，将授信额度通知出口保理商。

⑤ 出口企业向进口企业发货，形成应收账款。

⑥ 出口企业将发票副本提交给出口保理商，将出口货物形成的对进口企业的债权转让给出口保理商。

⑦ 出口企业将发票和单据提交给进口企业，并通知债权已经转让，收款业务由进口保理商负责。

⑧ 出口保理商根据出口企业的融资需求，向其提供大约为发票记载金额的 80% 的融资款。

⑨ 出口保理商向进口保理商告知发票详情和应收账款转让事宜。

⑩ 进口保理商于发票到期日前向进口企业催收。

⑪ 进口企业则按照合同约定向进口保理商付款。

⑫ 进口保理商向出口保理商付款。

⑬ 进口保理商在扣除进口相应费用后将剩余款项付给出口保理商。出口保理商在扣除出口保理费用、邮寄费、电信费等费用以及融资款后，将余款付给出口企业。

5.3.4　其他应收账款保理融资

1. 有追索权保理融资

有追索权保理融资是指保理商在核心企业不支付应收账款时，有权要求中小企业偿付融资款项。在这种融资模式下，保理商不承担为核心企业核定信用额度和提供坏账担保的义务，仅提供包括融资在内的其他中间服务。

有追索权保理融资与一般保理融资业务流程的区别在于，当核心企业违约时，中小企业需要偿付融资款项。对于保理商而言，有追索权保理融资使保理商不用承担核心企业违约的风险，保障了保理商利益。有追索权保理融资业务流程如图 5-6 所示。

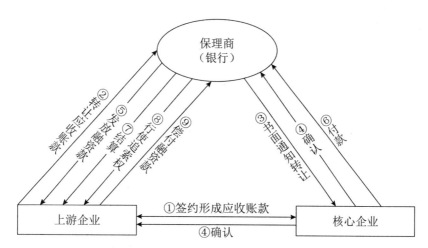

图 5-6 有追索权保理融资业务流程

注: ① 供应链上游中小企业与核心企业达成购销合同, 上游企业以赊销的方式销售并取得应收账款。

② 上游企业因资金周转, 需要将应收账款变现, 通过与保理商协商, 将应收账款转让给保理商, 形成有追索权的保理融资业务。

③ 上游企业与保理商以书面通知的形式, 将应收账款转让情况告知核心企业。

④ 核心企业确认收到书面通知并向上游企业和保理商反馈。

⑤ 保理商向上游企业提供融资。

⑥ 应收账款到期后, 核心企业向上游企业指定的账户支付。

⑦ 保理商扣除融资额后, 将剩余的款项存入上游中小企业账户中。

⑧ 当核心企业违约时, 保理商行使追索权, 要求中小企业偿付融资款项。

⑨ 中小企业按照保理商要求在核心企业违约后代为偿付融资款项。

2. 保理池融资

保理池融资又称循环保理融资, 是指保理商给予供应链上游中小企业一定授信额度后, 中小企业将多笔来自不同买家、期限不一、金额较小的应收账款转让给保理商, 使应收账款汇聚成一个"池子", 保理商根据授信额度和保理池内应收账款余额发放给中小企业融资贷款。在授信期内, 中小企业可以在授信额度范围内不断放入新的应收账款, 应收账款到期后, 核心企业按照之前的协议向指定账户打款, 保理商对该笔应收账款结算, 将扣除融资款后的余额转入中小企业账户。

保理池融资模式解决了中小企业应收账款存在的买方分散、交易频繁、账期不一、金额较小等问题, 能够充分挖掘零散应收账款的融资能力, 免去多重手续, 提高了融资效率。

保理池融资实现供应链企业与保理商双赢的局面。对于供应链上游中小企业而言, 有助于将零散的应收账款变现, 同时手续简便, 省去了单独融资的麻烦; 对于保理商而言, 多笔业务构成的保理池, 有助于稀释单笔融资违约带来的损失, 手续简便的特点也降低了保理商的业务成本。

当然，保理池融资模式的应收账款融资频率较高并且单笔金额小，增加了工作人员审核的难度，工作人员容易因审核不严格将不符合条件的应收账款进行融资。保理池融资业务流程如图5-7所示。

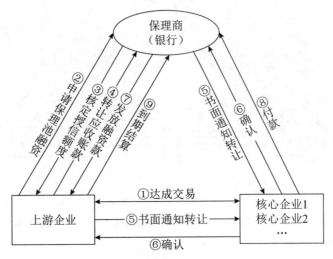

图 5-7　保理池融资业务流程

注：① 供应链上游中小企业与下游核心企业之间达成交易，形成多笔应收账款。

② 上游企业凭借和不同核心企业达成的多笔应收账款向保理商申请保理池融资。

③ 保理商给予中小企业一定的保理池融资授信额度。

④ 上游企业将多笔应收账款转让给保理商形成保理池。

⑤ 上游企业与保理商以书面通知的形式，将应收账款的转让情况告知下游的核心企业。

⑥ 下游核心企业确认收到书面通知，并且向上游企业和保理商反馈确认。

⑦ 保理商向上游企业发放融资款。

⑧ 应收账款到期日前，下游的核心企业向上游企业指定的保理商账户支付。

⑨ 保理商扣除融资额和利息后，将剩余的款项存入上游企业账户。

如此不断循环，上游核心企业将新的应收账款转让给保理商。授信到期后，保理商与中小企业进行结算，中小企业应归还未到期的应收账款融资贷款。

3. 暗保理融资

暗保理融资是指供应商虽然与保理商签订保理业务合同将债权让与保理商，但在转让之时并不立即通知债务人债权已经转让的保理业务。在实际业务开展中，一些处于供应链主导地位的核心企业对上游中小企业将应收账款转让给保理商持消极态度，所以在一些业务中，保理商和中小企业并不告知核心企业应收账款已经转让。

对于上游中小企业而言，暗保理省去了许多核心企业参与的环节，手续更加简单。同时，避免了因自身资金流短缺被核心企业知道而不愿意继续合作的问题。

暗保理融资通常用于资金流严重短缺而同核心企业关系并不密切的中小企业，核心企业对这类中小企业的应收账款支付通常较晚，容易出现违约，增大了保理商开展业务时所面临的风险。

暗保理的流程类似于保理，不同之处在于上游中小企业向保理商转让应收账款时，不会将转让的事宜告知核心企业。暗保理融资业务流程如图 5-8 所示。

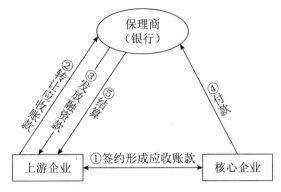

图 5-8　暗保理融资业务流程

注：① 供应链上下游企业达成购销合同，上游企业以赊销的方式销售并取得应收账款。

② 上游企业因资金周转，需要将应收账款变现，通过与保理商协商，将应收账款转让给保理商。

③ 保理商向上游企业提供融资，发放融资贷款。

④ 应收账款到期日前，核心企业向上游企业指定的账户支付。

⑤ 保理商扣除融资额后，将剩余的款项存入上游企业账户。

4. 反向保理

反向保理是保理业务的一种衍生形式，是供应链核心企业以自身信用与保理商达成协议，承诺对应收账款付款的一种行为。供应链核心企业与保理商达成协议后，无论哪一家上游中小企业持有该核心企业的应收账款，只要得到核心企业的确认，都可以在指定保理商转让应收账款并取得融资。反向保理业务主要针对供应链核心企业向上游中小企业采购产品或服务所产生的应收账款，目的在于为核心企业的上游企业提供一揽子的融资、结算等综合服务。

反向保理的意义在于：对于供应链上游中小企业而言，有助于降低融资门槛；对于供应链核心企业而言，在这种模式下上游中小企业更愿意接受核心企业的赊销行为，有利于核心企业缓解自身资金压力；对于保理商而言，可以更深入地了解核心企业，从而降低保理业务的系统风险。

反向保理融资业务流程如图 5-9 所示。

5. 出口信用险融资

基于出口信用险的融资授信是指在出口企业将已投保的信用险赔款权益转让给保理商后，保理商对出口企业的已投保应收账款进行融资，它也被称为出口信用险项下的贸易融资。当发生保险责任范围内的损失时，保险公司按照规定向出口企业理赔并将理赔款直接支付给保理商。

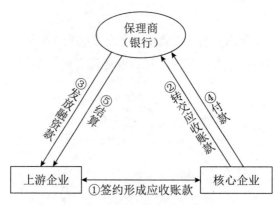

图 5-9　反向保理融资业务流程

注：① 供应链核心企业与上游中小企业签订购销合同，上游中小企业以赊销的方式销售并形成多笔应收账款。

② 核心企业将上游中小企业的应收账款移交给保理商，保理商对应收账款进行验证核实并对上游中小企业的资质情况进行核查，确认上游中小企业持有核心企业的应收账款。

③ 保理商按照应收账款额度的一定比例向上游中小企业提供融资。

④ 应收账款到期日前，下游核心企业向保理商指定的账户付款。

⑤ 保理商扣除融资款和利息后，将剩余款项支付给上游企业。

开展出口信用险融资的意义在于：对出口企业而言，购买出口信用险可以降低融资门槛，不需要额外的担保；对于保理商而言，降低了业务风险。出口信用险融资业务流程如图 5-10 所示。

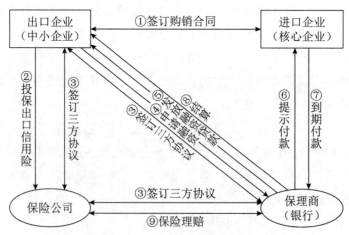

图 5-10　出口信用险融资业务流程

注：① 进出口企业达成销售意向，签订购销合同，形成应收账款。

② 出口企业向保险公司投保出口信用险。

③ 出口企业因资金周转需要，申请将出口信用险转让给保理商进行融资，出口企业、保险公司与保理商三方面签订《权益转让协议》。

④ 出口企业向保理商申请融资。

⑤ 保理商根据三方协议以及对出口企业的审核，向出口企业发放融资贷款。

⑥ 保理商提示进口企业付款。

⑦ 应收账款到期日，进口企业向出口企业指定的账户支付，用于归还出口企业的融资款。

⑧ 保理商扣除融资额后，将剩余的款项存入出口企业账户。

⑨ 当进口企业违约后，保理商与保险公司进行理赔。

6. 票据池融资

票据作为一种重要的结算工具，在企业交易结算时被广泛使用。票据是指以支付金钱为目的的证券，通常由出票人签名于票据上，约定无条件地由自己或另一人支付一定的金额，票据可以背书转让。常用的票据有本票、汇票和支票。票据池是指由融资企业持有的一定规模的票据组合形成的票据资产池。

票据池融资是保理融资的一种衍生形式，是指供应链上游中小企业所持有的票据汇聚成票据池并向保理商质押或转让，保理商根据票据池内票据金额按照一定比例给予融资贷款，并向其提供贸易融资、票据托管、委托收款、理财服务等一揽子综合性服务。

开展票据池融资，对于供应链上游中小企业而言，可以减少票据管理的工作量，同时防范了假票、克隆票和票据保管环节的风险，有效化解了收付票据期限错配和金额错配的问题。对于保理商而言，利用票据池融资能够扩大市场范围，增加业务收入，并且吸引票据到期后的企业存款。票据池融资业务流程如图 5-11 所示。

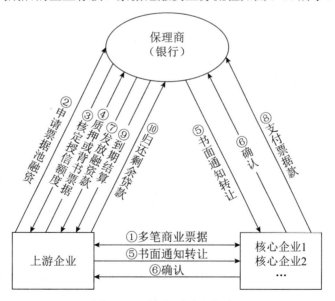

图 5-11　票据池融资业务流程

注：① 供应链上游中小企业与下游核心企业之间形成多笔结算的商业票据。

② 上游中小企业因资金周转，需要将票据综合起来变现，通过与保理商协商，申请票据池融资。

③ 保理商核定上游中小企业授信额度。

④ 上游中小企业按照协议要求将票据质押或转让给保理商。

⑤ 上游中小企业与保理商以书面通知的形式，将票据质押的情况告知下游的核心企业，也可不告知，具体根据票据的特征确定。

⑥ 下游核心企业确认收到书面通知，并且向上游中小企业和保理商反馈确认，也可不反馈，具体根据票据的特征确定。

⑦ 保理商在授信额度内按照票据金额的一定比例给予上游中小企业贷款。

⑧ 票据到期前，下游的核心企业向上游中小企业指定的账户支付票据款。

⑨ 保理商扣除融资额后，将剩余的款项存入上游中小企业账户。

⑩ 授信到期后，上游中小企业归还剩余未到期票据的融资款。

5.4 应收账款证券化融资

5.4.1 应收账款证券化融资概述

应收账款证券化融资是资产证券化的一种，是指供应链中的中小企业将应收账款集中销售给资产证券化特设目的机构（special purpose vehicle，SPV）。特设目的机构将这些应收账款做成各种有价证券，在国内外金融市场发行，一旦有价证券出售，机构将把资金支付给中小企业，从而实现中小企业筹措资金的目的。它的基本业务包括资产重组、风险隔离和信用增级。

我国资产证券化始于 20 世纪 90 年代。三亚开发建设公司成为我国资产证券化的首例，通过发行以土地为标的的投资券，开始了对不良资产管理的实践和探索。2005 年国家开发银行采用私募方式发行次级档债券，在银行间债券市场采用公开方式发行优先级债券。第一期"开元"项目由中国建设银行作为发起机构，中信信托投资有限公司作为委托机构。

随着我国金融市场深化改革，资产证券化快速发展。2012 年 5 月，为了规范我国资产证券化管理，财政部、银监会和中国人民银行联合发布了《中国人民银行 中国银行业监督管理委员会 财政部关于进一步扩大信贷资产证券化试点有关事项的通知》，证监会也出台了《证券公司资产证券化业务管理规定》和《证券公司客户资产管理业务管理办法》，为促进资产证券化发展提供了政策支持。2014 年 11 月，银监会发布《关于信贷资产证券化备案登记工作流程的通知》（银监办便函〔2014〕1092 号），明确将信贷资产证券化改为"备案制"，不再针对证券化产品发行进行逐笔审批，放宽了证券化的审批程序，银行只需要在申请取得业务资格后进行备案登记即可开展资产证券化业务。资产证券化发行时间也由以往审批制下的 40 个工作日缩短至 15 个工作日。

近年来，我国资产证券化市场延续快速增长的态势。2016 年，我国企业资产证券化（asset backed securitization，ABS）首次超越信贷资产证券化，占据了证券化市场最大比重。根据《2019 年度中国资产证券化市场白皮书 V1.0》，2019 年我国资产证券化市场累计发行 4 088 单 ABS 产品，累计发行规模为 79 528.82 亿元，存量规模为 39 070.23 亿元。

拓展阅读 5.1
未来应收
账款融资

总之，应收账款证券化融资是一类新型的应收账款融资模式。随着我国金融市场改革和资产证券化相关政策的不断完善，应收账款证券化将成为一种发展趋势，为供应链金融创新提供更多的产品和服务。

5.4.2　应收账款证券化融资流程

应收账款证券化过程包括了证券化资产遴选、风险隔离、信用增级、信用评级以及发行与承销等环节。应收账款证券化融资业务流程如图 5-12 所示。

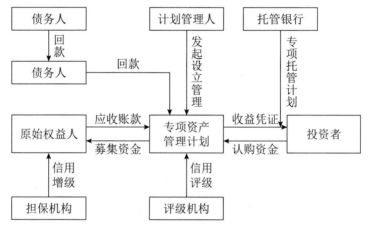

图 5-12　应收账款证券化融资业务流程

1. 证券化资产遴选

证券化的应收账款应具有明确界定的支付模式，能在未来产生可预测的、稳定的现金流。同时，尽可能地使债务人分布广泛，防范应收账款大多来自同一债务人或同一地区的风险。

2. 风险隔离

资产证券化特设目的机构是专门为资产证券化运作而设立的关键性主体，其存在的目的就是实现证券化资产与原始权益人其他资产间的风险隔离，以最大限度地降低发行人破产风险对证券化的影响。SPV 包括信托、公司、有限合伙几种方式，将证券化资产真实出售，将所有权转移到 SPV 手中。

3. 信用增级

信用增级是为了增加证券的信用等级，从而降低发行成本，减少投资者可能面临的基础资产未达到预期收益率而出现的亏损。

4. 信用评级

信用评级主要是评级机构通过对未来的应收账款还款来源、现金流的稳定性等进行评估，以预测投资者可能面临的潜在风险，便于投资者作出合理决策。

5. 发行与承销

设计好资产支持证券后，在落实会计、审计、律所、资金托管行、信用评级及登记服务方的同时，发行人需委托一家券商，即承销商来承销资产支持证券。受托管理机构向投资者发行资产支持证券，并用信托财产所产生的现金来支付相应税收、信托费用及本期资产支持证券的本金、利息及其他收益，直至该资产支持证券存续期满。

5.5 各种应收账款融资比较

在应收账款融资实践中，常见的融资方式包括应收账款质押融资、应收账款保理融资以及应收账款证券化融资，对各种融资方式的服务优势、局限性和适用范围进行如下分析。

5.5.1 服务优势比较

1. 质押融资的服务优势

对于供应链中小企业而言，首先，可将未来的应收账款直接转换为现金，缓解由于应收账款造成的流动资金不足的情况，改善企业的经营状况；其次，帮助企业解决传统融资方式下担保物不足的问题，满足融资需求，提高融资效率；最后，应收账款质押业务中对应收账款的高要求，无形中督促企业加强对应收账款的管理，对自身管理水平也有所提高。

对供应链核心企业而言，优惠的还款期限降低了企业对应收账款账期的敏感性，可使企业加快资金周转，获得更高的收益，同时也会加强与上游中小企业的联系，稳定供应链状况。

2. 保理融资的服务优势

对于供应链中小企业而言，首先，保理融资帮助企业盘活资金，将应收账款直接转化为流动资金，提高资金的使用效率；其次，此种方式可以优化财务报表，保理业务使企业获得资金支持的同时，并不增加企业负债，所以资产负债表的质量、企业的财务状况都会有所改善；再次，此方式也可帮助企业提升信用等级，公司资产负债表的改善提高了流动比率和速动比率，从而使公司信用等级也得以提升，使公司在进一步的融资活动中处于有利地位；最后，此种方式有利于供应链上下游企业业务联系的加强，帮助企业增强对下游企业的控制能力。

对供应链核心企业而言，银行或保理商会为其提供优惠的远期付款条件，有利于企业资金的周转。同时，核心企业也可节省开立银行承兑汇票等额外费用，并借助与银行之间的联系，稳定上游供应商。

3. 证券化融资的服务优势

首先，证券化融资可帮助企业拓宽融资渠道。一方面，投资者对企业本身的资信状况要求较低，更看重核心企业的实力以及未来现金流的稳定程度；另一方面，证券化融资过程无须利用公司整体的信用，是一种结构性的融资策略。其次，此种方式可有效降低融资成本，证券化过程中的风险隔离、信用增级等技术手段，使发起人能够以高于证券的面值出售。同时，也可降低税收成本、信息成本等。再次，有利于改善企业财务结构。通过应收账款证券化，在不改变企业原有负债状况的条件下，将流动性较差的资产直接转化为流动性较高的现金，企业偿债能力相应提升，为企业再融资提供便利。最后，可降低融资风险。证券化过程真实出售、风险隔离的设计，使应收账款的所有权发生转移，由证券投资者来承担基础资产的风险，发起人的信用风险与证券化融资结构完全隔离，从而使风险降低。

5.5.2　局限性比较

1. 质押融资的局限性

应收账款质押融资作为一种特殊的出质权利，银行在审批时更注重应收账款债权的合法性和真实性。

首先，应收账款质押一般仅限于金钱债权。具有公益性、不能转让的债权如养老金、抚恤金以及非金钱类的债权，不能作为应收账款质押。类似企业经营权等权利，虽可产生预期收益，但由于不具备应收账款的性质，仍不能作为应收账款质押。

其次，应收账款质押融资的金额一般不能超过其账面价值的 80%，企业在承担应收账款的管理成本、坏账损失等成本的同时，需要将应收账款质押融资产生的或有负债在资产负债表附注中予以披露。

最后，应收账款质押业务受到银行等金融机构的政策限制较大，在资金用途、还款期限等方面受限严格。同时，银行为了规避自身的风险，对应收账款的风险评估也较为严格。

2. 保理融资的局限性

应收账款保理融资虽然能将应收账款直接转换为销售收入，节约应收账款管理成本，加快供应链中小企业资金周转，银行也可获得更大的收益。但是，供应链应收账款保理融资仍然存在局限性，主要表现在以下几个方面。

首先，供应链应收账款保理融资是一种短期的融资方式，便于企业解决流动资金的问题，但是不适用于企业扩大固定资产的投资，这是因为企业存在因过度投资和经营等问题而导致资金短缺。

其次，供应链应收账款保理融资只适用于销售商品或者提供服务等所产生的应收账款，而不适用于面向个人的零售业以及以分期付款等方式进行关联交易而产生的应收账款，同样，对于需要附加合同条件和售后服务的大型设备等资本性货物也不适用于开展应收账款保理业务。

最后，保理业务的开展需要完善的社会信用体系和强大的法律法规做支持，脱离这一条件的保理业务将很难开展。

3. 证券化融资的局限性

开展应收账款证券化业务的总体要求较高，会受宏观政策环境和相关服务体系的影响。对于中小企业贷款需求方而言，也会面临自身财务制度不健全、应收账款的管理漏洞多、资产管理意识淡薄等问题。

在宏观层面，首先，证券化融资是一个精密的结构化融资过程，参与的中介机构较多，需要各方的专业操作与密切配合以减少融资成本，但现阶段我国大部分中介机构在规模及能力方面都有所欠缺；其次，我国市场经济发展时间短，国家信用管理体系不完善和信用中介服务的市场化程度低，缺乏被市场投资者所普遍接受和认可的金融机构。应收账款证券化过程中涉及的会计、税收制度等方面也还存在某些缺陷。

在微观层面，首先，多数中小企业的应收账款管理滞后，缺乏对应收账款进行辅助管理的意识，多数情况下是在发现应收账款逾期时才开始催收。这种应收账款的管理模式和管理意识，远远达不到进行证券化的资产要求。其次，我国企业之间关联业务较多，债务人分布较为集中，所以应收账款的风险会加大。同时，在进行证券化过程中，多笔应收账款来自同一个行业，行业环境一旦变化，应收账款的损失会对资本市场造成很大的冲击。

▲ 5.5.3 适用范围比较

1. 质押融资的适用范围

质押业务具有一定的适用范围。首先，质押适用于与核心企业具有长期稳定的贸易关系，并且赊销产生的应收账款规模较大的制造、销售类企业；其次，质押适用于具有良好发展前景与发展潜力但由于应收账款较多而造成流动资金不足的中小企业；最后，质押适用于自身缺乏不动产等抵押物却处于高速增长期且具有稳定可回收的应收账款的企业，一般以信誉较好的大企业集团等交易对象为优选。

在应收账款质押业务中，银行在授信之前会对授信主体、业务往来状况等进行审慎的调查。一般关注以下内容：

（1）对于债权人，首先，要符合银行对一般授信客户的要求；其次，所处行业应符合国家产业政策，发展前景良好；再次，企业应具有明确的销售政策；最后，须与应收账款债务人具有较好的合作关系，双方从未发生过经济纠纷，交易记录完整。

（2）对于应收账款债务人，首先，债务人实力雄厚，经营状况好，能够按时偿还欠款；其次，要求企业的信誉状况较佳；最后，交易双方应有完整的交易记录且从未发生过重大违约和经济纠纷。

2. 保理融资的适用范围

保理业务适用以下一些情形：一是应收账款占比较大、资金周转压力较大的供应链上游企业，如电信、医疗、租赁、航空、铁路交通等行业；二是供应链状况稳定，与核心企业具有稳定的贸易结算关系、具有完备的应收账款管理体系以及回款期限较长的企业；三是需要优化财务报表的企业。

银行在开展保理融资业务中，对每种业务都设定了一定的准入标准，各个银行在业务办理条件上会有一定的区别，如某银行应收账款保理业务准入条件如下。

（1）对于债权人，首先要生产的产品技术标准明确，产品等级合格标准界定清晰，受季节影响较小；其次要生产销售活动正常，过去两年内无贸易纠纷等情况出现；再次要交易双方建立了稳定的供应关系，购销合同在两年以上，且双方非互为销售关系；最后要无追索权的业务授信等级必须达到 BBB 及以上水平。

（2）对于应收账款债务人（即供应链核心企业），首先应注重商誉，信用状况良好；其次应企业收入稳定，基础雄厚，对于无追索权的业务授信等级必须达到 BBB 及以上水平。

3. 证券化融资的适用范围

证券化适用以下情形：一是自身实力雄厚、具有良好的履约能力的企业；二是为了满足不同投资者对期限、风险、利率偏好的企业；三是应收账款较多，且未来有可预见的稳定的现金流，希望通过融资降低财务成本、增加流动性的企业。

在采取应收账款证券化融资时，一般要求具备以下条件：首先，必须有符合证券化要求的应收账款，如要求应收账款资产须具有明晰的产权结构与良好的历史记录，能够较为简单地确定未来能够收回的现金流、应收账款的期限符合债券的发行要求等；其次，具备一定条件的市场参与者，包括需要融资或改善资产负债状况的发起人、专为应收账款证券化成立的特殊目的机构、应收账款支持证券的购买者以及应收账款证券化的辅助参与者等；最后，应收账款证券化还需要一系列体制基础和制度条件。

1. 简述基于债权的供应链融资的业务流程。

2. 分析应收账款保理与应收账款质押的区别。

3. 分析基于预付款、货权以及债权的供应链金融服务模式的异同。

4. A公司是一家具有10年历史的商贸企业，主要销售办公设备。A公司2020年度的财务报表如表5-1和表5-2所示。试分析A公司负债现状及开展供应链融资的可能性。

表5-1 A公司资产负债表

A公司资产负债表（2020年12月31日 单位：万元）			
资产		负债和股东权益	
应收账款	5 000（5 000）	应付账款	2 600（1 800）
存货	2 500（2 500）	短期借款	3 000（2 500）
固定资产	1 500（1 500）	长期借款	1 600（1 500）
总资产	9 000（9 000）	股东权益	1 800（3 200）
		总负债和股东权益	9 000（9 000）

注：表中括弧内数据为行业平均水平

表5-2 A公司损益表

A公司损益表（2020年12月31日 单位：万元）	
销售收入	12 000（12 000）
销售成本	8 000（8 000）
毛利润	4 000（4 000）
经营费用	1 000（1 000）
利息费用	800（400）
折旧	1 000（1 000）

注：表中括弧内数据为行业平均水平

TCL集团供应链金融——"简单汇"平台

TCL集团股份有限公司（以下简称TCL）成立于1981年，经过40年发展，现已成为跨国互联网应用服务与智能产品制造企业集团。TCL 主营业务集中于半导体、电子产品及通信设备、新型光电、液晶显示器件相关的研究、开发、生产、销售及售后服务。

　　TCL 的供应链金融模式通过"简单汇"平台来完成。"简单汇"平台采用应收账款线上融资的模式，通过结合互联网的跨地域性、跨周期性与信息透明性等特点来连接资金供给方与资金需求方，形成内部闭环融资。"简单汇"平台的主要服务对象是 TCL 整条产业链上的中小微企业，通过分享核心企业信用的方式，使银行与其他资金供给方以中小微企业信用为主体，凭借真实的贸易数据进行融资，进而降低中小微企业 $1 \sim N$ 级供应商的融资成本。"简单汇"平台的主打融资产品是"金单"，它是一种基于已签订的真实交易订单并在线上操作的应收账款权利凭证，具有可拆、回购、融资等特点，如图 5-13 所示。

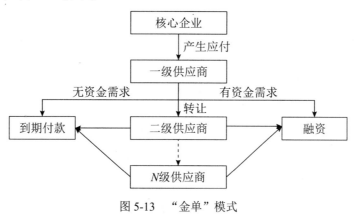

图 5-13　"金单"模式

1. 平台业务模式

　　首先，"金单"要求核心企业在"简单汇"线上平台确权应收账款的真实性，这一步也叫开单。开单出的电子商票由一级供应商持有，供应商有三种操作方式：一是可以持有到期获得相应利息与本金，二是可以在平台上转让给其他供应商，三是可以向金融机构贴现融资。平台开放合作机构，已与工商银行、农业银行、光大银行实现直连对接，"简单汇"平台与金融机构合作，可以保证"金单"具有较高的融资效率。2020 年，中国进出口银行通过"简单汇"向中山市某电器公司成功放款 520 万元，最低优惠利率为 4.15%。从产品反馈数据上来看，一般 $1 \sim 2$ 小时就可以到账。即使"简单汇"平台的交易频率很高，系统也可以通过 24 小时全天候自动审核来提高效率。总体来看，"金单"具有成本更低、效率更高、拆借灵活的特点，保证了融资企业可以按需融资，随借随还，而整体融资利率更是维持在 5%～10% 的融资市场低水准，远低于市场平均融资成本。在优化融资企业财务水平的同时，增加了核心企业财务收益，降低了整体负债率，提升了企业综合实力。融资频率提升反过来也增强了融资企业信用，为企业未来融资带来了良性影响。"简单汇"平台产品概况见表 5-3。

表 5-3　"简单汇"平台产品概况

产品名称	"金单"，指在"简单汇"平台上，核心企业（包括国企、上市公司、大型企业等）与其基础合同交易对方因基础交易产生的应收账款债权电子凭证，承诺在指定日期支付确定金额货款给供应商
产品特点	1. 推广商业信用：核心企业开具"金单"，可以通过"金单"的流转，将商业信用推广到整个供应链生态圈 2. 获取金融收益：核心企业掌握整个供应链应收账款融资定价权，从而获取一定的金融收益 3. 触达 2～N 级供应商：核心企业通过"金单"的流转，可以触达 2～N 级供应商，管理全链条的上游供应商 4. 降低产业链整体运营成本：通过降低供应商的融资成本，间接地降低采购成本，从而使得整个产业链的成本降低
产品费率	5%～10%（根据票据情况具体确定费率）

2. 平台风险控制措施

首先，"简单汇"平台要保证在法律层面上的合规性，这确保了上下游企业及资金供给方是安全的。一旦在法律和协议合同上出现瑕疵，就会形成信誉风险导致平台业务经营困难甚至不足以支撑平台运转。因此，"简单汇"平台通过交易安全、资金安全、数据安全来确保平台的安全性，如表 5-4 所示。

表 5-4　"简单汇"平台安全性监管举措

安全类型	具 体 措 施
交易安全	通过实名认证，审核电子合同、交易的真实性和合法性
资金安全	开通合作银行资金划转渠道，避免通过不合规第三方或线下交易导致的资金风险，实现资金由中小微企业与银行机构等直接对接，资金不在平台停留
数据安全	通过区块链技术确定交易信息不可更改，借助第三方安全体系确保数据安全性，并备份交易数据来保证安全。同时，"简单汇"通过与监管部门合作，报备相关交易数据，并且与中登网完成系统直连

其次，在票据发行过程中，"简单汇"平台借助自身强大的综合实力及强大的自有资金作为保障，当回款出现困难时，发行人可以担当最后还款人。而对于供应链融资违约情况的发生，"简单汇"平台分别对供应商和经销商实行不同的催缴机制。对经销商，TCL 下属子公司承担回购责任，到期未偿付时由 TCL 下属子公司承担回购责任并先行垫款，之后由 TCL 财务公司与 TCL 下属子公司共同向经销商追索，追索方式不限于法律诉讼等。对供应商，TCL 下属子公司资金由 TCL 财务公司集中管理，商票到期由 TCL 财务公司直接扣划资金；银票如未及时托收到账，将会由发行人下属子公司先行回购来确保资金出借人的利益。

最后，供应链金融的信用核心还是依托于主体公司较高的信用等级，上下游中小微企业通过真实的交易订单来确定现金流，针对应收账款融资。利用这种融资方式降低流动资产占有的同时，也缓解了中小微企业融资难、融资贵的问题，并且"简单汇"通过线上模式解决了信息披露不及时、财务透明度不够、交易真实性难评估等问题。总体来看，一旦TCL产业链上游中小微企业融资困难，将会导致整个业务链业务受影响，进而导致核心企业业务受到相应影响，所以这种关系决定了"1+N"供应链融资模式的重要性。

3. 实施效果分析

首先，提高TCL供应链融资效率。从"简单汇"平台公开信息来看，截至2018年年底，"简单汇"供应链融资平台服务的企业客户数超12 000家，"金单"交易量快速增长，平台累计交易规模超2 100亿元。"简单汇"平台累计开单规模已超过853亿元，助力企业零成本盘活应收账款高达214亿元。针对中小微、民营企业融资，"简单汇"平台累计融单规模近300亿元，累计融单笔数近50 000笔。通过拆单、预约融资功能为企业提供更精细化的融资服务，累计拆融笔数超10 000笔，累计拆融金额超50亿元，累计预约融资规模30亿元。

其次，促进普惠金融的发展。借助线上运营的效率，加上科技运用实现可靠的风险控制，"简单汇"平台做到了普惠金融的"普惠"。从TCL上下游产业链来看，其涉及的半导体与电气设备行业包含的大小企业中98%属于制造业，截至2019年年底，与TCL相关联的合作企业就超过15 000家，其中中小微企业占比超过95%，这也使得"简单汇"服务的企业绝大多数是融资较为困难的中小微企业。从平台运行数据来看，从确定融资商票到"金单"完成融资时间在73天，与我国融资市场应付账款周转天数基本持平，笔均62万元，单笔金额较低，资金成本约为年化利率6%。从运营数据来看，最短的融资期限是1天，放款速度最快达到2分钟/笔，最小的融资金额为100元，而且全天候系统审核加快了工作效率。从平台运行至今，坏账率与不良率均为0，低于市场所有供应链平台数据。

最后，助力TCL转型升级。TCL自2015年建立"简单汇"平台以来，其盈利能力、偿债能力、营运能力方面都有较大改善，与行业相比展现出较大的优势。"简单汇"平台的上线有效促进了TCL的转型升级。从净资产报酬率、销售毛利率、应收账款周转率和存货周转率等指标来看，2015年后TCL集团的报酬率优于行业平均水平。从资产负债率来看，TCL呈逐年下降趋势，而行业平均水平呈逐年上升趋势，且2018年TCL的资产负债率优于行业均值。这些数据较好地说明了"简单汇"平台上线后对TCL的财务运营情况有显著改善，使其优于行业平均水平。由此可见，线上供应链金融平台的推出无疑在TCL产业转型升级的道路上提供了强有力的支持。

资料来源：严国锋.供应链金融在家电行业中的应用研究[D].成都：西南大学，2020.

分析问题

1. 分析 TCL 供应链系统结构及其市场竞争格局。

2. 在"互联网+"背景下，分析线上保理业务的主要风险与应对策略。

3. 讨论供应链金融服务对于半导体产业发展和科技创新的影响。

第6章 物流监管

我国生鲜消费成为新趋势

近年来，随着人们生活水平的提高，生鲜食品逐渐成为我国人民日常生活中不可或缺的必需品，我国消费者每周平均购买生鲜食品3次，高于全球平均值2.5次，其中果蔬类每周平均4.8次，水产类每周2.39次。由于"高频"和"刚需"，生鲜在我国消费者食品支出占有近50%的比重，加上我国庞大的人口基数，国内生鲜市场容量巨大，并呈逐年上升的趋势，由此带来庞大的冷链物流市场需求。根据中物联冷链委测算分析，2019年我国食品冷链物流需求总量达到2.352亿吨，比2018年增长4 653万吨，同比增长24.65%。新冠疫情的暴发更是激发了消费者对生鲜产品及生鲜电商平台的需求。日益增长的生鲜产品消费对我国冷链物流的发展提出了更高的要求。

1. 我国生鲜市场零售总额稳定增长

随着我国居民消费水平的提高，我国生鲜市场零售总额呈现稳步增长趋势。Euromonitor统计数据显示，2018年我国生鲜零售市场总额约4.95万亿元。2019年，零售总额突破5万亿元，同比增长3%，如图6-1所示。

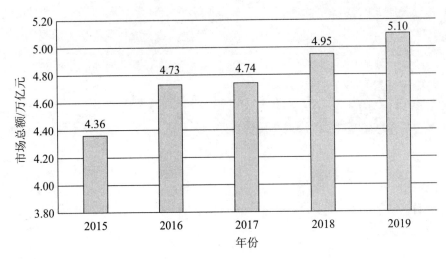

图 6-1　2015—2019 年我国生鲜零售市场总额

水果、蔬菜、肉类等生鲜产品均要求较低的运输温度（表 6-1），然而我国近 80% 的蔬菜水果、65% 以上的肉类、60% 以上的水产品仍然采用的是常温运输方式，生鲜产品消费的增加以及居民对食品安全的要求必然引发冷链物流需求提升。

表 6-1　不同货物运输温度要求

货 物 品 类	品名、品种	运输温度 /℃
水果	新鲜的水果品种	0～10
蔬菜	新鲜的蔬菜品种	0～10
水产品	冻虾、蟹、贝类	−18～−15
肉类	冻猪肉、冻猪肉片	−18～−15
肉类	牛肉、羊肉、兔肉、禽肉	−12～−9

2. 我国生鲜电商快速发展

随着互联网的普及以及便捷消费需求的增加,盒马鲜生、淘鲜达、京东到家、饿了么、美团买菜等生鲜电商不断进入人们的生活中。中商产业研究院数据显示,2019 年中国生鲜电商行业市场交易规模约为 3 225 亿元，较上年同期增长 49.4%。2020 年受疫情影响，消费者对于生鲜到家的需求急速增长,据艾瑞咨询有关研究报告分析，预计到 2023 年中国生鲜电商市场交易规模将超过 8 000 亿元。

国内生鲜电商市场的崛起，同步带动了对冷链物流的需求。生鲜电商中有 50% 的产品需要借助冷链物流，但在实际运作过程中冷藏车辆运输仅占 10%，低温环境下的运输要求远没有达到。对冷库仓储的需求主要来自第三方物流、连锁餐饮、连锁零售、生鲜电商、食品贸易和食品加工企业。

3. 消费习惯与政策推动冷链物流需求

在传统消费中，中国人偏爱现割现卖的热鲜肉，热鲜肉在中国猪肉市场中占有六成的比例。由于受非洲猪瘟影响，农业部发布活猪调运禁令，加速冷鲜肉、冷冻肉供应，我国居民喜食热鲜肉的消费习惯在我国市场引导下已发生变化，冷鲜肉已取代热鲜肉，成为消费者接受度最高的肉品种类。冷鲜肉的生产、运输和储藏都需要在低温条件下进行，这对冷链仓储和运输提出了新需求。

资料来源：根据中智物流与供应链咨询相关报道整理，http://www.czztz.com/，2020-08-17.

启发问题

1. 随着我国生鲜电商的快速发展，分析生鲜电商物流监管的市场需求及其特征。
2. 以供应链金融为视角，分析如何进一步促进我国生鲜食品产业链的发展。

物流监管（logisitics monitoring）是指物流企业和银行等金融机构合作，由银行向客户提供金融服务，物流企业向客户提供物流服务，并且物流企业在物流服务过程中，由代理银行占有和管理质押物及有关的单据、权利凭证以帮助银行控制风险。

在国外，质押监管成为物流企业创新业务模式和提升盈利水平的重要手段。例如，UPS为发展质押融资业务而专门收购了一家银行，真正实现物流、信息流、资金流三流合一。在我国，物流企业与银行广泛开展质押监管业务。例如，中储同四大国有商业银行以及中信银行、广发银行等十几家金融机构建立了合作关系，环京物流与广发银行开展合作，福建中海物流公司、泉州正大集团与中信银行开展合作。

物流监管的对象包括三部分：抵（质）押货物、物权凭证和重要的单据。同时，物流企业还要承担对货物重要指令的监管和实施，如放货指令、装船指令等，这些指令不仅影响银行的风险控制，同时也是对货物控制权的重要体现。

物流监管业务的目标客户具有双重性。一方面，物流监管主要是顺应供应链金融发展而产生的，那么物流监管的首选客户群体是银行。银行的抵（质）押只有处于有效的动态控制之中，银行的风险才能得到有效的控制。银行因为风险控制的原因，需要控制客户的物流和货物，但是银行本身不是专业的货物管理和物流管理机构，必须将相关环节外包给具有专业知识和经验的机构来处理。另一方面，物流企业还必须满足物流客户的需求，因为对于正常的生产和贸易而言，商品的正常流动是必然的。

在物流监管业务流程中，首先，由银行和货主就出质事宜达成一致；其次，双方通知仓库，如果货物已经在仓库中存放了，则由仓库对出质事宜进行确认并开始监管；最后，货主封闭了银行授信敞口以后，仓库根据银行的通知释放货物，如图6-2所示。

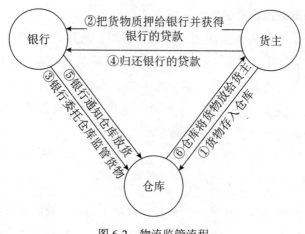

图 6-2　物流监管流程

6.1　物流监管的种类

物流监管应用广泛，可以从不同角度进行分类，包括按照法律关系、监管货物方式、监管场地、物流状态等。本书主要针对物权关系和贸易服务进行讨论，按照物权关系可将物流监管分为质押监管和抵押监管，按照贸易服务可将物流监管分为国内贸易物流监管和国际贸易物流监管。

6.1.1　按物权关系分类

1.质押监管

质押监管模式是指银行与借款人之间按约定的担保条件采取质押的方式，质押标的物是借款人所占有的商品。国家法律关于质押有非常明确的规定：质押是一个要式行为。因此，物流监管企业要协助银行成立质权，并且必须满足国家法律的规定，接收借款人交付的质押标的物，履行约定的监管义务。

2.抵押监管

我国银行在信贷中普遍采取质押监管。2008 年，深圳发展银行开始在各地推行抵押监管模式，主要是基于两方面的考虑：一是经过登记的抵押权高于质权，所以深圳发展银行不得不推广抵押登记的方式；二是无论抵押还是质押，如果抵（质）押标的物灭失或损坏，都会造成抵（质）押权成立有效，但是可供行使担保物权的标的物已不存在。

3.质押与抵押的区别

质押与抵押都是物权常用的概念。质押是指债务人或者第三人将其动产或权利移交债权人占有，将该动产或权利作为债权的担保。当债务人不履行债务时，债权人有权依照法律规定，以其占有的财产优先受偿。其中，债务人或第三人为出质人，债权人为质权人，移交的动产或权利为质物。抵押是指债务人或第三人对债权人以一定财产作为清偿债务担保的法律行为，是担保物权的一种。在债务人到期不履行债务时，抵押权人有权依照法律的规定以抵押物折价或以抵押物的变卖价款较其他债权人优先受偿。抵押物可以是动产或不动产。

质押和抵押的根本不同在于是否转移担保财产的占有。抵押不转移对抵押物的占管形态，仍由抵押人负责抵押物的保管；质押改变了质押物的占管形态，由质押权人负责对质押物进行保管。债权人对抵押物不具有直接处置权，需要与抵押人协商或通过起诉由法院判决后完成抵押物的处置；对质押物的处置不需要经过协商或法院判决，超过合同规定的时间质权人就可以处置。抵押与质押都是日常经济往来中常用的担保方式，其目的是保障债权人的债权得以实现，二者的根本区别在于是否转移担保财产的占有，抵押不转移抵押物，而质押必须转移占有质押物。质押由于实施了转移占有，担保物的安全性和完整性能够得到有效保障，担保物权更容易实现。2021 年实施的《民法典》进一步扩大了抵押的财产范围，包括土地承包经营权、土地经营权允许抵押以及私立学校、医疗机构的教育、医疗设施。《民法典》从物尽其用角度出发，规定了抵押财产的处分，明确了抵押期间抵押人可转让抵押财产，抵押权的追及效力得到确认，也就是民间俗称的"带押过户"。《民法典》新规定了抵押与质押并存时的清偿顺序，同一财产既设立抵押权又设立质权的，拍卖、变卖该财产所得的价款按照登记、交付的时间先后确定清偿顺序。也就是抵押权不再当然优先于质权。

质押与抵押在物权、标的物和法律效力等方面存在不同，如表 6-2 所示。

表 6-2　质押与抵押的区别

项　　目	质　　押	抵　　押
物权	必须转移并占有质押物	不转移抵押物
标的物	以动产为主，无法质押不动产	通常为不动产
生效条件	要"占有"才生效	要"登记"才生效
法律效力	既支配质物，又能体现留置效力	只有单纯的担保效力
抵（质）押权的实现	大多通过直接变卖	通过向法院申请拍卖

（1）抵押的标的物通常为不动产、特别动产（车、船等），质押则以动产为主。

（2）抵押要"登记"才生效，质押则要"占有"才生效。

（3）质押无法质押不动产（如房产），因为不动产的转移不是通过"占有"实现，而是通过"登记"实现。

（4）抵押只有单纯的担保效力，而质押中质权人既支配质物，又能体现留置效力。

（5）抵押权的实现主要是通过向法院申请拍卖，而质押则多直接变卖。

6.1.2 按贸易服务分类

国际贸易一般都会涉及海关监管、各国法律的适用和冲突、海运等业务环节，以及提单、信用证等国际贸易单证，因此，国际贸易监管与国内贸易监管在法律关系、操作流程方面都存在不同之处。

国际贸易物流监管业务也可以进一步分为进口业务和出口业务两种。在进口业务中，监管业务可以进一步细分为代理开证监管、代理监管货物、提单分拆等；在出口业务中，监管业务可以进一步细分为代理集港、代理监管、信用证打包等。

在物流监管实践中，还可以综合考虑监管场地和国内外贸易特点进行分类，如图 6-3 所示。

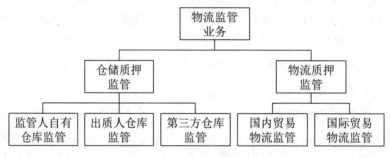

图 6-3　物流监管业务分类

6.2　物流监管模式

6.2.1 货物监管的概念

供应链金融监管的重点是银行质权人如何控制货物，按照银行对货物控制方式的不同，可以分为非核定货值监管模式（静态质押模式）和核定货值监管模式（动态质押模式）两种方式。

1. 静态质押模式

静态质押模式是指质押标的物在质押过程中不发生任何变动。在静态质押模式中，事先约定质押物在信贷过程中不允许更换，直到信贷方缴纳足够的保证金或者还清贷款，才可以赎回质押物。静态质押信贷是动产及货权质押信贷业务中最基础的产品，质押物不允许以货换货，所以也被称为"特定化库存模式"。

静态质押模式的物流监管是一种最简单的模式，也就是在质押监管过程中，质押标的物既没有发生空间上的位移，也没有对货物进行替换。

2. 动态质押模式

动态质押模式是静态质押信贷的延伸服务。银行在给中小企业提供供应链融资服务时，接受信贷方质押的动产形式多种多样。质押的动产在不同阶段可以以不同的形式存在，如原材料、产成品或者应收账款等形式，所质押的动产价值在一个合理的范围内，这些动产之间可以相互置换，以达到控制监管风险的目的。动态质押模式又称核定库存模式，是指银行对于客户质押的动产设定最低限额，允许在限额以上的质押物出库，客户可以其他形式的动产替换质押的动产。

在动态质押模式下，货物品类是非常明确的，货物的品名、型号约定很明确；货物的每次交付约定和记载也很清楚。

市场流通中的商品不断发生变化。这种变化可以表现为两种形式：一种是商品的消耗和补充，另一种是空间的位移。因此，动态质押模式对生产经营活动的影响较小，客户无须启动保证金赎回质押货物，有利于盘活存货。

6.2.2 非核定货值监管模式

非核定货值监管模式是指融资企业将货物存入银行指定仓库，完成交付后，办理质押手续，获得银行的授信。在质押期间，货物不会发生任何变动。待融资企业归还融资贷款后，银行向物流企业发出指令，通知仓库把质押货物放给融资企业。

1. 业务流程

非核定货值监管模式业务流程如图 6-4 所示。首先，银行和融资企业就出质事宜达成一致；其次，双方通知物流企业对货物进行监管，在完成货物入库后物流企业将对出质事宜进行确认，并实施监管；最后，在融资企业归还融资贷款后，物流企业根据银行的指令放货。

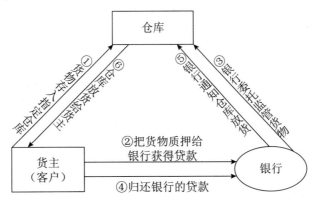

图 6-4 非核定货值监管模式业务流程

2. 非核定货值监管模式的主要挑战

在非核定货值监管模式下，银行、融资企业以及物流监管企业会面临以下问题。

（1）货物所有权由谁来审核？

（2）货物的品质检测问题。货物的品质直接影响货物的价格（价值），由谁来承担货物品质的检测责任呢?

(3)货物状态问题。货物是处于静止状态,还是处于流通中的物流状态?

(4)监管衔接问题。在业务模式中,由于货物出质、货物入库、归还贷款、释放货物是一个业务循环过程,如果货物的出质和解除监管交替进行,则会进入循环往复的状态,将面临监管如何衔接的问题。

3. 非核定货值监管模式的风险

(1)商品所有权的风险。商品所有权的问题是供应链金融业务的基本问题。在商品融资和监管业务中,银行的最大风险是质权风险。质权风险主要由三个原因造成:一是由于出质人对于出质物不享有所有权造成质权不成立;二是出质人尽管对出质物享有完整的所有权,但是出质的过程不符合法律的规定,造成质权的不成立;三是质权完全成立,但质物灭失损毁。

(2)商品的品质风险。在现实情况中,商品的种类很多,仓库没有办法对商品进行准确确认。这时候,一般会采取委托检验、视同检验或原单原转两种方式来确定商品的品质。

委托检验是指合作各方中的任何一方对商品品质有疑问,可以共同委托具有资质的鉴定机构对商品进行鉴定。

视同检验或原单原转能降低客户的成本,把经由海关、商检、质检等机构检验的商品的实质性鉴定报告作为各方对商品的认定依据。采取这种方式的风险在于:操作过程中的换单或换货会造成单货不符。

(3)由静态向动态转换的质押风险。静态向动态转换是指不仅要实现单点货物的进出浮动质押,而且要实现多点的浮动质押,包括运输途中货物的浮动质押。

在实际操作中,很多客户质押的商品一直处于流动之中,即总是在发生用旧存新的情况,同时客户也不可能只有一种商品质押,客户的不同商品(包括原材料、半成品、产成品等)都有可能质押,且在质押过程中会发生数量的变化。物流企业的监管必须满足上述合理的要求,才能在市场中站稳脚跟。随着市场竞争日益激烈,企业的再生产模式由单个企业的简单再生产变成了供应链多个企业协同生产的模式,所以多点生产、多点销售是非常普遍的情况,这就在客观上要求物流监管企业能够对整个供应链实施全流程的监管。

4. 非核定货值监管模式的局限性

(1)对出质人正常生产经营的影响。出质人的货物和资金如果处在合理流动中,对于银行来讲实际上是一件好事,表明出质人的经营状况是正常的。表面上看,客户的货物基本上处于静止状态,银行风险得到了控制,但是实际上并非如此简单。因为如果出质人的货物,也就是资产大部分处于静止状态,则从另一个侧面反映了出质人的经营状况并非良好,银行的质权可能存在风险。

（2）不能方便地开展提货换货。这种情况下，出质人归还银行贷款以后必须凭银行签发的提货通知书来提货，给企业生产经营带来不便。在企业实际生产经营活动中，监管货物面临频繁提货和换货，这种提货和换货每天发生的次数可能非常多，甚至有的监管项目可以达到每天 200 多次进出库作业。

（3）不能开展分布式监管。客户的物流需求往往是分布式的，货物可能在港口或是运输途中，也可能在工厂的原材料仓库中，所以客户希望在各种商品和各项操作环节中都能够开展这项业务。非核定货值监管模式还需要进一步改进，实现分布式操作，尽可能地满足客户的需求。

◢ 6.2.3　核定货值监管模式

银行给予融资企业的风险敞口一般总是小于出质人质押货物的价值。例如，一个融资企业质押给银行的货物价值有 400 万元，但是银行可能只给予这家企业 200 万元的风险敞口。对于超过风险敞口的部分，银行可以委托物流监管企业根据三方的约定放货，允许融资企业以货换货或是打款赎货；对于与融资企业风险敞口对应的货物，要根据银行的书面通知放货，这样就可以有效控制风险。

采取核定货值监管模式既可以保证融资企业的正常物流运作和资金循环，也可以降低银行操作的复杂程度，进一步发挥了物流监管企业的作用。因此，在业务实践中，很多银行、物流监管企业和客户更倾向于采用核定货值监管模式。

在核定货值监管实践中，各商业银行对质押物控制的侧重点略有不同。中国工商银行和中国外运集团强调对抵（质）押货物价值的管理，所以称之为核定货值；平安银行称这种方式为核定库存，强调存货和库存概念上的差异性，货物在途的时候也不是静止的库存；中信银行则称之为总量控制模式。实际上，虽然质押物管控的操作方式不同，但其本质都是物流监管方根据银行的授权采取的一种控货方式。当然，即使是核定库存的方式，有时监管企业也会采取非核定货值的监管方式，这主要取决于贷款银行对监管货物的相关指令（一般是指书面指令）要求。

核定货值监管模式的主要业务流程如下。

（1）融资企业和银行告诉物流监管企业哪些货物可以出质，出质以后按照什么价格来计算其价值。对于银行来讲，这个流程的作用是根据监管协议的约定，向物流监管企业告知委托的事项。融资企业也会向物流监管企业承诺这个条款。

（2）物流监管企业根据监管协议的约定、质押物种类及价格通知书的要求接收质押物。融资企业向物流企业交付货物的同时，依据监管协议的出质行为自此也正式成立生效。这个行为是多次发生的，只要它的发生满足协议和质押物种类及价格通知书的要求即可。

（3）融资企业要求提货时，首先物流监管企业要根据质押物的情况来核定货值，也就是根据银行的定价，如果现有货物的价值减去提货部分的价值大于或等于规定的价值部分，提货是被允许的。如果现有的提货价值减去提货部分的价值小于规定的价值部分，提货将不被允许，因为如果这样提货，就势必造成客户的质押物价值低于银行的风险敞口。如果这个时候客户归还了银行的部分风险敞口，那么就风险敞口的归还部分，银行可以书面通知物流监管企业释放相应的货物。

6.3 物流监管方案

物流监管方案设计可以分为商务方案和操作方案两个部分。商务方案是指根据客户需求和银行控制风险的要求，全面考虑法律关系的建立，确立银行、融资企业和物流监管企业等多个方面的合同法律关系。这些法律关系，构成了融资和物流服务的基础。操作方案是指在确立的商务方案基础上，安排各项物流操作，实现融资和物流操作的密切配合与无缝衔接。

物流监管方案设计的主要内容如下。

（1）融资企业的融资需求分析。

（2）融资企业的物流需求分析。

（3）仓储的分布规划。

（4）质押商品的选择，即融资和物流服务的切入点。

（5）商务方案的模式选择。

（6）操作方案的模式选择，包括仓储操作方案、物流操作方案。

（7）操作方案的流程和关键点分析。

（8）风险及风险控制分析。

6.3.1 仓储规划

分析融资企业的融资需求和物流需求，应从物流监管各个参与方的不同角色进行。从融资企业金融需求的角度来看，无论是生产型企业还是贸易型企业，都需要资金去购买商品（原材料等），然后加工、生产或交易，获得回款。在这个过程中，融资企业通过提供服务来增加商品的价值，从而获得利润。

1. 仓储资金占用额分析

在仓储规划中，非常重要的一点是测算仓储资金占用额。仓储资金占用额是指企业从用现金购买各项材料物资开始，到生产结束的过程中，原材料、半成品和产成品占用的资金总和，其计算公式如下：

仓储资金占用额 = 原材料资金占用额 + 半成品资金占用额 + 产成品资金占用额

通过分析一个生产型企业的原材料、半成品和产成品的资金占用情况，并且将三者相加就构成了这个企业的仓储资金占用额。

【案例 6-1】 　　　　　　　　**春风钢铁厂的仓储资金分析**

春风钢铁厂是一个粗钢加工企业，其原材料是粗钢，半成品是钢坯，制成品是钢链。假定钢链销售情况非常好，基本没有库存，粗钢的日消耗量是 80 吨，钢坯的日产量是 60 吨。该企业的仓储资金占用情况如表 6-3 所示。

表 6-3　春风钢铁厂仓储资金占用情况

日期序列	粗　　钢			钢　　坯			仓储资金 / 元
	价格 / 元	存量 / 吨	价值 / 元	价格 / 元	存量 / 吨	价值 / 元	
1	2 000	300	600 000	3 000	0	0	600 000
2	2 000	220	440 000	3 000	60	180 000	620 000
3	2 000	140	280 000	3 000	120	360 000	640 000
4	2 000	60	120 000	3 000	180	540 000	660 000
5	2 000	−20	−40 000	3 000	240	720 000	680 000
6	2 000	−100	−200 000	3 000	300	900 000	700 000

从表 6-3 中可以看出，到第 4 天的时候，粗钢就需要补货了，并且仓储货物占用资金达到 66 万元。也就是说，如果用存货融资的话，可以使用的最大信贷资金规模为 66 万元。

资料来源：李金龙，宋作玲，李勇昭，等. 供应链金融理论与实务 [M]. 北京：人民交通出版社，2011.

2. 仓储库存分析

由于经济订货批量模型具有严格的限制条件，在实际操作中很难根据模型进行准确判断，一般企业更多是从安全库存的角度来制订仓储计划。

在物流实践中，运输的便利性和稳定性相对较差，仓储企业不能完全从经济批量的角度来考虑，而是更多从物流和运输的角度来考虑仓储计划。因为安全库存不能建立在追求最小经济订货批量上，而要建立在保持生产稳定和安全生产的基础上。因此，可以得到如下关系：

$$\frac{安全库存}{每日消耗量}=安全订货时间=\frac{订货批量}{安全运输能力}$$

$$安全库存=\frac{订货批量 \times 每日消耗量}{安全运输能力}$$

安全库存既是供应链金融的关键，也是降低物流成本的关键。

（1）如果每日消耗量与安全运输能力相比很小，即安全运输能力比较好，只用保持很少的安全库存。

（2）如果每日消耗量与安全运输能力相比很大，即安全运输能力很差，需要维持比较多的安全库存，可以是订货批量的数倍。

（3）安全运输能力是代表单位时间内运输一定数量的货物有保证的指标，单位是吨/天。这个数据在现实中可以通过统计的方法来测算，也可以采取专家打分的方法来估算。如果采取统计方法测算的话，可以根据从下达运输订单到运输货物全部入库的平均值来计算，经过多次的统计，就可以得出一个相对比较准确的安全运输能力数值，再根据上述的公式来计算安全库存。

通过分析仓储的成本和仓储的规划情况以及安全库存，可以知道现有库存中哪些商品是可以降低的，并且可以降低到何种程度，以及了解这个库存占有的资金状况与库存商品（原材料、半成品或是产成品）的市值。

3. 仓储分布分析

仓储分布是指从原材料采购交付到产成品销售交付整个过程中货物价值和物流状态的综合情况。因为无论是未来的货权还是在物流过程中或是工厂仓库的仓储，都可以作为融资的担保物，所以供应链中资金占用和物流状态两个方面的情况都是值得关注的。对供应链仓储分布的关注，需要突破传统的从财务角度来研究仓储的价值和仓储占用资金的局限性，也要避免仅从物流角度来研究仓储的物流状态，应该将二者结合起来，既要关注相关价值，也要关注物流状态。

在实际业务中，可利用物流监管客户需求分析表这一工具来分析仓储分布情况。物流监管客户需求分析表对客户供应生产和销售，以及仓储资金占用和库存分布情况进行整体表述。

（1）客户基本情况。系统调研融资企业的物流和存货的情况，物流监管客户需求分析表详见表6-4。

表6-4　物流监管客户需求分析表

企业全称		上级单位			
注册地址		资料获取方式			
主要业务关联的控股或子公司情况（主要产供销的内部关联公司）					
	单位名称	地点	主要产品或核心项目	在产业链的职能定位	
下属核心企业或分支机构					
营业收入或计划/万元					
企业主要产品					
企业主要产品	使用商标	主要销售网点的行政区域		销售收入/万元	

（2）客户供销情况。分析物流监管客户的主要供销用户，调研分析采购与销售环节的情况以及库存与仓库情况，如表 6-5 所示。

表 6-5　物流监管客户供销关系表

前五位供应商						
供应商名称	产品名称	年采购量	供货运输方式	运输起点—终点	地址	结算方式

前五位销售客户						
客户名称	产品名称	年销售量	销售运输方式	运输起点—终点	地址	结算方式

在分析主要供销用户的基础上，进一步盘点原材料、半成品及产成品情况，如表 6-6 所示。

表 6-6　物流监管客户原材料、半成品及产成品情况

仓储属性	主要仓储	金额/万元	比例	库存量	日平均出入库量	包装方式	计量方式	仓库注册名称	地点
原材料									
半成品									
产成品									

4. 客户授信额度分析

融资的规模主要受仓储规模和质押率影响。仓储规模是融资企业仓储规划的反映，质押率是商品价格变化情况的反映。如果商品价格变化大，质押率就比较低；如果商品价格变化小，质押率就比较高。价格波动比较稳定的质押物一般采用 70%～80% 的质押率，对于价格波动比较大的质押物，一般采用约 50% 的质押率。

在商品融资中，银行需要预防跌价风险，一般采用质押率控制融资规模。质押率计算公式如下：

$$质押率 = \frac{出质时商定的价格}{出质时市场的价格}$$

式中，出质时商定的价格是银行质权人和出质人在质物出质时，在市场价格的基础上下降一定幅度来确定的，以应对跌价的风险；出质时市场的价格一般指质物所在地的质物现货市场价格。

在实际业务中，银行控制货物的要求可以表现在最低控货数量上，即

$$最低控货数量 = \frac{风险敞口}{价格 \times 质押率}$$

风险敞口（risk exposure）是指未加保护的风险，即因债务人违约行为导致的可能承受风险的信贷余额，指实际所承担的风险，一般与特定风险相连。

▶ 6.3.2　监管需求分析

从物流的角度来看，融资企业的物流需求呈现多元化的趋势。融资企业购买的商品需要运输到生产地，产品要运输到销售地，其间可能经过海运、铁路运输、公路运输、仓储、报关报检等物流环节，但是从物流操作的本质来讲，无论经过多少环节，都必须经过运输和仓储这两个基本环节。物流监管企业需要把出质人和银行质权人的需求一并加以考虑和分析，在物流服务中结合监管服务，既向出质人提供物流服务，也向银行提供监管服务。

无论是出于生产目的还是贸易目的，企业的物流都是围绕商品的采购、生产和销售来实现的。因此，可以将融资企业的物流分为采购物流、生产物流和销售物流三个部分。在商品融资与物流监管的业务模式下，这些具体的操作细节都由物流监管企业来安排。在融资企业需求分析阶段最需要掌握的是融资企业的物流计划和仓储分布，以及银行对物流控制的要求。

【案例 6-2】　　　　　某电解铝企业的物流监管

某电解铝生产企业，2016 年氧化铝的进口量是 15 万吨，2017 年为 18 万吨。按照目前的平均进口到岸价 1 万元 / 吨，2017 年需要进口氧化铝 18 万吨，价值为 18 亿元。进口的氧化铝到港后，经过铁路运输到生产企业。根据当地铁路的运输情况，企业一般需要保持 6 000 吨工厂库存，价值 0.6 亿元。电解铝企业库存情况如表 6-7 所示。

表 6-7　电解铝企业库存情况

存货属性	主要存货	金额 / 万元	比例 /%	平均库存量 / 吨	包装方式	计量方式	仓库名称位置
原材料	氧化铝	6 000	90	6 000	散	—	自有仓库
产成品	铝锭	—	—	0	锭	公斤	自有仓库

由此可以得出，这家企业每天消耗氧化铝 500 吨，工厂库存为 6 000 吨时，如果没有进货，可以维持 12 天。考虑到铁路运输的相对可靠性，铁路运输可以保持每天 800 吨的安全运输能力。

上述货物经过海运、港口报关报检、铁路运输等环节到生产企业，主要在工厂仓储等待加工，制成产品也是采取铁路运输的方式运输到下游企业。该融资企业的主要融资方式是为采购氧化铝向境外开即期信用证，船到港以后，采取押汇的方式，由银行向境外支付货款。

融资企业的主要仓储物资是氧化铝，因为氧化铝需要进口，采购周期长，且有时铁路运输会很紧张，融资企业为了应对这些情况采取了提高库存的方式。而融资企业生产和流通过程中使用的电解铝，因为销售渠道很好，无须维持较高的库存水平。

从表 6-7 可以发现融资企业的主要库存是氧化铝，价值为 6 000 万元，而且氧化铝这种商品是比较适合质押的，具有货值高、容易变现和价格相对明确稳定的特点。融资企业其他的商品（如电解铝），尽管也适合质押，但是没有库存。因此，选择氧化铝作为供应链金融的标的物，供应链金融操作和物流操作都可围绕这个产品展开。

在实际业务中，银行控制货物的要求可以表现在最低控货量上。考虑氧化铝在现货市场上价格走高的趋势，对氧化铝采取 70% 的质押率，如果银行的风险敞口是 3 000 万元，平均进口到岸价为 1 万元 / 吨，那么最低的控货数量为 4 286 吨，即

$$最低控货数量 = \frac{3\,000}{1 \times 0.7} = 4\,286（吨）$$

6.3.3 物流监管协议

在物流监管业务中，银行、融资企业和物流监管企业相互合作和相互制约的关系形成了一个有机的整体，银行侧重于如何控制授信的风险和如何满足客户的金融需求。物流监管企业侧重于如何满足银行控制货物风险的要求和满足客户的物流需求，既要满足客户对物流便捷的需求，同时又要满足降低物流成本的要求。

供应链金融中的物流监管业务协议可以分为主协议和附属协议两种。

主协议是业务和法律的基本型协议，是其他协议在业务和法律上存在的基础。在物流监管业务中，一般称主协议为监管协议或三方协议，即由融资企业、物流监管企业和银行三方签订的协议。监管协议是主协议，当其他协议与监管协议冲突的时候一般以监管协议为准。监管协议主要约定了融资企业、物流监管企业和银行在质押监管业务中的权利和义务。

除了监管协议，融资企业还要跟银行签署借款协议、质押协议等，与物流监管企业签署货物运输代理协议、运输协议、仓库的租赁管理协议等，都属于附属协议的范畴。

◢ 6.3.4 监管操作流程

监管操作流程是供应链金融与物流监管方案的延伸，针对监管的目的，安排保护质权和控制质物的各种关系。操作方案是监管业务的商务方案向物流领域的延伸。

仓库监管是供应链金融与物流监管的基础，没有仓库监管，也就谈不上物流监管。从仓库监管到物流监管，是监管操作和物流操作从静态到动态、从单点到多点的变化。因此，仓库监管和物流操作对于物流监管和操作具有基础性的作用。

仓库监管的具体操作方案包括质押物的查验、仓单签发、货物保养、放货等内容。

1. 根据《出质通知书》接收质押物或查验质押物

物流监管企业接到《出质通知书》后，首先核对其真伪，核查《出质通知书》记载的品名、型号、规格、数量等与实际库存是否一致。如果一致，及时向银行和货主签发有关仓单、质押物清单等重要单据。要保护银行质押权，必须根据出质通知书的记载对质押物进行查验。

查验可以分为两种情况：一种是实质性查验，就是采用技术和检测设备对质押物进行实质性检验得出准确的品质结论，形成质押物的品质报告；另一种是表面和单据查核法。一般情况下，质押物的品质可能会有很多方法间接证明。比如，从生产企业直接发运过来，且有生产企业产品合格证的质押物，一般可以认为是品质合格的质押物，其产品合格证的记载可以用来与出质通知书进行核对。质押物还有一些随附的单证，这些单证也能间接地证明质押物的情况。例如，钢厂的出厂合格证能够间接证明钢材的质量，铁路运单能够间接证明生产和发运地等。

2. 保管凭证和仓单的签发

如果经过直接或间接的检验，我们能够明确认定拟出质物的实际情况（名称、型号、规格和品质等）与出质通知的记载一致，可以签发仓单或保管的凭证。在管理比较严格的物流监管企业中，签发上述的仓单或保管凭证，意味着开始承担监管责任，也意味着货物交接和物流澡作的完成，因此，需要经过严格的程序才能把上述单据签发。

3. 质押监管货物的保管养护

质押监管货物的保管既要符合国家关于该货物存储保管条件的有关规定，同时还要满足银行和融资企业要求的保管条件。在日常保管养护中，除了按照正常货物的保管养护条件进行操作，还要及时向银行通报货物的日常状况，尤其是有任何一方对货物主张权利或是国家有关机关对质押物采取查封、检查、拍卖等措施的情况。

4. 根据约定或指示放货

实际上，放货分两种情况：一种是经三方协议约定，物流监管企业根据协议的约定或银行的授权，按融资企业的需要放货，这也被称为核定货值模式；另一种是完全根据银行质权人的指示放货，这被称为静态模式。其中，核定货值模式采用得最多。

核定货值模式不仅方便融资企业组织生产，也降低了银行的日常操作管理难度，更重要的是，在物流监管过程中，可使物流监管企业根据银行的授权组织全程物流操作。如果任何操作（含进出库、装车、装船等）都需要银行指示才能进行，那么物流服务的专业性会受到制约，物流则成了一潭死水。

6.4　物流监管风险管理

6.4.1　物流监管风险的种类

物流监管风险主要包括三类：第一类是约定责任风险，监管责任是通过监管协议确立的，是约定责任；第二类是运作组织和管理风险，在供应链金融业务中，大量的操作和管理工作是通过一个组织方式来进行的，因管理不落实、制度不明确、责任不清晰等管理原因造成的风险，可能对物流企业造成更大的损失；第三类是物流操作风险。

1. 约定责任风险

一般在行业惯例的监管协议中，物流监管方承担了履约保证、协助实现质权、货物的检查验收、质押物管理、协助行使质权等五项责任，每项责任也会产生相应的风险，具体内容如下。

（1）履约保证责任的风险。履约保证责任是指物流企业承诺要按照监管协议的约定来履行义务，承诺针对因自身原因所造成的银行损失承担赔偿责任。在实践中，有些物流企业本身的资信不够，由其上级公司或关联公司为银行提供的担保也属于履约保证责任。履约保证责任尽管是通过约定来确立的，但是其内容却超越了传统物流企业的服务范畴，成了一种新的服务方式。

（2）质权或抵押权的风险。根据我国法律，质押是以转移占有为成立要件的。在实际业务中，银行不可能直接占有控制融资企业的商品，因为质押商品一般都是大宗货物，经常由银行委托物流企业在融资企业（出质人）的仓库来对质押货物实施监管，这就需要物流企业按照法律法规要求和委托代理协议规定，办妥一些必要的法律手续，完善一些必要的交接手续。如果物流企业在这个过程中疏于管理，造成银行质权不成立，就得向银行支付巨额赔偿。

在实践中，也通过浮动质押的做法提升监管效率。所谓浮动质押，是指允许质押物在质押期间进行替换，我国的法律对此并没有进行明确的规定。对于浮动质押，每一次置换都办理相应的出质和转移占有手续，如果物流企业没有及时办理相应的手续，就有可能导致质权不成立。对于抵押来讲，双方不仅要签署抵押协议，还要办理相应的抵押权登记。在实际业务中，货物的储存地一般离物流企业较近，但是与银行和融资企业的距离相对较远，因银行自身专业局限性，往往会要求物流企业协助办理抵押权的登记。倘若物流企业有协助办理抵押权登记的代理行为，则物流企业需要承担一定的责任。

（3）质物品质的风险。不同品质的货物有着不同的价格，而品质鉴别需要专业的设备、知识和资质，物流企业并不一定具有相关的评估能力，它们对货物的价值评估可能出现误判，因此，质物品质也存在潜在风险。在实际业务中，一般采取约定检验、视同检验两种方式。约定检验是对有品质异议的商品，由各方送到有资质的检验机构进行专业检验的方式。视同检验是指经由其他机关（海关、商检或是资信较好的工厂）检验的商品视为已经检验，物流企业不必再次检验。在一般的行业惯例中，物流企业都只承担表面审查、单据检查和外观检查的责任，并不对货物的真实价值进行深入检查，单据的签发也是依照上述原则来进行，所以货物的价值判定就有可能出现偏差。当然有的物流企业，尤其是从商品检验行业进入这个行业的，其本身就具有商品检验的资质和专业经验，可以很好地控制质物的品质风险。

（4）质押物管理风险。物流企业应该按照银行的要求或协议的约定，代为监管相应数量和品质的货物。物流企业会对银行作出一定的监管服务质量的承诺。如果在监管期间，因物流企业的原因出现了单货不符、大单小货、一货多单等影响银行质权的情况，物流企业也要承担相当的责任。质押物管理风险可以进一步细分为以下几种。

①无单放货的风险。在监管业务中，依据银行指示或是依据协议约定释放监管货物是一个基本的原则。但是在很多情况下，由于监管公司内部管理的原因，常常会无单放货或不能按照协议的约定放货。

②管理不善导致货损的风险。一般来讲，物流企业应该在日常的保管操作中，根据国家有关法律、行业有关惯例和客户的要求来履行货物的保管责任，加强对货物的养护与日常盘点。如果因自身原因造成货物的损失，物流企业将会承担相应的赔偿责任。

③自然灾害等不可抗力因素的风险。自然灾害属于不可抗力因素，其导致的货物损失保险公司一般不予理赔，所以如果物流企业和银行的协议对此没有明确规定或是规定不利于物流企业，都会造成物流企业的损失。我国沿海地区经常面临台风的危害，内陆地区也经常会出现洪水、泥石流、暴雨灾害，少数地区还处于地震活跃带，所以自然灾害风险普遍存在。

（5）质物处置的风险。一旦客户的贷款逾期，银行就会行使质权以保全债权。在行使质权过程中，会有留置、变卖和委托拍卖等一系列的活动，这些活动与客户和银行的债务纠纷有关。因此，在协助银行处置质物的时候，物流企业一定要根据协议，按照国家法律规定处理，不能单方面满足银行的需求而忽视了客户的合法诉求。

2. 运作组织和管理风险

在供应链金融的物流监管业务中，物流企业组织结构不合理、管理制度不完善等将导致各种经营风险。

（1）组织结构不合理。组织结构不合理将造成管理职能界定不清楚或职能无法履行等管理漏洞。在供应链金融服务有关的物流监管业务中，常常是多点监管、多品类货物监管，在监管的过程中还会出现涉及多个物流环节的情况，所以组织结构的合理与否，直接影响着业务的运作组织和管理风险。

（2）管理制度不完善，不能满足物流监管风险控制的有关要求。供应链金融的物流监管业务中，有很多制度规定还需要明确，主要包括签约的规定、签发重要单据的规定、日常盘点的规定和放货的规定。这些规定是控制风险的主要措施，一旦规定不明确或是有明确的规定但是不执行，就会产生很大的风险。人员管理和培训不力会导致人员素质不能满足岗位技能的要求。监管业务涉及多个岗位，如果管理不到位或对职工的培训不到位，也可能形成很大的风险。

3. 物流操作风险

在质押物监管期间，物流企业需要承担仓储责任、公路运输责任、铁路发运责任、内河水运责任、报关报检责任等，而责任的落实需要对质押物采取一些相应规范的物流操作，包括仓储、运输、报关等，这些操作活动也有可能对质押物造成损坏从而引发风险。例如，在货物运输途中的交通事故就有可能形成质押物的损失。因此，物流企业需要进一步完善各种操作规范。

6.4.2　物流监管风险的控制措施

物流企业是供应链金融服务的重要参与者。与传统物流业务相比，除了物流运营管理中固有各种风险，即物流运作组织和管理风险、物流操作风险，还包括物流监管的违约风险，即违反监管协议约定。

1. 控制主体违约风险

（1）完善合同管理和产品设计以防范法律风险。物流监管企业的风险主要来自合同的约定。物流企业要加强对合同的管理，尤其要严把合同审查和签约等环节。在业务中，不同的银行有不同的业务理念，可能会把一些物流企业无法承担的风险转移给物流企业。合同的审查要围绕所有权检查，签发关键单据（仓单、质物清单），接收、运输、释放货物等操作，违约责任等关键条款进行。目前常用的办法是拟定业务的范本合同。范本合同可以提高合同的审查效率，减少业务风险。物流企业要严把合同的执行关。

（2）对于已经签署的监管协议，确保单货相符。物流企业最大的风险莫过于单货不符。单货不符对于物流监管企业来讲，就意味着对银行的违约和赔偿责任。

（3）加强货物接收的流程管理，确保质物接收数量清楚、质量明确。物流企业要按照仓储管理的要求，规范入库的流程，入库管理可以分成到货、卸车、清点、办理交接手续、存放等步骤，尤其是清点和办理交接的手续，要做到单货两清。对于件杂货物，一定要清查件数，并保证重量与件数在合理的误差范围之内。比如，钢厂出厂的线材以捆为件数单位，每捆的重量会有一定的变化，所以在签发仓单的时候，一定要清查件数，同时核对每捆的重量。对于散杂货物，一定要采取科学合理的计量方法，对质物进行计量检斤。

（4）加强对质押物的日常盘点。质押物盘点需要提前制订好计划，保证有效组织实施。可采取本级盘点和上级抽查盘点相结合的办法。盘点是仓储工作中一项重要且具有一定难度的工作。盘点可以分为日盘点、月盘点和临时性盘点。在物流监管业务中主要采取日盘点的方式，日盘点可以做到日清日结，同时也便于当日向有关银行报告质押物的进出库情况。

（5）严格控制放货的程序。要采取"三审三签"的制度，控制放货的程序。物流企业操作人员要审查银行提货通知真伪，客户提货要求是否符合协议的规定；保管员要核实库存与提货通知是否相符、是否合理；监管现场的领导要审核上述内容，最后下达放货的指令。

2. 控制运作组织和管理风险

（1）建设专业的管理团队。任何业务的发展都离不开专业的团队。保持管理团队的专业化，是业务良性发展的必要条件。物流监管的专业团队必须具备两个方面的知识：一方面要了解物流金融方面的知识，熟悉法律法规的有关规定，熟悉金融业务，掌握银行、客户的业务需求；另一方面要熟悉物流知识，掌握大宗商品的交易、物流等方面的知识，掌握有关商品海运、仓储、铁路运输等方面的物流操作要求。管理团队还必须是敢于创新的学习型团队，因为供应链金融业务的发展必须面对不断发展变化的环境，需要不断地创新以适应市场需求的变化。

（2）完善业务管理体制。完善业务管理体制有两方面的要求：一方面是完善组织架构的建设，为业务管理设置合理、科学、高效的组织架构；另一方面是结合组织结构建章立制，做到职责清楚、标准明确，并且加强业务培训。

（3）根据不同的岗位要求，实施不同层次的培训。在管理层面，要注重业务管理、风险控制、规章制度的培训；在操作层面，要注重安全教育、操作规程、单证填制、办事流程等培训。

（4）加强业务检查。对每个项目检查都要制定检查明细表，对照项目实际情况和规章制度要求，进行对比检查，检查结果一定要同项目管理人员和项目现场人员进行沟通。

3. 控制物流操作风险

在物流操作过程中，如在装卸、搬运、保养、运输、安装等具体的操作过程中，要严格按照行业标准和企业内部管理规定进行操作，保证监管货物的安全和质量。

4. 完善风险转移机制

物流企业可以利用责任险或财产险将自身承担的风险转移或分摊一部分到保险公司，以此来降低自身的业务风险，发生概率低但损失大的风险尤其适合通过保险进行转移或分摊。

拓展阅读 6.1
物联网技术在
物流监管中的应用

◢ 6.4.3 物流监管企业的管理

有效的物流监管有助于银行控制供应链金融业务的风险。一方面，物流企业在仓储、运输领域的专业化技能，使其能够比银行更为有效地对抵（质）押物进行管理，保障银行担保物权的价值和安全性；另一方面，物流监管企业的现场实时监管，能够比银行获取更多的授信预警信号。因此，需要严格遴选物流监管合作方，避免监管方渎职、与授信企业合谋诈骗等风险。加强对仓储监管合作方的管理措施主要包括：准入调查、评级、审查和认定；日常关系维护；巡库、核库和现场检查等；风险预警和重大事项报告；监管资格等级动态管理；退出管理；管理制度建设和流程设计等。

1. 建立物流监管方准入机制

在物流监管实践中，要建立物流监管方准入机制，通过关注物流企业的经营资质、经营能力、商业信誉、软硬件能力、监管制度、信息平台构建情况以及信用记录和合作意愿等，有针对性地选择合作的第三方物流企业。对于物流监管合作监管方遴选的原则是"分类认定、区别对待、择优汰劣、动态管理"，遴选资信良好、有一定的经营实力、监管技术能力强、合作意愿强的物流监管合作方，及时清退经营管理混乱、违约赔付能力弱、出现不良合作记录和合作意愿较差的物流监管合作方，确保银行对抵（质）押物权的有效控制。力求避免选择业务上与融资企业有较强关联性或对融资企业依赖性较强的监管方。一般不选择与融资企业或出质人（或双方的股东）有股权、实际控制、间接控制、共同持股等关联关系并在日常经营过程中有实质性关联交易或资金往来的仓储监管方。

加强对物流监管企业开展准入评价，应侧重于对专业技能、违约赔偿实力以及合作意愿等指标的评估，其中合作意愿不仅仅指物流企业参与供应链金融业务的积极性，还包括了其对合作中约定的一些基本责任和义务的态度。在实践中，若某些大型物流企业凭借自身行业地位，忽视双方合作中约定的相关责任和义务，银行应及时终止合作。

2. 建立物流监管的授信限额机制

在实践中，物流企业出现赔付责任的情况非常少，主要原因包括：一是银行对物流企业专业背景的准入条件较高；二是银行并没有放弃自己的核库职责；三是在出现监管问题的情况下，银行往往首先选择在授信与被授信的权责框架内解决抵（质）押物的问题。但是即使如此，对监管合作方监管货物价值的上限还是有必要进行限制：

第一，银行的辅助监管职能只是出于对代理人的不信任，实际上是重复劳动，与业务环节外包以节约资源的初衷相悖，所以不是长久之计；第二，鉴于大多数物流合作方的注册资本与银行一单大额业务授信敞口不相上下，所以任何小概率事件的监管代理人违约，如果构成赔偿责任，都可能超过其赔付能力。

因此，首先应该对物流企业监管货物的总价值设定上限。该上限核定的主要依据是监管的专业水平、监管队伍的规模和稳定性、监管企业的物流网点数量和分布以及企业现有业务情况等，目的在于避免物流企业的监管规模超过其监管能力。同时，应该对物流企业单笔监管设定限额，该限额主要考虑监管方的赔付能力。

融资企业业务量占物流企业监管仓库的业务收入比例也应有所限制，以避免物流企业在利益驱动下，无条件地迎合融资企业的变通要求。

3. 实施物流企业的动态监管

在供应链金融实践中，银行的融资决策、风险管控策略都在一定程度上依赖于质押物的真实情况。由于质押物的真实状况、贷款企业的经营信息都与物流监管企业密切相关，所以需谨防物流企业与中小企业合谋勾结骗取银行信贷。

一方面，加强物流信息管理。银行要搭建信息平台，实时监督物流企业的动态。例如，工商银行的电子供应链金融系统就与南储物流管理系统实现了直接线上对接，供应链交易过程中产生的相关物流信息，将通过南储物流管理系统实时反馈到工商银行电子供应链金融系统中，银行能够及时掌控到质押物流通和仓储的状况，由此可以减少供应链金融的相关风险。

另一方面，加强物流全流程管理。随着供应链金融的不断发展，滚动质押、异地仓单质押等供应链融资新模式不断运用与推广，这对物流企业的管理能力和风险监控能力提出了更高的要求。为了防止物流企业操作不规范或故意骗贷等风险对银行造成经济损失，银行在与物流企业合作过程中也需要经常派出熟悉物流业务的专业人员对其进行不定期的抽查。对于包庇中小融资企业作假的物流企业，银行要及时建立黑名单机制，对于违规的物流企业给予惩罚并降低其信用评分，一旦信用评分低于某一设定值需及时撤销其业务资格，并且予以披露，以防范信息不对称的风险。

课后练习

1. 简述物流监管的业务流程。

2. 分析物流监管在供应链金融服务中的作用。

3. 请从交易费用的角度分析物流监管对世界贸易的影响和作用。

4. 讨论物流监管的风险影响因素及其防范措施。

5. 阳光公司是一家专门经营对苯二甲酸（pure terephthalic acid，PTA）进出口业务的贸易商，在大地仓储公司保存有 3 000 吨 PTA 等待向下游企业销售。近期，国际 PTA 的市场价格略有下降，是采购的大好时机，但阳光公司却没有足够的资金来采购。因此，阳光公司计划采取商品质押融资的方式，以在青岛仓库中的 3 000 吨 PTA 作为质押，向光明银行申请供应链融资，业务流程如图 6-5 所示。按照目前市场上 PTA 的价格为每吨 7 000 元来计算，3 000 吨 PTA 总共价值为 2 100 万元。在质押融资中，光明银行委托专业的第三物流企业大地仓储公司提供物流监管服务，试问如何控制质押物规模呢？即是否可以融资？怎么控制风险？

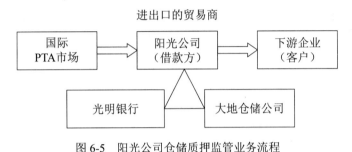

图 6-5　阳光公司仓储质押监管业务流程

中储落入以采购代融资的陷阱

河北金鲲和河北奇石麟系曹连英和李永平夫妇投资注册的两家私有企业，他们分别持有两家企业 100% 和 90% 的股份。经相关银行负责人引见，河北金鲲和河北奇石麟与中储河北物流公司（以下简称"中储"）签署合作协议，共同开展铁精粉的贸易买卖。

河北金鲲（铁精粉供应商）每月月初出售 2 000 万元的铁精粉给中储，每月签订精铁粉买卖合同，月初中储买入（2 000 万元），月初货物运至监管库，由中储支付 2 000 万元给河北金鲲。

河北奇石麟（铁精粉用户）每月月底按照加价 3% 全部买回。每月签订卖出合同，月底中储卖出，月底河北奇石麟支付 2 060 万元给中储，由河北奇石麟提走货物。交存货地点在河北邯郸黄粱梦货场。

为确保资金安全，双方还共同租赁了一家货场储存铁精粉，并由中储派人监管记录进出货物数量，并加盖"中储河北物流"的收货和出货印章。

但是，冠冕堂皇的贸易下却是危机四伏，最终导致 5 200 万元央企国有资产流失殆尽，钱货两空。基本情况如下。

（1）2008 年 6 月，受全球金融危机的影响，河北奇石麟（铁精粉用户）不能按期支付第 6 单的货款 2 000 万元，需延期半月。河北金鲲同时又催促完成下一笔交易，要中储支付 2 000 万元货款。

（2）7 月 10 日河北奇石麟将 2 000 万元货款给中储，第 6 笔交易钱货两清。

（3）7 月 11 日中储向河北金鲲开具了一张当天的 2 000 万元转账支票（票号 00849338）。同时，账户上的钱划走后，又向银行申请支票挂失。

（4）双方虽然没有签订第 7 笔购销合同，但中储接收了河北金鲲 1.5 万余吨的货物。

（5）2008 年 6 月 27 日至 7 月 10 日期间，中储总计收到河北金鲲供给的铁精粉 31 589 吨。

河北金鲲起诉中储开具的 2 000 万元支票空头。后经河北高院判令对方偿还了 2 000 万元货款，该款对应的只是 12 870 吨货物。2010 年 5 月 6 日，河北高院判令中储归还河北金鲲本息 2 300 万元。

在案例中，一波未平一波又起！

2010 年 7 月，河北金鲲以"2 000 万元票据款不足支付购货款，中储河北物流还欠 2 000 多万元货款"，发起了第二轮"买卖纠纷"诉讼。基本情况如下：

（1）法院一诉审理中，根据中储的监管日志和货物出入日报表，铁精粉的总量为 31 589 吨。

（2）2010 年 10 月 18 日，石家庄中院对二诉进行宣判：中储退还河北金鲲 19 489 吨铁精粉（价值 2 909 万元）。

资料来源：中储河北物流巨亏真相：央企"暗算"民企始末 [N]. 时代周报（广州），2010-11-11.

分析问题

1. 分析物流监管操作风险的影响因素及其防范措施。

2. 分析物流企业在供应链金融服务中的作用。

3. 讨论贸易业务中供应链金融服务的特征及其管理重点。

第7章 风险控制与管理

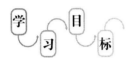

1. 了解供应链金融风险管理的对象、原则及其流程。

2. 掌握供应链金融风险的识别、风险度量、风险评估和风险控制方法。

3. 针对供应链金融中的不同风险种类（信用风险、操作风险、物流监管风险、法律风险），讨论风险防范与管理手段。

4. 针对供应链金融风险的识别及其管控，讨论不同供应链金融模式的风险评估体系及评价方法。

顺丰速运供应链金融风险管理

1993年3月在广东顺德成立的顺丰速运（集团）有限公司（以下简称"顺丰速运"）是一家主要经营国际、国内快递业务的港资快递公司。从2011年开始，顺丰速运由提供简单的"收运转派"的快件服务，逐渐向综合物流服务延伸，形成了速运事业群、商业事业群、供应链事业群、仓配物流事业群、金融服务事业群五大业务板块。随着电子商务的快速发展，顺丰速运不断延伸服务链，实现电商平台与物流服务的融合，形成了O2O（线上到线下）"顺丰家庭"电商平台与物流运输、冷链物流、仓储与配送、金融服务等一站式服务模式，由此形成了商流、物流、资金流、信息流的"四流一体"生态链。

随着顺丰速运综合业务的发展，顺丰金融（SF Financial）成立于2011年。顺丰速运供应链金融是在顺丰物流、仓储、快递、冷链、业务、支付结算等多种业务形成产业链金融服务体系的前提下，参与物流、信息流和资金流的相关服务。顺丰速运的供应链金融主要目的是帮助顺丰速运的供应商和客户解决融资问题，为其提供一系列"物流+金融"服务，开展库存质押、保理、订单融资、小额信贷和融资租赁等业务。

为了防范供应链融资风险，顺丰速运采取了以下措施。

首先，加强合作企业的信用监管。顺丰速运既是供应链金融业务的核心企业，也为供应链上下游企业提供融资服务。顺丰速运的成长、运营能力直接关系到融资方的资金满足程度，是供应链条稳定与否的重要前提。因此，顺丰速运对潜在客户进行充分的信息调查和数据分析，全面掌握其动态信息，实现精准的企业信用评价；对于刚纳入供应链金融的融资企业多考核，投入更多精力进行融资后还款能力的监督。

其次，构建完善的供应链企业信用数据库。借助其完善的物流网络，顺丰速运可建立完善的企业信用数据库，综合掌控供应链上相关企业的资信情况。建立企业信用数据库有助于高效、便捷地查询相关企业的信用风险，对于融资企业能有良好的预判，减少信息不足带来的损失。在融资开始时筛选信用度好的企业，尽可能地减少违约风险；在给予融资后，还应当对获得融资的企业随时监控，查看资金走向、明确资金的用途，检验获得融资后企业的状况是否有所改善，及时更新企业信用数据，以此判断取回资金的可能性并做好对应措施。

资料来源：根据顺丰金融公司相关报道整理，www.sf-financial.com.

启发问题

1. 分析供应链金融风险的影响因素。

2. 分析企业信用风险的评估要点及主要指标。

7.1 供应链金融风险

7.1.1 供应链金融风险概述

1. 供应链金融风险的定义

拓展阅读 7.1
供应链金融
风险类型

供应链金融风险是指供应链金融的参与主体在具体的业务活动过程中，存在各种事先无法预测的不确定因素，如外部环境的干扰或者供应链参与主体违背合约条款的有关规定等，使得供应链金融各参与主体蒙受损失的风险。很多因素都影响着供应链金融的正常运作，了解并有效识别、计量这些可能产生的风险因素，对于供应链金融各个参与主体以及商业银行都十分重要。在供应链金融风险中，不仅包括了银行信贷业务的各种信贷风险，又增加了其他风险。

2. 供应链金融风险的特征

（1）客观性。供应链金融业务所面临的外部环境客观存在且无法改变。例如，法律政策环境、自然环境等是客观存在的，不随供应链金融参与主体的意志而转移。自然灾害、政治变动、宏观经济环境波动等因素都可能会影响各个主体参与供应链金融所面临的风险，并且企业和银行都无法改变这种客观存在的环境。

（2）不确定性。供应链金融是基于供应链而存在的一种融资模式，供应链本身的不确定性和外界环境不断变化，导致了供应链金融具有不确定性的特点。

（3）传导性。供应链金融业务是基于供应链而存在的，供应链的运作需要供应链上各个企业的共同参与，某一个供应链节点企业出现的风险都有可能沿着供应链传递到其他节点企业中，导致供应链金融风险扩散，使供应链金融提供者以及合作方都受到损失。

（4）动态性。与大部分风险一样，供应链金融风险也存在动态性，会随着供应链网络规模、融资模式创新、运营状况变化以及外部环境变化等因素出现动态变化。

（5）复杂性。供应链金融风险是供应链风险和金融风险的叠加。其中，金融风险的某些因素会使供应链金融产生危机。

3. 供应链金融风险的来源

供应链金融风险既包括传统信贷风险，又有供应链金融自身特性而造成的新风险。风险来源于不确定性，而影响供应链金融风险的不确定性因素很多。组织理论认为组织是一个开放的系统，组织管理活动必然要受到组织内部和外部环境的影响，供应链金融风险更多地来自供应链环境的不确定性。宋华认为，供应链金融的不确定性包括组织内部环境的不确定性、组织外部环境的不确定性、供应链金融网络的不确定性三个层面。

供应链外部环境的不确定性引起组织外部风险，包括各种政治不确定性、政策不确定性、经济不确定性、社会不确定性、自然不确定性、产业不确定性等要素；供应链金融网络的不确定性引起供应链金融网络风险，包括供应风险、需求风险和组织内部风险，这三类风险因素彼此之间并不会完全独立。如图7-1所示。因此，供应链金融风险最直接的表现形式就是供应链中小企业与核心企业之间供需关系所带来的风险。供应链外部环境风险会沿供应链在上下游企业之间传导和扩散，最终通过供应与需求风险表现出来。

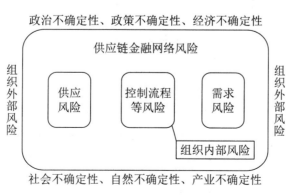

图 7-1　供应链金融风险的来源

▲ 7.1.2　供应链金融风险管理

1. 风险管理的定义

风险管理既是一种方法，也是一个管理过程。从静态来看，Williams 和 Heins 认为，风险管理作为一套科学的方法，以组织目标为依托，利用风险识别、风险衡量、风险应对和风险控制，实现以最低的成本控制风险损失最小的目的。从动态来看，Merton 和 Bodie 认为风险管理是通过权衡收益和风险，实现风险降低的一种方案，以及设定计划、制定决策、采取行动的过程。主体对风险的主观偏好会影响企业的决策，进而影响风险管理活动的过程。美国反虚假财务报告委员会的发起人委员会把风险管理定义为"一个动态的过程，受到董事会、管理层和其他人员的影响。这个过程从企业战略制定一直贯穿到企业的各项活动中，用于识别那些可能影响企业的潜在事件，以将风险控制在企业的风险偏好之内，合理地确保企业取得既定的目标"。

供应链金融风险管理贯穿于整个供应链活动，是受到来自供应链和银行内各级人员以及外部影响的一个动态过程。在这个过程中，供应链金融服务的各个参与方对各种可能影响活动进展的事件进行识别，将风险控制在组织的风险偏好之内，以确保既定的目标得以实现。

2. 全面风险管理

20 世纪 90 年代末，风险管理在内部控制理论的基础上，发展形成了全面风险管理（enterprise risk management，ERM），并成为风险管理主流理论。全面风险管理是指组织围绕总体目标，在管理的各个环节和经营过程中执行风险管理的基本流程，培育良好的风险管理文化，建立健全全面风险管理体系。在这一定义中，风险管理的内涵被扩展，风险管理从管理过程扩展到包括风险管理的能力和文化，风险管理不仅要保障组织价值，还要为组织创造价值。全面风险管理具有如下特点。

（1）企业开始从系统的、全局性角度考虑综合的风险管理问题。

（2）风险管理的对象从纯粹风险扩展到双向风险，即风险可能带来负面影响，也可能带来正面影响；风险管理的内容也从防范信用风险和财务风险扩展到防范企业所面临的全部风险；风险管理工具也从保险扩展到衍生品以及大数据、区块链等现代信息技术的应用。

（3）全面风险管理强调对风险进行事前、事中和事后全方位的管理。

由于供应链金融涉及的参与者众多，包括供应链中的核心企业和配套企业、金融机构、物流和担保等第三方服务机构，在进行风险控制时，需要按照全面风险管理理论的思想，从全局出发，进行全面、综合、系统的风险管理。如果仅从某一点出发或仅靠某些部门进行风险控制，就容易发生舞弊等道德风险。因此，在进行供应链金融风险管理活动时，应以全面风险管理理论为依托，设计风险管理流程，协调风险管理活动。

3. 全面风险管理的原则

供应链金融风险管理是商业银行风险管理的一部分，也需要遵循商业银行全面风险的管理原则，包括全面性原则、独立性原则、匹配性原则和重要性原则。

（1）全面性原则。风险管理覆盖所有分支机构、所有员工、所有业务种类和流程、所有风险形态，其中风险管理的流程包括授信过程中的贷前调查、贷中审查、贷后监控和检查等。综合考虑信用风险、法律风险、操作风险之间的关系，使用科学的方法进行测算分析，并确保供应链融资中的所有风险状况和反馈结果都有相关部门负责管理。在供应链金融风险管理中，全面性原则尤为重要，因为信贷融资的参与方不再是一家企业，而是供应链上下游的多家企业，供应链中任何一个环节的经营出现问题都会影响供应链上所有融资业务的正常开展。全面性意味着供应链金融服务提供者需要将其他融资业务、中间业务乃至供应链的整个运营过程纳入风险管理体系内，实现自身和整个供应链的价值最大化。

（2）独立性原则。风险管理部门的设置应独立于业务部门。风险管理部门应在业务体系的各个层次设立独立的风险管理机构，确保其与业务部门职能清晰分离，在授权、报告路径和资源等方面为风险管理职能有效履行予以充分保障。当然，保持风险管理部门的独立性并不意味着要切断与业务部门的联系，而是需要风险管理部门与业务部门密切联系，深入分析业务内容，这样才能准确地开展风险评估。

（3）匹配性原则。风险管理体系与业务规模、性质和复杂程度等相匹配，风险管理政策和流程与商业银行发展战略、资本水平和财务目标相匹配，银行的组织结构要与风险管理要求相匹配，供应链金融业务与其他业务之间不存在冲突或冲突可控。同时，风险要与收益相匹配，在风险和收益之间取得适当的平衡，避免风险过高而收益过低。

（4）重要性原则。要识别、评估、监控、管理商业银行蕴含的重大风险。现实中，风险管理很难全面覆盖，而针对重要风险点进行管控，可以达到事半功倍的效果。在供应链金融风险中也存在一个"二八原则"，往往影响最大的风险来源于少数几个风险点。

4. 风险管理的措施

供应链金融风险管理具体措施包括风险规避、风险分散、风险转移、风险补偿和风险缓释、损失控制。

（1）风险规避。对于预期收益低于预期风险损失的客户和业务，商业银行采取拒绝受理授信申请的措施。供应链金融业务的首要目标是保证信贷资金的安全性，在可承受的风险范围内取得风险和收益之间的平衡。商业银行应根据自身的风险承受能力以及风险偏好，制定具体明确的风险规避制度，对超出银行风险承受能力、不符合银行风险偏好的客户和业务予以拒绝。

（2）风险分散。风险分散指商业银行利用不同的资产组合来分散和防范系统性风险。在供应链金融业务中，可以将信贷资产投向不同行业、不同结构、不同地区的供应链客户来降低风险，避免将信贷资产集中投放于某一条或几条供应链上。

（3）风险转移。风险转移指商业银行将风险损失转移给其他主体承担，比如早期的风险转移措施——商业保险。商业银行自身可承担的风险有限，将商业银行的信用风险转由第三方来承担，可以更好维护银行自身利益，避免过多坏账损失。风险转移的主要方法包括：①合同转移，即借助合同法，通过与有关方面签订连带风险的合同，转移风险；②保险方式，投保把风险全部或部分转移给保险公司；③利用风险交易工具，如通过衍生工具等来转移风险。

（4）风险补偿和风险缓释。风险补偿是指商业银行通过向保险公司投保，在信贷资金发生风险后可从保险公司得到补偿；风险缓释是指商业银行运用保证、抵质押物、信用衍生工具等方式覆盖信用风险。在供应链金融风险管理中，主要强调采用合格、足值的抵质押物作为风险缓释工具，在融资企业发生信用风险时，商业银行可以通过处置抵质押物来降低风险。

（5）损失控制。当损失无法避免时，应采取措施尽可能降低损失程度。例如，商业银行发现供应链上企业有经营恶化的苗头时，应停止授信发放并积极采取保全措施。手段之一就是收回贷款，即贷款到期收回后不再发放，或者提前宣布贷款到期并立即开始收贷，甚至采取法律诉讼等强制退出手段。

5. 风险管理的流程

2004 年，巴塞尔委员会出台了《巴塞尔协议Ⅱ》，旨在针对资金需求银行采用统一的框架评估信用风险、市场风险和操作风险。美国反虚假财务报告委员会的发起人委员会颁布了《企业风险管理整合框架》。以上两个极具影响力的文件标志着金融机构全面风险管理的正式展开。风险管理是一项复杂的系统性工程，必须被纳入企业的整体管理系统中，一个完整的风险管理应该包含相互关联的组成要素。

供应链金融的风险管理应同企业风险管理的框架保持兼容并适应企业整体风险的管理要求。从风险管理角度来看，风险管理流程首先要制定风险管理政策，然后需要反复经过风险识别、风险评估、风险控制流程，最后再总结经验并持续改进，如图 7-2 所示。

（1）风险识别。风险识别是风险管理的首要步骤，是风险管理人员运用科学系统的方法来识别经济主体所面临的各种潜在风险因素，并分析这些风险的成因及后果，主要识别哪里有风险，引发风险的因素及后果。

（2）风险评估。风险的评估是对风险的分析和度量，包括衡量各种风险发生的可能性及影响的范围和程度，评估风险发生的概率及分布、风险后果的性质和大小变化幅度，评价风险影响。再根据度量结果和风险偏好以及风险承受能力谨慎选择合作伙伴以及服务对象。风险评估是风险识别和风险应对的中间环节，是风险管理过程的关键环节。

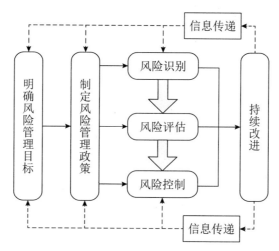

图 7-2　供应链金融风险管理流程

（3）风险控制。风险控制是在风险评估的基础上，针对风险应对方案而采取的策略和程序，建立风险预警指标以及风险应急预案，明确各方责任。在项目实施阶段，各责任部门需要履行好部门职能，密切监控业务的进程以及内外部环境的变化，重点关注风险预警指标的变化。在发现异常情况时及时调整，及时反馈到其他各个环节中。

（4）持续改进。对于风险识别、风险评估、风险控制的开展，都不是一个单次运行，而是一个周而复始的过程。通过 PDCA（plan-do-check-act cycle，计划—执行—检查—处理循环）管理方法，一个循环结束解决一些问题，未解决的问题则进入下一个循环，如此阶梯式上升。而持续改进是在项目结束后及时对需要补救的风险结果进行分析，选择合适的风险应对策略，如风险分散、风险转移、风险补偿等，并做好总结和评价工作，持续提升供应链金融服务质量和水平。这也是 PDCA 循环对于质量管理的要求，PDCA 循环最终会落实到各个环节的不断改进中。

7.2　风险评估体系

相对于传统信贷业务而言，供应链金融具有封闭性、自偿性等特征，主要还款来自抵质押物的销售而非融资企业的经营获利。在风险防控方面，由于供应链核心企业的参与降低了银行的信贷风险。针对质押融资授信的动产具有复杂性、价格变动性和非保质性的特点，银行开展动产抵质押物授信将面临各种风险，通过引入第三方物流企业的参与，可以协助银行对质押物进行评估、监管，有助于降低风险。因此，风险评估是一项系统性工作，包括风险评价指标选取、评价指标权重确定、具体风险评价等内容。

▲ 7.2.1 风险评价指标选取

传统的信贷风险评估体系局限于融资企业自身的资信水平，在供应链金融业务的风险评估中，评价指标的选择需要综合考虑各种因素。传统的风险评价指标并不符合供应链金融业务的风险特点，不能准确、全面地评估供应链金融业务风险。供应链金融业务风险评价指标选取需要满足全面性原则、科学性原则、系统性原则、可操作性原则、主体评价与债项评价相结合原则、财务指标与非财务指标相结合原则、定性与定量相结合原则。针对供应链金融业务实际，李毅学提出了较完善的风险评价指标体系，如表 7-1 所示。

表 7-1 供应链金融风险评价指标体系 [①]

一级指标	二级指标	三级指标	评估方法和解释
宏观与行业系统风险	宏观系统风险		综合考虑宏观经济、政治和法律环境的不确定带来的风险大小，并按 7 级方法打分
	行业系统风险		综合考虑利润水平、交易环境、技术变化、发展前景等方面的风险，划分为 7 个层次，给予相应的评估分值
	区域风险		综合考虑经济发展前景、市场透明度、政府服务水平、政治和法律环境稳定性等方面的风险，划分为 7 个层次，给予相应评估分值
供应链系统风险	供应链竞争风险		主要考虑借款企业所在供应链在行业中的竞争力，划分为 7 个层次，给予相应评估分值
	供应链协调风险		主要考虑借款企业所在供应链的协调合作水平，划分为 7 个层次，给予相应评估分值
	供应链控制风险		主要考虑核心企业掌控供应链的能力及对借款企业存货销售的影响，划分为 7 个层次，给予相应评估分值
信用风险	借款企业信用风险	规模与发展前景	综合考虑借款企业的规模大小、发展阶段和运营周期，划分为 7 个层次，给予相应评估分值
		财务状况	考虑盈利能力和资金周转能力，资产价值、流动性以及杠杆，财务历史记录三个方面的定量和定性指标，定量指标直接计算，最后根据一定的规则映射到具体评分上，定性指标划分为 7 个层次，给予相应评估分值
		管理水平	综合考虑管理团队的稳定性和行业经验，划分为 7 个层次，给予相应评估分值
	物流企业信用风险	企业规模	综合考虑物流企业的行业地位、资金规模和专业化程度，划分为 7 个层次，给予相应评估分值
		历史信用	考察物流企业在物流与供应链金融业务上的历史信用记录，划分为 7 个层次，给予相应评估分值
		监管水平	考察物流企业在业务上配套的制度和设施情况以及专业监管水平，划分为 7 个层次，给予相应评估分值

---

① 李毅学. 供应链金融风险评估 [J]. 中央财经大学学报，2011（10）：36-41.

续表

一级指标	二级指标	三级指标	评估方法和解释
担保存货变现风险	价格风险		要根据不同存货的特点，采取相应方法考虑价格波动的稳定性程度，划分为 7 个层次，给予相应评估分值
	质物形态风险	变现能力	考虑存货的流动性水平，划分为 7 个层次，给予相应评估分值
		标准化水平	考虑存货的标准化程度，划分为 7 个层次，给予相应评估分值
		易损易腐程度	考虑存货是否容易损坏和腐烂，划分为 7 个层次，给予相应评估分值
		配套保管条件	考虑保管存货的条件，划分为 7 个层次，给予相应评估分值
	销售风险	销售渠道稳定性	考虑存货销售渠道的稳定性大小和多少，划分为 7 个层次，给予相应评估分值
		销售客户稳定性	考虑存货销售客户的稳定性大小和多少，划分为 7 个层次，给予相应评估分值
		销售范围	考虑存货销售涉及的范围，划分为 7 个层次，给予相应评估分值
		市场容量	考虑存货销售市场的容量大小，也就是潜在需求大小，划分为 7 个层次，给予相应评估分值
		销售账期合理性	考虑存货销售账期的合理性程度，划分为 7 个层次，给予相应评估分值
操作风险	合规风险	法律风险	主要考察质押存货的产权问题和合约法律问题，划分为 7 个层次，给予相应评估分值
		规则与政策风险	主要考察相关政策和规则条款的不足，划分为 7 个层次，给予相应评估分值
		执行状态	主要考察法律、政策和规则在执行方面的保障措施和历史记录，划分为 7 个层次，给予相应评估分值
操作风险	模式风险	商业模式	主要考察选择的商业模式是否合理，划分为 7 个层次，给予相应评估分值
		质押方式	主要考察业务选择的质押方式是否合理，划分为 7 个层次，给予相应评估分值
		监管方控制方式	主要考察监管方的控制方式和监控的强度是否合理，划分为 7 个层次，给予相应评估分值
		财务评估报告模式	主要考察业务的财务评估报告模式是否合理，划分为 7 个层次，给予相应评估分值
	流程风险	流程标准化程度	主要考察业务流程标准化程度，划分为 7 个层次，给予相应评估分值
		流程信息化程度	主要考察业务流程信息化和可视化程度，划分为 7 个层次，给予相应评估分值
	具体操作风险	银行的具体操作风险	主要考察银行方面的操作人员素质和相关的业务经验等，综合评估银行的具体操作风险大小，划分为 7 个层次，给予相应评估分值
		物流企业的具体操作风险	主要考察物流企业的业务操作人员素质、相关的业务经验等，综合评估物流企业的具体操作风险大小，划分为 7 个层次，给予相应评估分值

7.2.2 指标权重的确定

在风险评价指标体系中，每一个评价指标都用权重来表示其重要性程度，风险评价指标权重判定方法主要分为定量评价法、定性评价法以及定性与定量相结合的综合评价法，如表7-2所示。

表7-2　常用风险评估方法

指标权重判定方法分类	具体方法
定量评价法	数学分析法
	主成分分析法
	多目标线性加权评价法
定性评价法	德尔菲法
	专家打分法
	模糊层次分析法
综合评价法（定性与定量相结合）	灰色系统评价
	BP神经网络评价法

其中，模糊层次分析法（fuzzy analytic hierarchy process，FAHP）广泛应用于社会科学领域的相关问题研究。在供应链金融风险评价中，模糊层次分析法既克服了传统的德尔菲法主观判断性过强的缺陷，又兼顾了风险因素自身的模糊性，有较强的实用性和可操作性。运用模糊层次分析法进行风险评价的步骤如下。

1. 构建风险层次结构

首先，找出业务风险的主要因素并不断分解，最终得到多层次的风险评价指标体系。

2. 建立判断矩阵

（1）相对重要性标度：对评价指标进行两两对比，用 $1\sim 9$ 来表示其重要性程度。用B表示评价目标，b_i 表示评价指标，b_{ij} 表示 i 因素对 j 因素的重要性程度（$i=1,2,3,\cdots,m$；$j=1,2,3,\cdots,n$）。b_{ij} 的取值范围如表7-3所示。

表7-3　$1\sim 9$ 级标度法

标度 b_{ij}	定　义
1	i 因素和 j 因素同等重要
3	i 因素比 j 因素稍微重要
5	i 因素比 j 因素较重要
7	i 因素比 j 因素重要很多
9	i 因素比 j 因素绝对重要
2，4，6，8	重要性程度介于其他相应指标之间
倒数	j 因素相对 i 因素重要性程度 $b_{ji}=1/b_{ij}$

（2）建立判断矩阵：由 $1\sim 9$ 级标度法建立判断矩阵如下：

$$\boldsymbol{B} = \begin{bmatrix} b_{11} & b_{12} & \cdots & b_{1n} \\ b_{21} & b_{22} & \cdots & b_{2n} \\ \cdots & \cdots & \ddots & \cdots \\ b_{m1} & b_{m2} & \cdots & b_{mn} \end{bmatrix}$$

3. 确定各层指标相对权重

使用"和积法"来计算各层评价指标的相对权重。

（1）对 $\boldsymbol{B}$ 按列归一：

$$c_{ij} = \frac{b_{ij}}{\sum\limits_{i=1}^{n} b_{ij}} \quad (i = 1, 2, 3, \cdots, m; j = 1, 2, 3, \cdots, n)$$

（2）对归一化后的矩阵按行求和：

$$v_i = \sum\limits_{j=1}^{n} b_{ij} \quad (i = 1, 2, 3, \cdots, m; j = 1, 2, 3, \cdots, n)$$

（3）按列归一，求出权重向量：

$$w_i = \frac{v_i}{\sum\limits_{i=1}^{m} v_i} \quad (i = 1, 2, 3, \cdots, m)$$

4. 进行一致性检验

（1）求解 $\boldsymbol{B}$ 的最大特征值 $\lambda_{\max}$：

$$\lambda_{\max} = \frac{1}{n} \sum\limits_{i=1}^{m} \frac{[Bw]_i}{w_i}$$

（2）求一致性检验指标：

$$CI = \frac{\lambda_{\max} - n}{n - 1}$$

（3）对 RI 取值。在层次分析法中，对判断矩阵一致性的检验有一个重要的指标即 RI，而 RI 的大小仅仅与矩阵的阶数有关，如表 7-4 所示。

表 7-4　判断矩阵随机一致性指标 RI 对照表

阶数 n	1	2	3	4	5	6	7	8	9	10
RI	0	0	0.58	0.90	1.12	1.24	1.32	1.41	1.46	1.49

5. 求随机一致性比率

随机一致性比率 CR 的计算公式如下：

$$CR = \frac{CI}{RI}$$

只有在 CR<0.1 时，判断矩阵才符合一致性检验，所求得的权重向量是正确合理的；否则，需要进一步修改 **B**，直到满足一致性检验。

7.2.3 风险综合评价方法

在构建风险评价指标体系的基础之上，根据供应链金融业务开展的实际对象进行风险评估。在一些风险评估方法（如层次分析法）中，对风险的评价是直接将指标打分和权重相乘得到最终的风险评价结果，但是这种方法并未考虑风险因素本身的模糊性。模糊层次分析法考虑了这种模糊性，即风险指标值度量的不确定性，具有更强的实用价值。

1. 评价标准隶属度集的确定

将风险评价集定义为 U，把风险划分为 5 个等级并分别赋值，进行加权综合计算时则取各等级的中间值，即取值集合为 {4.5，3.5，2.5，1.5，0.5}。风险等级如表 7-5 所示。

表 7-5 风险等级对照表

评分区间	风险等级	风险解读
[0，1)	低	适宜开展，需要注意常规风险
[1，2)	较低	较适宜开展，需要注重风险防范
[2，3)	一般	可以开展，但需要强化风险防范
[3，4)	较高	尽量不开展，若开展则风险难以防范
[4，5]	高	不能开展，若开展则风险无法避免

2. 模糊关联矩阵确定

通过专家评分法对各级指标进行单因素评价，进行整理与统计后可得各单因素的模糊关联矩阵，其形式如下：

$$f = \begin{bmatrix} f_{11} & f_{12} & \cdots & f_{1n} \\ f_{21} & f_{22} & \cdots & f_{2n} \\ \cdots & \cdots & \ddots & \cdots \\ f_{m1} & f_{m2} & \cdots & f_{mn} \end{bmatrix}$$

3. 模糊综合计算

（1）确定权重集合。构建权重集合 $W=（w_1，w_2，w_3，w_4，\cdots，w_m）$，$w_i$ 的数值大小反映了指标因素的相对重要性程度，系数 w_i 可组成 **B** 的模糊权重向量。

（2）合成模糊隶属度向量。求解模糊子集 G' 的隶属度值 g_j（$j=1，2，3，\cdots，n$），并对向量 G' 进行归一化处理得到模糊评价向量 G。

$$G' = W \times K = \left(w_1, w_2, \cdots, w_m \right) \times \begin{bmatrix} f_{11} & f_{12} & \cdots & f_{1n} \\ f_{21} & f_{22} & \cdots & f_{2n} \\ \cdots & \cdots & \ddots & \cdots \\ f_{m1} & f_{m2} & \cdots & f_{mn} \end{bmatrix} = \left(g'_1, g'_2, \cdots, g'_n \right)$$

$$G = \frac{G'}{\sum\limits_{j=1}^{5} g_j'}$$

（3）对向量 G 进行加权可以求得综合评价得分 P。

$$P = WG^{\mathrm{T}}$$

对比风险等级对照表，可以得到 P 值对应的风险程度。

7.3　信用风险管理

7.3.1　信用风险的概念

信用风险是供应链金融业务中最主要的风险。融资企业即供应链中小企业、核心企业以及合作方物流企业等任何参与方若出现违约行为，都会使银行遭受经济损失的可能性。

信用风险是商业经营活动中一种客观存在的风险，很难被完全消灭，只能尽量降低或转移这种风险。信用风险具有不确定性，由于受到内部或外部各种因素的制约，很难提前准确预测和判断这种风险，所以银行开展供应链金融业务时必须树立风险意识，并且采取一定措施，建立有效的风险防范、转移和补偿机制，才能有效应对风险、提高经营效率。

供应链金融授信对象是供应链中小企业，相较于银行传统信贷业务的授信对象，中小企业信用评级较低、信用度较差，而供应链金融模式引入核心企业的信用和物流企业的合作监管，可以帮助银行降低信用风险，但是多方参与又有可能产生新的信用风险，如多方合谋的道德风险问题。对于银行而言，供应链金融业务的信用风险划分为系统性风险、非系统性风险以及道德风险。

（1）系统性风险。在风险管理领域，系统性风险是由于宏观经济环境和行业发展要素发生变化造成的行业内大部分企业遭受损失的情况。系统性风险的考察，可以从宏观经济运行情况和行业的发展状况两个层面来分析，具体到供应链金融业务中，系统性风险更直接来源于供应链本身以及核心企业。宏观经济以及行业的景气程度会影响包括核心企业在内的供应链上所有节点企业，因此，银行应对于授信的中小企业所处行业的发展前景以及供应链竞争地位的变化进行实时准确的动态评估。

（2）非系统性风险。非系统性风险是指获得融资的供应链中小企业自身的经营战略等方面的行为给银行带来的风险。在供应链金融服务中，虽然中小企业与核心企业稳定的合作关系和真实的贸易背景，都进一步提升了信贷风险的管控水平，但是中小企业在实际的生产经营活动中仍然会产生各种非系统性风险。例如，中小企业可能利用获得的贷款资金从事投机性经营，或者过度囤货、偷税漏税、卷入债务纠纷等，这些都将造成新的经营风险，并将影响企业资金链的稳定性。一旦遭遇市场风险，将直接影响企业的还款能力，从而影响银行回收贷款及使其利益受损。

（3）道德风险。在中小企业保证正常经营和盈利的情况下，仍然存在是否按约偿还贷款的不确定性，即道德风险。产生道德风险的主体不仅是授信的中小企业，还包括核心企业以及物流企业、担保公司、资信评级公司等相关企业或机构，这些供应链金融的参与方如果达成合谋共同欺骗银行，也会致使银行利益受损。

▲ 7.3.2 信用风险识别

信用风险识别就是要找出造成企业偿还贷款本息违约的因素。在供应链金融中，授信支持性资产是非常重要的还款来源。供应链金融中有三种基本的授信支持性资产，即预付账款、存货与应收账款，各种支持性资产的还款保障能力取决于银行在融资企业出现违约时对这些资产采取有效控制的力度，预付账款与应收账款的支持能力还受到供应链上下游企业的信用状况的影响。因此，在供应链金融服务中，也需要根据真实的贸易背景对供应链上下游企业的信用风险进行评估。

除了经营现金流和授信支持性资产外，企业的其他资产也可以作为还款的补充来源。因此，供应链金融强调除贸易的自偿性和支持性资产外，融资企业的资质以及财务状况在某些情况下也需要全面考察。由于不同供应链金融模式的风险控制强度与对融资企业资质的要求之间存在替换关系，所以对物流、资金流控制下的授信自偿性保障充分的情况下，融资企业的资质要求可以适当放松；反之，则应该更加注重融资企业主体的资质，包括除授信支持性资产以外的资产。

除此之外，道德风险也是信用风险之一。在供应链金融业务中，道德风险的表现形式有很多，如在提供抵质押物时以次充好、隐瞒抵质押物的品质问题，以及融资企业未按约定偿还银行贷款而将经营业务所获资金用于其他高风险投资。因此，银行要关注融资企业的贷款履约记录，一旦发现异常情况须立刻启动预警程序，启动客户退出计划。

▲ 7.3.3 信用风险度量

信用风险一般难以定量计算。信用风险是正偏态分布，且出现极端值的概率要比正态分布的概率大，所以不能运用正态分布拟合数据，这也增加了计量分析的难度。同时，对于中小企业自身的经营策略诱发的非系统性风险，也难以量化，道德风险将牵涉到各参与方，与企业伦理观等多种因素有关，难以定量描述。因此，当前对信用风险的判断，是以"主体＋债项"，并以"债项"的信用评级为主。

信用风险的度量面临影响因素多、不确定性大、涉及面广等各种挑战。

（1）信用风险的概率分布是左偏的。在融资企业守约情况下，银行将获得正常的利息收入，而当出现违约时，银行将损失利息和数倍甚至数十倍于利息的本金。因此，损失远远高于收益，但是违约一般是小概率事件。综合这两方面的影响，信用风险的概率分布是左偏的，这也给信用风险的分析造成了计量上的困难。

（2）相较于其他风险，道德风险在度量上更为困难，难以定量描述。

（3）非系统性的信用风险很多情况下是由债务人的个人行为或个性造成的，如贷款的投资方向、经营管理能力、借款人的风险偏好等，非系统性风险的量化也是比较困难的。

（4）组合信用风险难以测定。对于中小企业的信用风险进行定量分析更为困难。

由于信用风险的上述特征，目前在信用风险的度量中对主观判断的依赖比较强。

尽管信用风险的主观性很强，但对信用风险的测量也并非无计可施。为了减少主观判断的误差，在对信用风险进行度量时可以采用结构化的方法控制评估的质量。结构化有两方面的含义，分别是结构化的分析过程和结构化的指标体系。供应链融资信用分析过程如图 7-3 所示。

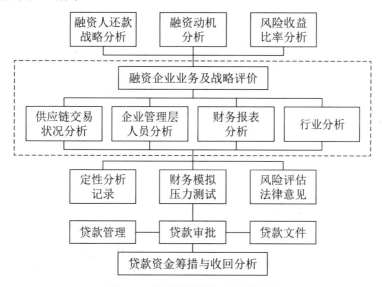

图 7-3　供应链融资信用分析过程

融资企业的历史资信情况就是一项重要的依据，因此，银行要做好市场信息、融资企业历史资信的收集和整理工作。银行要对融资企业有充分的调查和了解，包括企业管理人员的素质、企业伦理价值观，尤其是企业高层管理人员的决策倾向；还要求对市场有充分认识，包括市场容量的大小、价格变动趋势、企业产品的升级等。因此，对融资企业的评估要是全方位的，全面考虑各种因素。

对供应链交易状况的评估，主要针对供应链企业经营的稳定性、成长性和现金流进行客观评价，这也是供应链金融风险评估与传统信贷业务风险评估的主要差异。在供应链运营状况评估中，重点分析以下内容。

（1）梳理交易关系和供应链产业的流程，了解融资企业在供应链中的位置、地位和经营状况。分析融资企业对于供应链交易的依赖程度，融资企业与核心企业的交易占核心企业的需求或销售的比率、融资企业与核心企业的交易往来时间和交易的稳定性，判断供应链的稳固性以及经营计划完成的可能性。

（2）掌握物流和资金流的流向，评估资金流与物流循环是否完整。

（3）评估供应链所处的行业运行状况、供应链的竞争力、市场容量及市场份额，判断供应链整体的盈利能力。

（4）掌握交易双方约定的结算方式、行业内同行的结算方式、交易对手的资信状况、平均销售周期等信息，了解核心企业对上下游的流动资金压力以及参与供应链金融的意愿。

供应链金融信用的度量主要包括主体信用等级和债项评级两个维度，主体信用评级是对发债企业本身的整体信用评估，通常包括企业管理质量、财务结构、偿债能力、经营能力、经营效率、发展前景等方面。国际流行的信用评级分为 3 级 9 别，即 AAA、AA、A、BBB、BB、B、CCC、CC、C。AAA 是最高级别，AA 是高级别，A 是中上级别，BBB 是中级级别，BB 是中下级别，B 是投机级别，CCC 是完全投机级别，CC 是最大投机级别，C 是最低级别。债项评级是对某一特定主体发行的特定债券或交易本身进行信用风险评估，通过分析产品类别、优先级、抵押物以及行业和地区等风险因素，计算和评价各种风险以及客户违约后的债务损失。债项评级不仅能反映债务本身的交易风险，还能同时反映客户信用风险和债务交易风险。如图 7-4 所示。信用风险评价指标体系是通过采用一些客观的指标体系，帮助风险评估人员对企业信用风险进行评估。在这个指标体系中，应当明确采集信息的内容、对信息进行评价或打分的标准以及各项指标在综合评价中的权重。

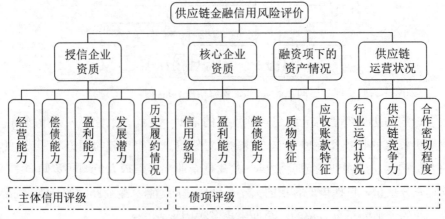

图 7-4　供应链金融信用风险度量

◢ 7.3.4　信用风险评价

对信用风险进行度量之后，银行需要评估开展相应业务给自身所带来的风险及影响。在信用风险评价中，银行需要结合违约概率和违约损失程度来分析贷款信用风险是否与收益相匹配。如果开展供应链金融服务的收益不足以补偿所需要承担的信用风险，则银行需要考虑是否要求融资企业提供其他的信用支持，如提高质押的比率、要求企业购买信用保险等，或者在下一步风险控制中采取相应的措施。

在信用风险评价中，即使授信的风险与收益相匹配，银行还应当考虑信用风险是否在自身能够承担的风险范围内。通过分析风险价值（value at risk，VAR）等风险评价指标，评估贷款是否超出了银行的承受能力，有利于银行作出合适的选择。

信用风险的评价依赖于对风险的度量，所以银行应当注意对企业信息的收集、处理和应用。充分利用各种信息和数据，科学建立银行的风险分析模型，定量分析和考察信用风险对银行的影响。由于我国商业银行掌握的企业经营数据和交易信息有限，在目前的风险管理水平下，银行应当采用比较审慎的风险上限，在估计可能出现损失时应采取保守的态度。

供应链金融风险是在商业银行对供应链中的企业进行融资的过程中，由于各种不确定因素影响，供应链金融产品的实际收益与先前预期收益发生偏差，从而导致风险和损失的可能性。

在供应链金融服务中，需要建立一套科学系统的评价指标体系，才能够对于特定评价对象进行信用风险评价，从而达到针对评价对象进行客观公正的评价以及有效的风险控制，从而将风险损失控制到最小的程度。

由于供应链金融业务引入核心企业的参与，并以核心企业和供应链中小企业的真实贸易为基础，供应链的运营状况和质押物都对商业银行开展供应链金融业务所面临的真实风险有所影响，所以在构建风险评价指标体系时不能局限于中小企业自身考虑，还需要考虑各种相关的其他因素。

风险评价指标体系涉及供应链所处行业、核心企业与融资企业经营状况、供应链交易状况、交易本身等多个因素，是一个多属性的评价问题，所以建立风险评价指标体系本身就具有挑战性。评价体系不仅要能全面体现被评价对象的各种相互关系，并且要能够准确刻画这些因素对被评价对象的影响程度。建立指标体系是一个由具体到抽象、再到具体的辩证逻辑思维过程，是对现象总体数量特征的认识逐渐深化、完善和系统化的过程。一般这个过程包含了理论准备、初选评价体系指标、完善评价体系指标和应用评价体系指标四个环节。理论准备阶段主要从供应链金融理论、信用风险分析、风险管理理论、系统理论等四个方面着手。有了理论的支撑和正确的原则指导，才能建立起合理的评价指标体系，方可实现预定的评价目标。

供应链金融的信用风险呈现多样性和复杂性，所以在供应链管理流程上就要尽可能地减少信用风险的发生。信用风险主要来自中小企业、核心企业、第三方物流、质押物、供应链运营五个方面，如表7-6所示。

表7-6　供应链金融模式下信用风险评价指标

评价对象	一级风险指标	二级风险指标	指标描述
中小企业	企业基本状况	管理水平	管理体系，经理人素质，从业经验
		企业规模	职业人数，资产总数，市场价值
		信用状况	有无借贷诉讼情况，财务透明程度
	企业偿债能力	速动比率	（流动资产－存货）/ 流动负债
		流动比率	流动资产 / 流动负债
		利息保障倍数	息税前利润 / 流动负债
		资产负债率	负债总额 / 资产总额
	企业盈利能力	营业利润率	营业利润 / 营业收入
		净资产收益率	税后利润 / 所有者权益
	企业营运能力	应收账款周转率	（当期销售收入－现销收入）/ 应收账款平均余额
	企业成长潜力	营业收入增长率	（当期营业收入－上半年同期净利润）/ 上年同期销售收入
		净利润增长率	（当期实现净利润－上半年同期净利润）/ 上年同期净利润
		总资产增长率	（当期总资产－上年同期总资产）/ 上年同期总资产
核心企业	企业信用级别	信用级别	核心企业在银行的信用级别或评级机构的级别
	偿债能力（盈利能力）	销售利润率	销售净利润 / 销售收入
		净资产收益率	税后利润 / 销售收入
第三方物流	资信状况	经营实力	企业规模、信用状况
质押物	质押物特征	质押物风险	质押物的价格稳定性、变现能力等
供应链运营	行业状况	行业平均增长率	综合整个行业水平
	供应链实力	产品竞争力	产品的市场占有率
		信息共享程度	掌握供需方信息的情况
		企业之间合作情况	合作年限，合作频率
	历史违约情况	违约率	

在供应链金融服务中，商业银行针对中小企业的风险评价主要从企业基本状况、偿债能力、盈利能力、营运能力和成长潜力五方面来进行。对于核心企业的风险评价，则从销售利润率和净资产收益率来分析其盈利能力。对于第三方物流的风险评价则主要考察企业规模和信用状况。对于质押物的风险评价则考察质押物的价格稳定性和变现能力。对于供应链运营的风险评价则主要从供应链实力、行业状

况和历史违约情况等方面来进行。

相较于传统的信贷模式，供应链金融在风险评价时侧重于对供应链合作企业等多因素的全面评价，而对融资企业自身的财务状况关注较少，这有利于中小企业申请授信融资业务。

7.3.5　信用风险控制

由于信用风险影响因素的复杂性，提高在风险事件产生负面效应之前的风险识别、控制和化解风险的能力，显得尤为重要。

全面风险管理既要对现实事件进行分析，也要对潜在的因素进行监测，将管理关口尽可能前置。风险损失的发生也是需要条件的，弥补任何业务过程中所出现的漏洞便可以有效阻断风险发生的途径。风险损失形成机理如图 7-5 所示。

图 7-5　风险损失形成机理

借鉴英国财政部的风险控制方法，可将风险控制划分为预防性控制、修正性控制、指导性控制以及试探性控制四种，各种控制措施的效度呈现由高到低排列。

1. 预防性控制

预防性控制的着眼点是通过预测对被控制对象的投入或过程进行控制，以保证获得所期望的产出。经过风险识别、风险度量和风险评价后，银行应当根据所观察到的情况及所掌握的信息，对未来可能发生的风险事项采取措施加以预防。比如，收益不足以补偿所承担的信用风险时，银行需要考虑要求企业提供其他的信用支持，如提高质押的比率、要求企业购买信用保险等，否则银行应当采用风险回避的方式。加强信用体系建设，对中小企业、核心企业和物流企业的信用状况和履约情况予以及时披露，利用信用体系约束各参与方的行为，促使各方严格履约。

预防性措施需要及时准确的信息，并且进行细致的、反复的预测。采取相应措施后，应对风险控制措施加以评估。首先，要看对于已识别出的风险是否采取了控制措施；其次，要对已有的风险控制措施进行评估，尤其需要关注各项风险控制措施在执行中的有效性及控制措施对降低各环节风险的作用。

2. 修正性控制

修正性控制旨在纠正某些负向偏离的局面，尽量减少接触那些应避免发生的风险。一般而言，修正性措施旨在挽回当前的局势。如果银行认定某些预防性措施在技术上不可行、运作上不理想或者性价比不高，那么可以考虑采用某些修正性控制措施。对被控制对象进行控制，及时对正在进行的活动，尤其是异常情况进行调整，在重大问题发生之前及时纠正偏离的现象，力求将风险水平控制在银行偏好范围之内。

很多修正性控制措施的优势在实施上并不困难，具有较高的性价比。例如，限制融资企业资金用途、为融资企业投机经营设置障碍、提高其投机风险都可以被视为修正性控制措施。此外，修正性控制措施并不需要银行大幅调整现有的做法和流程，可以在现有的业务框架内实施。

3. 指导性控制

指导性控制措施旨在确保某些特定结果的顺利实现。银行通常对指导性控制措施非常熟悉，因为银行需要向融资企业、核心企业以及其他参与方提供供应链金融开展的正确方式及指导性意见，各参与方都需要充分了解自身相关责任以及保证业务正常运行的必要条件。在面临风险的活动中，流程、信息、培训及说明都可以被视为指导性控制措施。

4. 试探性控制

试探性控制措施旨在识别想要避免的结果发生的场景，当意外事件发生后，确保情况不再继续恶化甚至无法控制。例如，深圳发展银行发现融资企业反常使用小额授信出账，立即要求其提前还贷，最终在某公司违法关联交易事件曝光之前及时收回了贷款，将损失控制到最低程度。

试探性措施包括资产核算、现场查账查库等，确保股权或者资产没有在未授权的情况下被转移，融资企业账实相符。一般而言，以银行为主导的贷款项目在对账工作中通常能够发现某些尚未获得授权的交易。

试探性控制实施的时间节点是在意外事件发生之后。在某些情况下，其他控制措施可能并不能完全消除风险，通过实施试探性控制措施能够尽早降低风险造成的损失，甚至避免损失。

在风险管理的过程中广泛采用 PDCA 管理方法，一个循环结束解决一些问题，对于未解决的问题则进入下一个循环。例如，在信用风险的管理过程中没有及时进行信息沟通，导致风险度量环节中未能识别一些本可以提前处理的风险。比如，未发现借款企业通过隐蔽的操作手段将资金转移到关联公司等，在下一次业务开展时就应当将借款企业关联公司的交易情况核实清楚并且密切监督资金去向，通过持续改进过程不断提升信用风险管理水平。

7.4 操作风险管理

供应链金融通过自偿性的交易结构设计，引入核心企业的信用作为担保，通过专业化的操作与流程安排以及外部监管引入等方式，保障了独立于企业信用风险的第一还款来源。但因为在实施风险屏蔽技术的过程中，操作环节显著增加、操作的复杂程度明显高于传统流动资金贷款业务，可能造成信用风险向操作风险的转移。

目前，国际上普遍采用巴塞尔委员会对操作风险的定义。巴塞尔委员会将其定义为由于不完整或者失灵的内部控制、人为错误、系统失灵以及外部事件等给商业银行带来的损失，包括所有与风险事件相联系的成本支出。

7.4.1　操作风险的分类

供应链金融中的操作风险涵盖了信用调查、融资审批、出账和授信后管理与操作等业务环节上因操作不规范或操作中的道德风险所造成的损失。巴塞尔委员会将操作风险进一步细化为以下七种类型。

（1）内部欺诈事件：指故意骗取、盗用财产或违反监管规章、法律或公司政策导致的损失事件，此类事件至少涉及内部一方，但不包括歧视及差别待遇事件。

（2）外部欺诈事件：指第三方故意骗取、盗用、抢劫财产，伪造要件，攻击信息科技系统或逃避法律监管所造成的损失事件。

（3）就业制度和工作场所安全事件：指违反就业、健康或安全方面的法律或协议，个人工伤赔付或者因其实际差别待遇导致的损失事件。

（4）客户、产品和业务活动事件：指因未遵守有关规定造成未对特定客户履行分内义务（如诚信责任和适当性要求）或产品性质或设计缺陷导致的损失事件。

（5）实物资产的毁坏事件：指因自然灾害或其他事件导致实物资产丢失或毁坏的损失事件。

（6）信息科技系统失灵事件：指因科技信息系统生产运行、应用开发、安全管理以及由于软件产品、硬件设备、服务提供商等第三方因素造成系统无法正常办理业务或系统速度异常等所导致的损失事件。

（7）执行、交割和流程管理事件：指因交易处理或流程管理失败，以及与交易对手方、外部供应商及销售商发生纠纷导致的损失事件。

因此，操作风险的涉及范围相当广泛，它也是供应链金融风险管理的重点环节。以银行开展供应链金融服务为例。第一，合作企业的风险，一旦选择与资产规模小、经营不规范的物流企业合作，其本身就会给银行开展供应链金融业务带来外部欺诈风险；第二，银行自身的管理风险，银行自身管理机构不健全、制度不完善，内部控制及公司治理机制失效、银行从业人员的道德风险和人员素质偏低等原因都会造成供应链金融业务内部欺诈风险；第三，操作系统的风险，计算机信息系统也可能带来风险，一方面银行计算机信息系统可能存在重大安全隐患，另一方面银行计算机信息系统也难以全面反映物流金融业务的信息；第四，质押物的风险，质押物的保管中会面临盗窃、火灾、灭失等一系列实物资产毁坏风险，银行是否选择了易储存、易运输、质量稳定的标的物作为质押物等又会影响客户账户管理风险。同时，由于质押货物需要质押在第三方物流企业的仓库中,所以可能会发生与外包服务方的各种纠纷和风险。

7.4.2 操作风险识别

在操作风险管理中,风险识别是最关键的一个环节。巴塞尔委员会建立了分析操作风险的基本框架。按照导致操作风险的不同因素,操作风险可以分为四类:由人员因素导致的操作风险、由流程因素导致的操作风险、由系统因素导致的操作风险和由外部事件导致的操作风险。

在供应链金融的操作风险管理中,银行可以根据巴塞尔委员会提供的操作风险分类框架,建立切合供应链金融融资流程的操作风险目录。由于某些操作风险的识别非常困难,很多系统或流程上的漏洞经常在损失事件发生后才被注意到,所以建立自己的操作风险目录是非常必要的,而且银行要不断总结自身和其他银行的失误,对操作风险目录进行更新,这样方可使得操作风险识别逐渐趋向全面。

银行可以利用巴塞尔委员会提供的操作风险基本框架对供应链金融融资的每个环节进行分析。

(1)在授信调查阶段,人员因素引起的操作风险是主要的方面。供应链金融以企业的交易信息作为风险评估的重要依据,同时利用交易中的物流和现金流作为风险控制的中介目标。因此,其在授信调查方面与传统流动资金贷款的主体信用调查差异较大,专业化要求较高,很可能导致客户经理的疏漏和误判。

(2)在操作模式的设计阶段,流程设计不完善的风险是最主要的操作风险。供应链金融需要对授信支持性资产进行控制。要实现控制目的,在授信合同、协议以及操作流程设计上,必须在保证可操作性的前提下杜绝明显漏洞,否则就会给欺诈行为留下可乘之机。这些漏洞包括:合同不完善、合同条款对服务方不利或合同条款不受法律保护、产品设计的控制流程无法完全保证授信支持性资产同企业主体信用隔离、流程过于复杂或苛刻导致误操作概率增大或执行困难、环节遗漏造成对资产控制的落空等。

(3)在融资审批阶段,操作风险涉及内部人员执行风险、流程管理风险和信息系统风险。内部人员执行风险主要指由内部欺诈风险、越权等主观行为造成的风险,也有人员业务能力不匹配、关键岗位人员流失等客观原因造成的人员风险。流程管理风险则包括银行授信审批流程不合理、授权不恰当造成的内部控制体系问题,也包括文件信息传递不及时等业务流程上的问题。信息系统风险主要是指用于后台风险管理支持的系统或模型未能有效识别风险,从而导致决策失误。

(4)出账和授信后管理阶段,授信后管理是供应链金融中实行资金流和物流控制的核心,尤其对于预付和存货业务而言,频繁的操作增加了操作风险的发生。

上述各种操作风险可能在各个环节集中表现出来。例如,仓储监管人员欺诈或失职造成的人员风险、换货或提货流程设计不合理滋生的流程风险、货物市场价格监控系统未能有效预警而形成的系统风险，以及外部突发事件风险等，它们在各种融资产品中均有不同的表现形式，所以银行需要全面分析各个环节的操作细节，通过分析操作风险来源加强对风险的有效识别。

7.4.3　操作风险评估

相对于信用风险而言，操作风险的度量一直以来都十分困难。因此，在操作风险管理中，一般采用风险目录和操作指引的方式进行定性管理。在巴塞尔委员会将操作风险纳入最低资本监管要求后，操作风险评估模型有了比较大的发展，产生了损失数据收集（loss data collection，LDC）方法、风险控制自我评估（risk control self-assessment，RCSA）和关键风险指标（key risk indicators，KRIs）、高级计量方法（advanced measurement approach，AMA）等操作风险评估方法。在管理实践中，操作风险精确评估与度量仍面临较大挑战。

供应链金融中操作风险评估的意义在于将操作风险度量与操作风险管理有机结合。因此，现阶段建立操作风险数据采集系统是操作风险评估的首要工作。银行应当完善LDC方法，收集不同环节操作风险所造成的损失数据，结合本企业的战略目标以及开展供应链金融的业务目标，建立起适合的风险管理目录及关键风险指标，利用RCSA评估供应链金融各项业务中操作风险的损失率。然后，根据操作风险的损失率，结合银行的战略目标，评估供应链金融各项业务的操作风险是否在银行的承受范围内，以便供决策参考。

7.4.4　操作风险控制

操作风险控制需要遵循《巴塞尔协议Ⅱ》所提出的操作风险管理"完美运行"的十大原则（表7-7），并在这些原则的基础之上进一步展开。

表 7-7　操作风险管理的主要原则

序　号	主　要　原　则
1	董事会承担着管理操作风险决策的重任
2	高层管理人员承担着落实运营风险决策的重任
3	企业必须建立信息、交流及技术升级上报流程
4	企业应该控制活动、流程、系统及产品当中的内生性操作风险
5	企业应当建立运营风险评估所需的必要流程
6	企业应当实行某些系统，对操作风险敞口及损失事项实施监控
7	企业应当采取某些政策、过程及流程，对操作风险实施管理控制
8	监管人员应当要求银行采用高效系统，完成对操作风险的识别、衡量、监管及控制

序　号	主要原则
9	监管人员应当定期完成对这些原则的独立评估
10	企业必须向利害关系人提供足够信息，协助其完成对操作风险敞口及其质量管理的评估

首先，在选择操作风险控制方法时必须考虑成本与收益的匹配。如果成本较高，则需要决定是否采用其他方法或放弃该业务。其次，有关操作风险的每个环节必须有明确的责任人，使损失可以追究到人，这也是完善内控体系的关键。

供应链金融中一些常用的操作风险控制方法如下。

1. 完善内控体系

供应链金融虽然与传统的信贷业务有着很大的区别，但审贷分离等内控制度与传统业务是基本保持一致的。供应链金融的主要特点表现在授信支持性资产的审核与管理上，一般的审贷分离不能完全控制这个环节的人员风险，因此，在供应链金融中，银行可以设立独立的授信支持性资产管理部门，通过业务线的客户经理和授信支持性资产管理部门人员的双重核查来降低人员操作风险。一些循环贷款产品，如融通仓融资和保理池融资，还应建立定期的审核制度，定期检查存货与应收账款是否符合授信合同的规定。

2. 提高人员素质

供应链金融对业务人员的要求更高，因为其变换多样的运作模式和创新机制，业务人员也要随时更新自己的业务知识，而不能单单是加强风险意识和职业道德方面的培训。在信用评审中，应重点提升授信评审人员对企业间交易真实性、规范性评价的能力，对授信支持资产真实性、有效性评价的能力，以及对操作模式可行性评价的能力。通过设立授信支持性资产的管理部门来有效提高评估效率，防范存货监控、票据辨别等环节的操作风险。

3. 降低对操作人员个体能力的依赖

供应链金融的融资操作比传统的商业融资模式更加多变和复杂，尤其是在信用管理的应用上。因此，建立健全供应链金融的信贷流程、规范贷款过程中的关键制度指标，可以防范贷款中各种个人利益因素对融资决策的影响，防止业务人员道德风险的发生。调查人员按照模板要求的框架进行信息收集，在放款和贷后管理环节，银行应建立细致的操作指引，明确操作流程、关注的风险点和操作的步骤要求，使得操作人员有章可循，严格控制自由裁量权。针对不同类别的产品，应制定标准的合同和协议文本，并且对填写的规范进行详细说明。

4. 不断完善各类业务流程

供应链金融作为一项新兴业务，加之具有快速发展、服务模式多样化、创新性强等特点，相关的法律法规体系也在不断完善之中，客观上也存在一定的不完善性和滞后性。因此，在开展供应链金融业务中，银行需要完善各个流程管理，建立一定的监督和审查机制，定期审核和完善各种融资业务流程的风险点。

5. 风险转移的有效利用

风险转移是供应链金融转移风险的一种有效方式。实践中，银行开展供应链金融服务可以通过外包形式把操作风险转移出去。通过外包形式转嫁风险的途径有两个：一是与物流企业进行合作，将质押的资产纳入第三方物流企业的管理，规避自身的操作风险，通过多方监督来降低风险；二是进行投保，通过第三方保险机构的介入，将风险向保险机构转移实现自身风险的规避。2020 年 12 月 25 日，中国银保监会办公厅印发了《责任保险业务监管办法》并于 2021 年 1 月 1 日起正式实施，该办法针对责任保险承保边界、市场经营行为、保险服务、内控管理四个方面的内容进行了规范，并对承保范围进行了限制。

6. 加快信息中心建设

信贷信息中心是所有操作的中心系统，供应链企业的所有信息都要集中到中心进行处理，包括业务数据的收集和分析。每个数据权限的获取都需要建立严密的授权措施，包括风险点的预警，都要第一时间反映到中心系统，降低人为操作风险因素的影响，将非主观风险降到最低，提高自身的效率，保障银行利益。

7.5　法律风险管理

《巴塞尔协议Ⅱ》认为法律风险是广义操作风险的一部分。由于供应链金融的服务对象是供应链上的中小企业，其信用风险相对较高，为了缓释信用风险，各类授信资产支持技术在供应链金融中被广泛使用。

如何应对并有效解决法律风险问题是供应链金融风险管控的重要内容。通过采取相关措施来规避法律风险，可防止出现缺乏约定而产生法律上的无效行为以及不确定行为所带来的损失，重点体现在质物选择、规范合同条款以及合理预测政策和法律风险等方面。

7.5.1　质物选择

在物流与供应链金融过程中，质押物产权界定是一个基本的问题，它包括所有权审核和质权审核两个方面。所有权审核指审核质物是否在法律上清晰地归出质人所有，而质权审核指审查质物是否能够在法律上允许质押，是否被担保给多个债权人，存在重复担保的现象等。

因此，谨慎选择质物须从以下几方面着手：首先，通过合同确定审核责任人和审核方式，这是质物审核的前提；其次，只有所有权属于出质人的货物才能作为质物；最后，质物的来源须合法，非法途径取得的物品不能作为质物。

7.5.2 规范合同条款

银行与借款企业、物流企业和其他利益主体签署的合同文本内容是否考虑周全，是否符合相关法律的规定，中间的条款是否都是有效条款，质押物在合同上是否明确了所属权等，是否明确了银行、借款企业、物流企业及其他利益主体的责权利都是需要考虑的问题。

供应链金融业务合同与业务运行过程紧密相连，是供应链金融业务顺利进行的主要法律保障，也是约束各方主体行为的主要工具。因此，合同条款的设计会直接影响业务运行中的风险。合同内容完备有助于实现供应链金融业务的规范化和标准化，还可有效降低业务风险。供应链金融业务合同条款设计须注意以下几方面。

（1）质物产权审核问题，须确定质物所有权及质物权审核的责任人和审核方式。

（2）监管问题，须明确物流企业和银行对质物的监管责任。

（3）违约责任问题，明确各方权利义务并确定相应的违约责任。

（4）质物价格问题，约定质物价格确定的基准、质物价格风险防范机制等内容。

（5）贷款周期问题。

（6）符合业务特点及操作实际的其他问题。

7.5.3 合理预测政策和法律风险

依靠经验丰富的人才队伍分析现阶段的供应链金融的相关政策和法律情况，以及在我国经济体制改革不断深入情况下未来供应链金融的相关政策与法律变化趋势，谨防相关风险的发生。未来政策和法律的变动可能会使银行花费大量人力、物力和财力构建的模式不能正常运作。为应对相关风险，核心企业一方面要明辨现有政策与法律的不完善之处，在此情况下设计出合适的供应链金融模式与风险管理办法，另一方面要审时度势，分析该模式如何在未来政策和法律变化下改进与完善，产品与风险管理方法又该如何变革，加强该模式对未来政策和法律风险的抵抗力。

由于企业在经营活动中存在着各种各样的相互联系，其中供应链关系是最典型的企业关系。在供应链金融业务中，供应链企业之间存在交易关系、交叉持股、担保关系等，相互关联的一方发生违约，另一方的财务状况势必受到影响而发生波动，这种违约即传染性相依违约，而且往往暴发会更为强烈。

拓展阅读 7.2
供应链金融
违约风险传染

1. 简述供应链金融的风险种类、特征及其控制要点。

2. 春风钢铁厂原材料为粗钢，半成品为钢坯，制成品为钢链。若粗钢的日消耗量是 80 吨，钢坯的日产量是 60 吨，钢链销售良好无库存。该厂每周的原材料、半成品的仓储情况如表 7-8 所示，试从风险管控角度确定供应链融资规模。

表 7-8　春风钢铁厂每周的原材料、半成品的仓储情况

日　期	粗钢（原材料）			钢坯（半成品）		
	价格 / 元	存量 / 吨	价值 / 元	价格 / 元	存量 / 吨	价值 / 元
1	2 000	300	600 000	3 000	0	0
2	2 000	220	440 000	3 000	60	180 000
3	2 000	140	280 000	3 000	120	360 000
4	2 000	60	120 000	3 000	180	540 000
5	2 000	−20	−40 000	3 000	240	720 000
6	2 000	−100	−200 000	3 000	300	900 000

3. 分析供应链金融风险评估体系与传统金融风险评估体系的异同。

4. 简述运用层次分析法开展供应链金融融资风险评价的优点与不足。

5. 分析在供应链金融中，如何有效开展风险识别、风险度量、风险评估和风险控制等工作？

6. 应用相关管理方法，试构建供应链金融模式的风险评估体系及主要指标。

嘉能可"雷曼风暴"

● 公司背景

嘉能可是世界顶级的大宗商品和矿业交易商，主要从事各类大宗商品的期货和现货交易以及期现货的套利交易。该公司由亿万富翁马克·里奇于 1974 年创立，总部设在瑞士。公司积极推动国际化发展战略，逐步从一个专业化的贸易公司发展成为营业收入超过 2 000 亿美元、业务覆盖 50 多个国家和地区、雇员超过 19 万人的集团公司。嘉能可于 2011 年 5 月 24 日和 5 月 25 日分别在伦敦股票交易所和香港证券交易所进行首次公开募股，募集资金总额为 100 亿美元，并将利用筹得的资金进行产业扩张。公开募股后其股票市值达到约 600 亿美元。嘉能可于 2011 年在香港和伦敦上市后一直

有着非常好的业绩，2011 年和 2012 年的营业额增长了近 20%，2013 年公司营业额达 2 144 亿美元，增长 8%，在 2013 年全球最大的大宗商品交易商中排名第 12 位，在 2014 年全球《财富》500 强中，嘉能可位列第十。

● 供应链特征

嘉能可实现了供应链上多元化业务（图 7-6）。嘉能可不但覆盖矿产、冶炼、加工、市场销售领域，还能为大宗商品的生产商及客户提供融资、物流及其他供应链服务。多元化的业务为嘉能可取得了竞争优势。

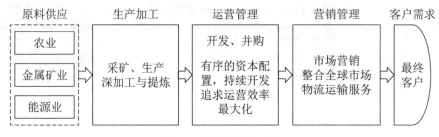

图 7-6　嘉能可的供应链

● 公司盈利模式

嘉能可的商业理念是"可持续采购全球各个行业每天需要的基本原料，并向世界各地的客户供应"。嘉能可的战略定位是建立和保持全球最大的多元化自然资源企业，致力于为客户供应金属矿物、能源产品和农业产品三大类产品。公司主要开展以下几类业务。

1. 大宗商品原材料生产与贸易

嘉能可在全球拥有众多子公司，它们生产多种金属商品、能源化工商品与农产品，数量巨大，在全球市场占据很大份额。2014 年，嘉能可铜产量为 150 万吨，锌产量为 140 万吨，铅产量为 30.8 万吨，煤炭产量为 1.463 亿吨，石油产量为 740 万桶。嘉能可通过商品贸易，为各类客户提供多种商品的运输。

嘉能可是世界最大的资源公司之一，是 90 多种自然资源的生产商和交易商，在大宗商品中的地位相当于银行业中的高盛。嘉能可致力于为客户提供金属矿物、能源产品和农业产品。其业务涵盖：铝、氧化铝、锌、铜、铅、镍铁合金、钴和铁矿石等金属矿物；石油、煤炭和天然气等能源产品；小麦、玉米、大麦食用油、油菜籽和白糖等农业产品。

嘉能可不断扩大经营规模。首先，进行投资并购，通过大规模的企业并购，扩大自己的企业规模和产品种类，获得对上游资源的掌控。其次，扩大国际市场，通过强大的全球市场网络在下游获得稳定的客户群，在上游获得稳定的供应商，目前嘉能可在全球市场中占有 40% ～ 60% 的份额。最后，建立庞大的物流体系，嘉能可在目标市场控制众多的航运港口和产品仓库，以及拥有 200 多艘船的运输船队，以此维持整个供应链的正常运转。

嘉能可拥有集勘探、开发、生产、加工、运输和销售为一体的供应链,各个要素之间高度互补和协同,通过高效运营实现低成本和高价值,构成了无与伦比的核心竞争力。通过对市场的高度掌控,使用其跨区域和跨行业的分析及营销团队提供的市场信息,嘉能可通过买卖套利获得了不菲的利润。

2. 大宗商品套利

嘉能可囤积大量现货库存,雇用了大量交易员,在不同仓库之间转移商品并通过复杂的交易手段进行套利,主要包括跨时间套利、跨地域套利和多元化产品组合套利。

跨时间套利。嘉能可不仅从事各类大宗商品的现货交易,而且从事期货的套利交易,从而降低价格上的风险,还能从中套利。

跨地域套利。嘉能可通过其跨全球的业务范围以及强大的物流体系,结合其营销团队提供的市场信息,利用地域的价格差异,实现在全球的低买高卖,从中套利。

多元化产品组合套利。嘉能可创造收入流的关键是建立了集多元化和一体化为一身的齐整供应链,此供应链从对农业、金属矿业和能源产品的勘探开发,一直延伸到通过物流运输供应至最终客户。为了达到业务上的扩展,可以混合营销其特定商品,如不同的原油产品、煤炭或精矿等。嘉能可通过其供应链实现成本最低和高效运营,从而获得收益。

3. 金融和物流服务

嘉能可为供应商和消费者提供有关的金融和物流服务。嘉能可的供应链从对农业、金属矿业和能源产品的勘探开发,一直延伸到通过物流运输供应最终客户。嘉能可为产业链上的客户提供担保、融资、物流运输等服务,通过供应链各个环节的高度协调,实现成本最低和高效运营。

- 公司面临的主要风险

1. 需求波动带来的风险

差价是嘉能可盈利的一种方式,但是若整体的价格持续下降,将会带来巨大的损失。与其他天然资源公司不同的是,嘉能可同时在期货和现货市场上操作,可以通过对冲的策略来有效地避免价格剧烈波动所带来的风险。

需求的不确定性才是嘉能可所面临的真正风险。若采购或生产了大量的原材料而无法销售出去的话,将会产生较高的存储成本。需求的骤降可能会给嘉能可造成存货的大量积压,从而使之存货成本大幅度上升以及资金大量积压。疲软的需求和存货成本的上升会使得嘉能可从供应链中取得的利润下降,存货周转率、销售利润率下降,进而导致资产流转率下降。这要求其营销的部门和采购部门相结合,有效地预测市场需求以避免出现供求关系不匹配带来的风险。

2. 汇率波动引起的风险

嘉能可的大宗商品几乎都是以美元标价计值的。而近年来,货币汇率出现明显波动,美元的贬值会给嘉能可带来经济上的损失。然而汇率的波动是难以预测的，汇率的波动对于经营全球大宗商品交易的嘉能可来说，是一种巨大的风险。

3. 供应链引起的风险

供应链的本质是一种松散型的多企业联盟，以信息共享和合作共赢为目标。随着供应链规模和结构的日益复杂，信息传递延迟等各种风险增多。供应链融资的信用基础是供应链整体管理程度和核心企业的管理与信用实力。随着融资工具向上、下游延伸，风险也会相应扩散。市场经济环境变化，可能导致质押物价格波动、银行收紧银根等。倘若供应链相关企业资金链断裂，其影响会迅速蔓延到整条供应链。

除此之外，嘉能可还面临地缘政治和经营上的风险。嘉能可的业务遍布全球，不同国家对矿物的开采、环境治理、税务、关税、地方性保护等政策各有不同，那么嘉能可必然会面临这些风险。

● 遭遇市场影响

2015 年 9 月 28 日，享有"商品界高盛"之称的嘉能可面临有史以来的最大危机，当日嘉能可股价大跌近 30%，而这已是一周以来的第二次大跌，更糟糕的是，当年这个资源大鳄股价已暴跌了约 75%。因市场担忧全球经济放缓影响大宗商品需求，受此事件影响，在欧美股市 28 日大跌之后，9 月 29 日，亚太股市也普遍收跌。蝴蝶效应之下，甚至有评论认为，一旦嘉能可失去投资级信用评级，那可能触发"大宗商品的雷曼时刻"。

事实上，受全球经济影响，嘉能股价持续震荡下行。2011 年 5 月嘉能可上市时市值达到 371 亿英镑（563 亿美元），2014 年公司营业额下跌 5%，股价自 2014 年 7 月以来累计跌约 81%，市值损失约 610 亿美元，股价自上市以来跌约 87%。2015 年公司股价表现明显落后于市场基准指数富时 100 指数，为富时 100 指数中表现最差的公司。2015 年 9 月 28 日，公司股价达到历史新低 66.67，比起 2011 年 5 月的 550，下跌 88%。

2015 年公司中报显示，全年上半年出现了 6.76 亿美元的亏损，同比下滑 139%，息税前利润（earnings before interest and tax，EBIT）及税息折旧及摊销前利润（earnings before interest，taxes，depreciation and amortization，EBITDA）分别为 14.120 0 亿美元和 46.110 0 亿美元，较 2014 年分别减少了 61% 及 29%。公司随即下调营运预期，并宣布削减开支。2015 年 9 月 7 日，嘉能可曾宣布推出一系列措施，优化其资产负债表。这些措施包括发行新股、暂停股息和出售资产。公司在声明中表示正在努力降低其债务水平。

2015 年 9 月 28 日，嘉能可伦敦股价盘中重挫 27% 创至记录新低。在香港股市中嘉能可的股价也是一路下跌，该股过去一年累计下跌 75%。为此，嘉能可采用出售产业的办法来削减债务，并宣布将在 2016 年年底前将 300 亿美元债务削减 1/3，发售新股并下调股价，但是这也并未给市场带来积极的影响。高盛分析指出，嘉能可正在面临失去投资级信用评级的风险，难以保住 BBB 投资级债券评级，投资者也对嘉能可缺乏偿还债务的信心。

全球大宗商品下跌是造成嘉能可事件的主要原因，特别是铜的价格一路下滑，引起所有金属价格的下跌。嘉能可的股价暴跌正是与 2015 年大宗商品的需求大降直接相关。嘉能可最大的摇钱树——铜的价格下跌也给股价带来压力。因此，在大宗商品和原材料价格大幅下跌的背景下，以大宗商品为主营业务的嘉能可不可避免地出现了巨幅亏损和债务危机。一方面，市场需求的骤降给嘉能可带来存货的大量积压、存货成本大幅度上升以及资金的大量积压。疲软的需求和存货成本的上升会使得嘉能可从供应链中取得的利润下降，存货周转率、销售利润率下降，进而导致资产流转率下降。另一方面美元汇率大幅度地波动。汇率的波动给经营全球大宗商品交易的嘉能可的资金流带来诸多的不确定性，资金流的不确定性就有可能造成嘉能可资金链断裂。

资料来源：嘉能可股价年内跌逾 70% 商品之王深陷债务危机 [EB/OL]. (2015-09-29). https：//www.cnstock.com/v_industry/sid_rdjj/201509/3579652.html.

分析问题

1. 分析嘉能可在全球供应链竞争格局中面临的挑战。

2. 分析嘉能可面临的各种风险及其管控措施。

3. 讨论我国"一带一路"倡议对于促进全球产业链与供应链发展的积极作用。

第8章 国际供应链金融

1. 学习在国际贸易中供应链金融广泛推广应用的实践基础及理论依据。

2. 掌握国际供应链金融有关服务模式、业务流程及其特征。

3. 综合应用风险管控、融资策略、激励机制等相关理论与方法分析国际供应链金融实践。

我国货币供应量与全球主要经济体的比较

广义货币（M2）是指流通中的现金加各类存款，流通中的现金是银行系统之外的现金，各类存款包括了活期存款、定期存款、证券及期货公司的保证金、公积金存款等，这些都是能直接变成现实购买力的货币形式，可反映一国的货币供应量。

央行公布的数据显示，2019 年我国广义货币的余额为 194.56 万亿元，同比增长了 8.4%。当年我国的 GDP 总量为 97 万亿元，而 194 万亿元的货币供应量，刚好是 GDP 总量的 2 倍。相对于全球主要经济体而言，我国货币供应量总体水平是高还是低呢？

1. 美国

2019 年 9 月，美国的广义货币供应量为 15.03 万亿美元，相当于 105 万亿元人民币。美国作为一个 GDP 比我国还多的国家，货币供应量比我国还少，这点有些让人意外。美国 2019 年的 GDP 总量超过 21 万亿美元，意味着目前的广义货币供应量仅占 GDP 总量的 71.6% 左右，远低于我国的货币供应水平。

2. 日本

2019 年 9 月，日本的广义货币供应量为 1 030.9 万亿日元，相当于 66.1 万亿元人民币左右，比我国要少得多。2019 年，日本的 GDP 总量在 553 万亿日元左右，这就意味着其货币供应量已达到全年 GDP 总量的 1.86 倍，略低于我国水平。

3. 欧洲

2019 年 9 月，德国广义货币供应量为 3.14 万亿欧元左右，相当于 24.26 万亿元人民币，只有我国的 1/8 左右。2019 年上半年德国的 GDP 总量为 16 868 亿欧元，按照上半年的 GDP 增速，全年 GDP 在 3.47 万亿欧元左右。可见，德国的货币供应量，同样比全年的 GDP 总量少，大概是 GDP 总量的 90%。

此外，英国、法国的广义货币供应量分别为 2.45 万亿英镑和 2.3 万亿欧元，占各自全年 GDP 总量的 110% 和 95%，与德国差不多。

4. 印度

2019 年 10 月，印度的广义货币供应量为 37.6 万亿卢比，相当于 3.68 万亿元人民币，不到我国的一个零头。全年印度的 GDP 总量可达到 210 万亿卢比，这意味着其广义货币的供应量还不到全年 GDP 总量的 20%。

5. 巴西

2019 年 9 月，巴西的货币供应量为 2.95 万亿巴西雷亚尔，折算成人民币相当于 4.98 万亿元左右，刚好相当于我国的一个零头。2019 年上半年巴西的 GDP 总量为 3.49 万亿雷亚尔，根据巴西地理统计局（IBGE）公布的数据，2019 年巴西 GDP 总量为 7.257 万亿雷亚尔（折合 1.62 万亿美元），实现增幅 1.1%，已有货币供应量约占全年 GDP 总量的 40.65%。

6. 俄罗斯

2019 年 9 月，俄罗斯的广义货币供应量为 48.26 万亿卢布，相当于 5.29 万亿元人民币左右。2019 年上半年，俄罗斯的 GDP 总量为 50.7 万亿卢布，按照俄罗斯联邦统计局发布的数据，2019 年俄罗斯名义 GDP 总量约为 109.36 万亿卢布（折合 1.69 万亿美元），实现增幅 1.3%，已有货币供应量约占全年 GDP 的 44.13%。

从以上几个国家可以看出，无论是在总的货币供应量，还是货币供应量与 GDP 总量的比值上，我国都是最高的一个。

我国之所以未发生严重的通货膨胀，一方面是因为我国货币体系不断完善，另一方面则是因为我国稳健的消费市场。由于我国居民比较喜欢储蓄，虽然储蓄可以直接变成现实购买力，但只要货币一直存在银行不取出，就不会成为购买力，也就不会推动物价上涨了。

资料来源：根据希财网相关报道整理，https://www.csai.cn/，2019-11-12.

启发问题

1. 分析自新中国成立特别是改革开放以来，我国货币政策的主要内容与特点。
2. 讨论我国防范金融风险和通货膨胀的宏观政策及措施。

8.1 国际供应链金融的发展背景

在国际贸易领域，以国际贸易业务为依托供应链金融与国际贸易实现融合，主要通过"电子化网络平台＋票据"模式进行融资，突破了传统供应链金融通过第三方物流企业来控制商品物权的限制。融资企业向商业银行传输融资所需要的财务信息、交易信息、结算信息等电子化信息，商业银行通过传递的电子化信息来决定是否发放信贷资金，并控制信贷资金的风险。计春阳等研究了港口企业供应链金融模式的演化过程，提出了互联网背景下的港口企业供应链金融未来将向"产业互联网平台＋供应链金融"的产业平台生态及"技术服务平台＋供应链金融"的技术平台生态等方向发展。

◢ 8.1.1 国际贸易的资金特征

国际贸易与国内贸易一样，属于商品交换的范畴，但国际贸易是在多个国家与地区间进行，所以相对于国内的贸易，呈现出以下特性：第一，国际贸易的开展贯穿于世界各个国家和地区，由于各个国家和地区间有着不同的贸易机制以及政策、语言、文化、社会习俗等方面的差异性，所以国际贸易涉及的问题较为复杂；第二，需要长时间、长距离的运输，交易量大，所以交易双方承担较大的风险；第三，国际局势、双边关系、经济变化等都会对国际贸易产生影响，风险点多；第四，需要诸多部门的配合及协作，如保险、运输、商检、银行、海关等，过程复杂。

国际贸易出口环节多、所需时间长。一般来说，出口贸易产品的生产制造需要60天，产品从离开卖家到买家收到货物需要55天，买家的销售周期需要45天，整个周期需要6个月左右的时间。国际贸易流程如图8-1所示。

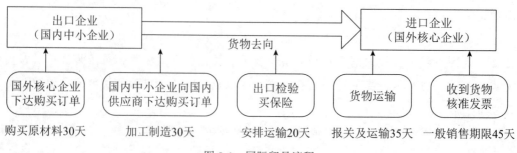

图 8-1　国际贸易流程

8.1.2 我国国际贸易融资需求

根据商务部公布的我国进出口贸易数据来看，我国对外贸易总额保持持续增长的趋势，如表 8-1 和表 8-2 所示。2019 年，在全球经贸整体放缓背景下，我国对外贸易逆势增长，规模创历史新高，实现稳中提质。据商务部统计，2019 年我国进出口总值 315 446 亿元人民币，增长 3.4%。其中出口 172 298 亿元人民币，增长 5%；进口 143 148 亿元人民币，增长 1.6%；贸易顺差 29 150 亿元，增长 25.4%。

表 8-1 2012—2019 年我国货物进出口数据统计表 [1]

年 度	进出口		出 口		进 口	
	金额 / 亿美元	同比 /%	金额 / 亿美元	同比 /%	金额 / 亿美元	同比 /%
2019	45 753.00	-1.0	24 984.10	0.5	20 768.90	-2.8
2018	46 230.40	12.6	24 874.00	9.9	21 356.40	15.8
2017	41 044.70	11.4	22 634.90	7.9	18 409.80	15.9
2016	36 849.30	-6.8	20 974.40	-7.7	15 874.80	-5.5
2015	39 586.40	-8.0	22 765.70	-2.8	16 820.70	-14.1
2014	43 030.40	3.4	23 427.50	6.1	19 602.90	0.4
2013	41 603.30	7.6	22 100.40	7.9	19 502.90	7.3
2012	38 667.60	6.2	20 489.30	7.9	18 178.30	4.3

表 8-2 2012—2019 年我国服务进出口数据统计表

年 度	进出口额		出口额		进口额		差额 / 亿元
	金额 / 亿元	同比 /%	金额 / 亿元	同比 /%	金额 / 亿元	同比 /%	
2019	54 152.9	2.8	19 564.0	8.9	34 588.9	0.4	
2018	52 402	11.5	17 658	14.6	34 744	10.0	
2017	46 991	6.9	15 407	10.7	31 584	5.2	-16 177
2016	43 947	7.9	13 918	2.2	30 030	10.7	-16 112
2015	40 745	1.7	13 617	1.2	27 127	2.0	-13 510
2014	40 053	18.4	13 461	3.4	26 591	27.9	-13 130
2013	33 814	11.2	13 020	2.5	20 794	17.3	-7 774
2012	30 422	2.3	12 699	-4.6	17 722	8.0	-5 023

根据 WTO 数据，2019 年我国货物出口额全球排名第一，为 24 991 亿美元，在全球市场占比约为 13.2%，也是唯一一个实现超过 2 万亿美元货物出口的国家。在进口方面，我国排名第二，为 20 771 亿美元，在全球市场占比约为 10.8%。同时，我国服务业发展潜力不断释放，2019 年我国服务业增加值同比增长 6.9%，服务贸易逆差明显下降。

目前，在国际贸易中我国中小出口企业的融资渠道以银行为主，抵押物占比最大的依然是固定资产，如图 8-2 所示。

---

[1] 资料来源：中华人民共和国商务部商务数据中心，http://data.mofcom.gov.cn/index.shtml.

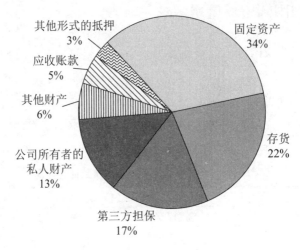

图 8-2 中小企业融资抵押物种类

▲ 8.1.3 国际贸易结算和贸易融资方式

2004 年 6 日颁布的《巴塞尔协议 II》对贸易融资进行了明确界定，主要指在商品交易期间通过对结构化短期融资工具的运用，在商品交易基础上所发生的资产融资活动，融资资产包括预付款、存货、应收账款等。在进出口贸易背景下，银行为出口贸易企业所提供的资金便利统称为国际贸易融资，表现为针对国际结算的诸多环节，金融机构在国际结算工具、贸易单据等诸多媒介的基础上，以进出口贸易下的款项收付为保障，将资金融通、金融服务、信用保证等提供给出口贸易企业和上下游企业。在国际结算的诸多环节中，进出口企业都会对资金有需求，如出口企业购买原材料、生产产品、销售产品，进口企业购买产品、销售产品，在这些环节中为了减少资金压力、加速资金周转，企业一般会寻求有效途径进行融资。因此，国际贸易结算和国际贸易融资存在密切联系，外贸企业的贸易过程都会涉及此活动，它们属于国际结算的延伸与拓展，旨在使得外贸企业的资金压力得到有效缓解。

国际贸易融资主要有信用证打包放款、出口押汇、福费廷和供应链融资等方式。

（1）信用证打包放款。出口商向银行申请贷款所使用的抵押物为供货合同与进口方银行所开具的信用证明，出口商凭此获得流动周转资金，融资期限一般在 6 个月以内，融资额度限定于信用证金额的 80% 以内，这一短期融资方式在当前国际贸易中应用广泛。

（2）出口押汇。出口押汇是指在出口商发运货物之后，将单据提交银行，银行在审核单证相符后，在开证行对未付单据付款之前，先向出口商付款，再凭全部单据向进口商收回贷款本息的融资行为。抵押物是代表货权的单据，银行享有追索权。融资期限一般在 6 个月以内，这一融资模式适用于那些规模有限，但是业务基本稳定的外贸企业。

（3）福费廷（Forfeiting）。福费廷即未偿债务买卖，也称包买票据或票据买断。通过无追索权的形式，把那些已经被进口企业承兑，一般是进口企业所处区域银行所担保的远期汇票、本票售卖给金融机构。福费廷广泛应用于延期付款的大型设备贸易，一般的承兑期限在半年至五六年，甚至更长，是出口企业提前取得现款的一种资金融通方式。运用此方法往往要求担保行进行担保或者出具保函，相比其他融资方式，福费廷利率更高，但能够获得长达 10 年的期限，是一种中长期融资工具。

（4）供应链融资。供应链融资模式是银行在有效整合国际贸易业务的物流、信息流及资金流的基础上，将贸易融资服务提供给处于供应链的上下游企业。供应链内的核心企业是金融机构的切入点所在，借助核心企业的信用延伸，可提供融资服务给供应链内企业间应收应付、存储、物流及预收预付等贸易活动。

国际贸易融资结算方式比较如表 8-3 所示。

表 8-3　国际贸易融资结算方式比较

融资结算方式	装船前的融资方式	装船后的融资方式	支持装船后融资方式	费用（高，中，低）	融资成本
信用证打包放款	否	是	是	高	低
出口押汇	否	是	是	中	高
福费廷	否	是	是	中	中
供应链融资	是	是	是	低	中

8.2　国际供应链金融概述

8.2.1　国际供应链金融的兴起

在经济全球化背景下，供应链成了世界贸易和全球市场竞争的主要载体。随着信息技术、"互联网+"以及现代交通的快速发展，世界经济格局分工不断深化，全球产业也朝着经济一体化方向发展，上下游企业间互相交融，把各国经济联系在一起，形成了世界范围内的产业供应链，并逐渐发展成为成熟的国际供应链体系。国际供应链金融（global supply chain finance，GSCF）是建立在国际供应链基础之上的一种创新型金融形式，它将国际票据流、国际信息流、国际资金流有机地联系在一起。国际供应链金融资金是流淌在全球供应链体系中的血液，它能够为全球供应链体系提供及时便利的融资支持，滋养全球产业供应链上的企业，促进各国贸易往来，加深产业链企业间的深度合作，并能在一定程度上规避企业间贸易与融资风险，更好地为各国中小企业服务。

随着全球供应链的不断深化与发展，赊销已成为国际贸易广泛采用的结算方式。赊销结算方式在国际贸易中已成为一种常态，加剧了买方企业的资金压力，进一步影响贸易双方的经济关系。因此，以物流企业为主导的国际供应链金融应运而生，物流企业可以利用自身所掌握的客户关系和抵押货物的准确信息的优势，向卖方提供短期的应收账款融资服务。另外，伴随着供应链的发展，第三方物流机构也蓬勃发展起来，很多大型企业不仅将生产职能分离出来，而且将一些服务职能也外包出去。物流企业不仅扮演着运输的角色，还在一定意义上起到了金融机构的作用，这使得物流业发展前景广阔、商机无限。

国内外一些大型设备制造的供应链往往呈现出单笔交易额很大、融资困难、成交量少的特点，这样的贸易特点给买方带来了很大的资金压力，同时卖方的订单量也会因此减少。在这种情况下，以企业集团合作为导向的供应链金融应运而生，大型设备制造方可以为买方提供融资租赁、设备租赁等服务，一来可以把自己的产品销售出去，二来可以在垫付货款的同时收取一定的利息。

改革开放以来，我国利率市场化和直接融资市场都取得了很大的发展，这些金融改革给银行的业务发展也带来了很大的影响。由于存贷款利率的市场化，银行不仅要考虑融资风险，还要把成本考虑进来，这样很多银行就把融资对象转向中小企业，信贷资源在大型企业和中小企业之间进行良性的配置。另外，近些年我国大力发展债券市场，以企业的债券融资为主要渠道的直接融资在我国的金融市场上快速发展，许多大型优质企业可以选择的融资渠道增加。从资金的成本方面考虑，这些大型优质企业不再只是单纯从银行获得贷款，一部分企业也转向金融市场筹措资金，这样可能出现金融脱媒现象，即商业银行的存贷款规模下降，大量资金流向银行系统之外。这种情况促使商业银行等金融机构开始调整经营战略，将中小企业也逐渐纳入其客户群。国际贸易业务领域是商业银行服务的目标市场之一。在国际贸易中，大型优质企业一直是银行争夺的目标市场，而中小企业不能提供符合标准的固定资产抵押，加之企业资信及信息的不完全或不透明，使得银行一直以来都忽视国际贸易中中小企业用户的开发。银行以国际供应链金融中的大中型生产制造企业或贸易企业作为授信担保的核心，在不同的国际贸易结算方式下，运用得到的货物或者应收账款等授信支持性资产与融资产品相捆绑的方式，为中小企业提供融资服务方案。因此，金融改革带来的利率市场化和直接融资发展，使得商业银行为国际贸易中中小企业提供金融服务和产品成为一种趋势。

我国拥有世界上最成熟的产业供应链，并与世界其他国家的企业共同形成完整的产业链上下游。但是，我国的国际供应链金融发展相对滞后，不能有效地为我国国际产业链的发展提供有力的支撑。改革开放以来，我国银行等金融机构以及一些非银行业金融机构在国内金融市场发展迅速，涌现出多家标杆企业，如中国工商银行目前位居全球商业银行综合排名第一名。但是，我国金融机构在国际业务的发展上还落后于美国与西欧等金融机构同行。在国际供应链金融业务方面，目前全球国际供应链金融业务的总额大约在 2 750 亿美元，每年的业务量按照 10% 左右的速度递增。中国拥有全球范围内最成熟的国际供应链体系，但是国际供应链金融业务却被牢牢地掌握在欧美发达国家金融机构的手中。国际供应链金融业务最佳商业银行包括美国花旗银行、美国摩根银行、德国德意志银行、西班牙桑坦德银行，最佳非银机构包括美国互联网供应链金融平台 Prime Revenue（PR）、Orbian 和 Ariba 等。

当前，国内国际双循环发展格局为我国发展国际供应链金融创造了良好的政策环境。一方面，立足于我国的现实情况，学习和借鉴发达国家发展国际供应链金融的经验，并且结合我国国内供应链金融发展经验，提出可行的发展模式与路径；另一方面，可以充分发挥我国的产业优势以及银行类金融机构占融资市场主导地位的优势，形成强强联手的国际供应链金融格局，参与世界范围内国际供应链金融分工与协作，争取在全球国际供应链金融领域的话语权，促进全球产业格局优化，引导中国乃至全球产业供应链的健康发展。

8.2.2　国际供应链金融的特点

国际供应链金融与传统融资模式相比，它克服了企业融资的某些缺陷，同时也吸收了传统融资模式的一些优点。但是从根本上来说，国际供应链融资是对传统金融的根本性创新，而不只是在产品形式上的一次创新。

1. 国际供应链金融与传统金融的比较

相对于传统的融资方式，国际供应链金融业务在信用评级对象、授信主体、抵押担保物、融资成本等方面都有着很大的不同，如表 8-4 所示。

表 8-4　国际供应链金融与传统金融的比较

区别项目	国际供应链金融	传 统 金 融
信用评级对象	整条供应链 / 单个企业	单个企业
评级方式	主体评级 / 债项评级	主体评级
评级范围	整条供应链	单个企业
授信主体	整条供应链 / 单个企业	单个企业
抵押担保物	以商业票据为主	以不动产质押为主、动产为辅
风险控制方法	实时动态风险控制	静态控制
动态风险控制难易度	容易	较难
金融服务效率	简单、直接、高效，适合中小企业短、频、快的融资需求	程序复杂、办理时间长、手续烦琐
融资成本	低	高
融资服务对象	整条供应链	单个企业
融资目的	解决整条供应链资金流动方案	单个企业资金流动
银行等金融机构参与度	高	低

（1）在信用评级对象上，基于供应链金融对整条供应链的运行情况和整体实力进行考核，供应链金融区别于传统融资方式仅能为一家进出口企业提供融资，而是可以为整条供应链上的多家企业提供融资服务。

（2）在授信评估上，供应链金融对核心企业的资质进行评估，这对进出口中小企业进行信用评估起到了增级的作用。在评估内容上，区别于传统融资方式仅对需要融资的企业的财务状况、市场风险以及信用状况进行评估，供应链金融采取综合的方式进行考量，从整条供应链的整体运行情况出发，对核心企业的实力状况、管理水平、信用状况、与融资企业的贸易往来情况都进行综合分析，大大提高了上下游中小微企业获得融资的机会，降低了融资企业的成本。

（3）在抵押担保物上，相对于传统融资侧重于评估融资企业的不动产水平，供应链金融则强调以核心企业为授信的中心，侧重于评估融资企业在贸易往来中的存货或应收账款等动产、权益等，以此作为抵押而获得融资。因此，国际供应链金融既可以提供装船前融资服务以及装船后的融资服务，还可以提供覆盖贸易全过程的组合融资方案，综合考虑国际贸易结算方式、汇率水平、境内外融资价格等因素的影响。

（4）在融资成本上，一方面，进出口中小企业有供应链上的核心企业提供担保，省去了部分高昂的融资的利息费用；另一方面，与其他的融资方式相比，供应链金融的融资成本相对较低。例如，在国际贸易中常见的打包贷款方式，它是一种装船前短期融资，出口方所在地的银行为了能让出口企业顺利交付货物，向收到符合规定标准的信用证的企业提供采购、生产和装运的专项融资，这里信用证支持装船前融资，信用证项下的融资成本较低，但是开立信用证的费用高昂，所以选择国际供应链金融可以大大降低融资成本。

（5）在融资安全性上，供应链金融与传统融资的主要区别是资金授信使用的特定化。供应链金融是以融资企业与核心企业的真实贸易往来为背景提供的融资服务。在信用结构上，融资具有针对性，不论是以应收账款还是以保兑仓下存货做抵押申请的融资，都会因货物在未来一段时间内的结算而有货款支付，并以该支付的货款偿还银行。所以说，供应链金融具有还款来源于自偿的性质，这对还款起到了一定的保障作用。

2. 国际供应链金融的优势

国际供应链金融相对于传统金融来说，具有自身的特点和优势，特别是在对融资时间流、融资成本流以及融资条件和风险控制方法的改善等方面尤为突出。相对于传统的企业融资来说，国际供应链金融在许多方面存在差异，一方面，降低了中小企业的融资条件以及融资成本；另一方面，提高了金融机构的风险预警能力和风险承受能力。对于中小企业和金融机构来说，国际供应链金融是一种"双赢互惠"的创新性金融产品，是融资借贷双方的共同选择。国际供应链金融不是对传统金融模式单一方面的改进，而是系统性的设计方案，它在很多方面克服了传统金融的"顽疾"，是对传统金融"质"

的提高，更好地满足了经济全球化的发展需要，并为全球供应链的建立和完善提供支持。

（1）国际供应链金融对时间流的改善。对于一个企业来说，有效的资金运作就是要减少现金流量周转日期、加快资金周转速度，这就意味着在假定存货周转日期不变的情况下，需要减少应收账款周转日期和增加应付账款周转日期。企业现金流量周期模型是衡量一个企业资金运作效率的重要模型，按照 Andrew Bury 的研究成果，现金流量周转日期是由应收账款周转日期、存货周转日期、应付账款周转日期三者共同决定的，可以表示为

$$CCC=（DSO+DIO）-DPO$$

式中，CCC 为现金流量周转日期（cash to cash cycle）；DSO 为应收账款周转日期（days sales outstanding）；DIO 为存货周转日期（days inventory outstanding）；DPO 为应付账款周转日期（days payables outstanding）。

国际供应链金融可以有效解决国际贸易活动中企业现金流量周期长、周转速度慢的问题。在一般情况下，出口商企业的应收账款周转日期至少在 60 天以上，但是通过国际供应链金融的运作，可以将 DSO 缩短到 30 天以内；同时，可以增加进口商的应付账款周转日期，对时间流进行改善。

（2）国际供应链金融对资金流的影响。国际供应链金融有利于资金流的改善，主要体现在：一是因为进口商可以延后支付商品货款，国际供应链金融可以为进口商节省资金成本；二是出口商可以更低的成本及时融资；三是国际互联网等新型技术带来的成本节省。

8.2.3　发展国际供应链金融的条件

1. 建立供应链金融信息管理系统

由于供应链金融业务所涉及的各主体超越国境，业务空间跨度大，金融机构为了能够第一时间获得供应链上的各主体动态情况及贸易进展情况的信息，通过建立专业化的信息平台，满足国际物流企业与金融机构之间的数据交换，可以科学把握质押物的动态价值变化。

通过信息平台专区建设可以促进供应链企业之间的信息共享。例如，供应链企业交流专区、供应链企业与物流服务企业的物流信息专区，有效地解决了传统贸易中由于信息传输渠道少、信息共享有限等引发的信息不对称问题。

通过信息平台进一步促进专业化分工。例如，银行可以尝试将部分业务分包出去，只控制核心业务。将非核心业务如质押物的评估、监管等业务分包出去，交给物流企业去做，一方面可以减少银行的控制成本，提高银行的工作效率；另一方面，有利于发挥专业化分工的优势，促进国际供应链金融的发展。

2. 执行国际供应链金融统一的授信制度

国际供应链金融在授信评估上，应建立联合审批授信制度，以多方面因素综合考虑的方式来提供授信。由于不同国家各类企业的复杂性，在进行授信时容易仅考虑融资中小企业自身的信用情况，或者仅考虑供应链上核心企业的信用状况，而忽视上下游企业的还款能力以及供应链金融所依据的真实贸易情况。因此，开展国际供应链金融授信的前提条件是建立联合审批授信制度。将单一企业的调查情况、核心企业的整体实力、对跨国企业的授信标准以及整条供应链的运行稳固性整合在一起，分门别类地进行调查分析和综合考虑，为供应链上的一家企业或者多家企业提供融资服务业务。

3. 仓单的规范性建设

目前，我国物流企业使用的仓单无统一的规范标准，为了保证仓单在国际业务中的可靠性和真实性，需要统一规范仓单标准，并且对物流机构的违约赔偿标准设定统一的规范制度，才能有效承接国际供应链金融相关物流业务。

4. 遵循国际供应链金融相关法律法规

由于世界各国法律法规制度体系的差异性，客观上要求金融机构全面系统掌握相关的法律法规。一方面，在国际供应链金融业务中，由于质押物跨越国境，金融机构的法律部门需要全面了解有关抵押物权、担保物权所涉及的《联合国独立担保与备用信用证公约》等法律法规，对金融资产的安全性、各种金融产品的适用性开展全面分析和评估；另一方面，在国际供应链金融业务实施过程中，因涉及多方主体的利益，各关系主体应当充分了解《联合国国际货物销售合同公约》《民法典》相关条款。

金融机构的法律部门应设立办理国际业务的法律事务管理机构，专门协调或解决各种诉讼，针对出现的违约行为要严格加强对抵押物等资产的控制，从而保护金融机构在国际金融业务中的合法权益，有效规避法律风险。

8.3 班轮运输供应链金融

8.3.1 班轮供应链融资的特征

班轮公司是依据法律规定设立的船舶运输企业，凭借自身拥有或者经营的船舶，提供国际港口之间班轮运输服务。班轮运输具有以下特点。

拓展阅读 8.1
国际航运
中心的发展

（1）船舶行驶的航线、停靠的港口都是固定的。

（2）船舶按船期表航行，船舶开航、到港时间都较为固定。

（3）船公司按照预先公布的班轮运价表收取运费，运费率相对固定。

（4）在班轮运费中包括装卸费用，由船方负担。

（5）班轮承运货物比较灵活，不论货物多少，只要有舱位都能接受装运（少量、件杂货）。

班轮的定时、定点、定价特征为供应链金融服务提供了保障。随着全球贸易的日益增长，通过班轮公司开展供应链融资业务也越来越广泛。

从国际贸易的实践来看，可以参与融资的方式包括订单融资和应收账款融资，如图 8-3 所示。

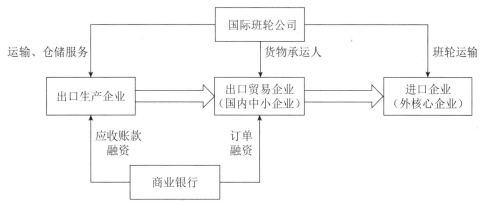

图 8-3 国际贸易供应链融资方式

应收账款融资是指货物生产销售后且货款回收前，为了解决生产资金占用问题，通过应收账款抵押或转让的途径筹措资金的方式。从生产销售环节来看，应收账款处于链条的末端，相对于生产环节的融资来说风险比较低，而且产品的销售往往涉及产品的运输、存储等物流服务，班轮公司在开展应收账款融资的业务中占有优势，可以为客户提供基本的运输、仓储服务以及融资结算等高附加值的金融服务，从而提升自身的竞争能力。

相对于传统的供应链融资来说，班轮供应链融资通常具有以下特征。

（1）国外核心企业委托班轮公司负责国际贸易的物流服务。

（2）众多中小企业作为供货商，向国外核心企业提供货物。

（3）采用离岸价（free on board，FOB）贸易条款。

（4）结算方式为电汇 90 天，也就是货交承运人后 90 天付款。

8.3.2 融资方案设计

通过班轮公司开展供应链融资业务，融资对象是国际贸易中中小企业的应收账款。班轮公司通过自有资金融资，融资的抵押物是处于供应链中的货物，融资的周期一般是 90 天。班轮供应链应收账款融资方案的流程如图 8-4 所示。

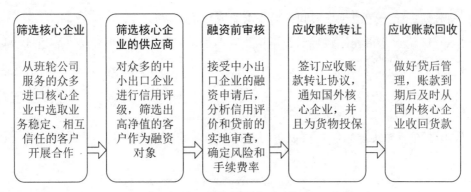

图 8-4　班轮供应链应收账款融资方案的流程

（1）从现在的核心客户中筛选出业务量稳定、成长性好的进口企业。

（2）对核心企业供货的出口企业进行信用评价，评价的依据包括业务量、合作时间、业务频率、合作的表现。依据历史交易记录进行出口企业的聚类分析，从聚类的结果中选择高净值的客户作为融资对象。

（3）向出口企业提供融资服务，在接到融资申请后，进行融资前审核。

（4）审核通过后，签订应收账款转让协议，通知核心企业确认，然后放款。

（5）在应收账款到期后，向核心企业收回欠款。

8.3.3　常用的融资模式

班轮公司开展供应链融资业务，可以与信用证融资、信用担保相结合从而形成不同的融资业务，通过比较业务流程和操作的便利性以选择适合的融资参与方式。

（1）基于信用证的融资：需要中小企业在交货完成后，收集齐货运单据向银行押汇，银行先行垫付，信用证到期后买方付款赎单，然后提货。如图 8-5 所示，信用证融资涉及 5 家企业总计 12 个步骤，流程复杂，时间长，费用高。班轮公司除了物流业务，不能取得其他收入。

（2）基于信用担保的融资：班轮公司为客户提供信用担保，借助银行资金进行供应链金融服务的模式下，银行与国外采购企业并没有直接的业务往来。中小出口企业需要在应收账款收回后，返还融资贷款给银行。班轮公司基于信用担保的融资操作相对复杂，对于资金比较缺乏的班轮公司来说，这是一种可行的解决方案，融资流程如图 8-6 所示。

（3）基于自有资金的融资：班轮公司通过自有资金提供供应链融资服务更加便捷。出口企业首先向班轮公司交付承运的出口货物，并与班轮公司签订应收账款转让合同后，班轮公司即支付货款给出口企业并通知国外采购企业，待应收账款到期后，班轮公司再向国外采购企业收回欠款，融资流程如图 8-7 所示。

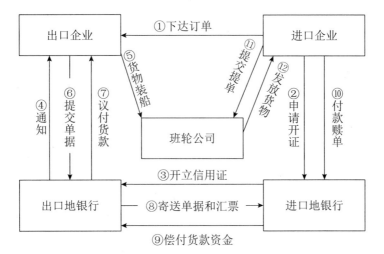

图 8-5　基于信用证融资的流程

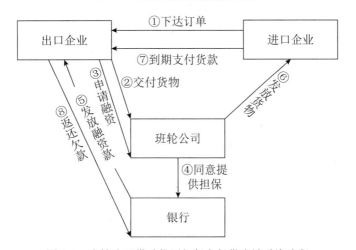

图 8-6　班轮公司借助信用担保参与供应链融资流程

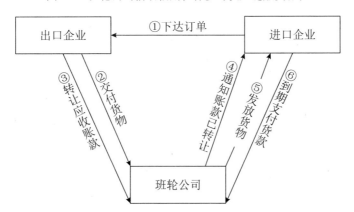

图 8-7　班轮公司基于自有资金参与供应链融资流程

8.4 保税港区供应链金融

8.4.1 保税港区的概念与特征

保税港区（free trade zone）是指借鉴国际上自由港区的经验，设立在港口和与之相连区域的特定的海关监管区域，具有港口、物流、加工、展示等功能，可享受保税物流园区和出口加工区的相关优惠政策，是目前我国对外开放层次最高的特殊经济功能区。

保税港区是我国继经济特区、经济技术开发、国家高新技术产业开发区之后，经国务院批准设立的经济性区域。由于保税港区按照国际惯例运作，实行比其他开放地区更为灵活优惠的政策，已成为中国与国际市场接轨的"桥头堡"。因此，保税港区在发展建设伊始就成为国内外客商密切关注的焦点。

保税港区是一国海关设置的或经海关批准注册、受海关监督和管理的可以较长时间存储商品的区域，是经国务院批准设立的、海关实施特殊监管的经济区域。保税港区具有进出口加工、国际贸易、保税仓储商品展示等功能，享有"免证、免税、保税"政策，实行"境内关外"运作方式，是中国对外开放程度最高、运作机制最便捷、政策最优惠的经济区域之一。

保税港区能便利转口贸易，可增加有关收入。运入保税港区的货物可以进行储存、改装、分类、混合、展览，以及加工制造，但必须处于海关监管范围内。外国商品存入保税港区，不必缴纳进口关税，并且可自由出口，只需交纳存储费和少量费用，但如果要进入关境则需交纳关税。

我国保税港区除一般保税港区基本功能外，还具有以下特征。

（1）保税港区作为国际物流和航运中心，可以通过推动区港联动，实现一体化运作，在保税港区内提供现代的、专业化的物流服务，适应现代物流和供应链管理发展的需要，帮助跨国公司降低经营成本。

（2）保税港区作为贸易自由化与便利化的先行区，与其他区域相比，具有更大的开放度，在免关税上更加完善，在实施贸易与投资自由化方面更能率先与 WTO 的规则全面接轨。

（3）保税港区作为区域经济的发动机，也是对外开放和参与国际分工的平台，通过与区内、区外进行垂直专业化或水平专业化，可形成产业之间的联系，积极融入全球供应链。

（4）保税港区作为金融开放和资本运筹的中心，可以广泛开展物流金融、供应链金融服务，以及离岸金融、外汇改革等金融开放的试点工作。

◢ 8.4.2　保税供应链金融的概念

随着经济全球化的跨越式发展和我国各类特区的设立及其相应功能的完善，保税供应链金融及其运营模式不断涌现，通过以保税供应链金融服务为纽带，实现供应链系统中物流、资金流及信息流完美整合与协同运行。

保税供应链金融是指在特殊区域内，利用海关、国检等监管部门实行的"境内关外"制度，以及商务、税务、外汇、市场监督等部门的特殊政策，运用国际范围内的结算、融资、保险等金融服务工具，为保税加工企业及所在供应链系统提供融资服务，促进信息流、物流和资金流的协同共享，使全球供应链合作伙伴真正实现"多赢"。保税供应链金融需要有机结合保税供应链企业的资金需求，设计保税供应链金融的具体运营模式，从而更好地服务于特殊区域内企业的保税供应链金融实际运营。

保税供应链金融是基于我国保税功能应运而生。基于保税港区的特征，保税供应链金融具有以下特点：首先，在保税港区域内的企业享有"免证、免税、保税"政策，实行"境内关外"运作方式；其次，在保税港区域内的企业除享有一系列优惠政策外，还可以通过金融机构申请一定额度的融资，即企业可享受双重优惠政策，从而为企业解决一系列的融资难问题。

◢ 8.4.3　保税供应链金融协同机制

在保税供应链金融运营过程中，各个参与主体相互影响，进行资金运作效率协同及技术协同，同时在保税港区所提供的进口保税、出口退税、免税及免征政策等优惠政策驱动下，各个参与主体相互协同，共同促进保税供应链金融协同运营，如图8-8所示。

（1）运营协作机制。作为保税供应链金融协同运营的序参量，资金运作效率的高低直接影响保税供应链金融有效运营的水平。不同参与主体在保税供应链金融运营中相互协作。对于金融机构而言，承担着向核心企业、上下游中小企业、物流服务商及供货商提供融资服务的责任，从而解决其融资难问题；对于核心企业而言，当自身遇到融资难问题时，可以向金融机构申请一定额度的资金，缓解资金压力，同时也可以提高自身在金融机构的信誉度，将申请的资金发放给上下游中小企业，解决其融资难问题；对于供货商及上下游中小企业而言，可以通过仓单质押等融资模式向金融机构申请贷款，解决自身融资难问题；对于物流服务商而言，可通过自身的运输设备及仓库等进行质押，向金融机构申请贷款，从而缓解自身融资难问题；对于金融监管部门而言，应时刻与金融部门保持联系，监控金融机构资金流向，分析资金运作情况，并在可能出现问题时向金融机构提出解决对策。

因此，在保税供应链金融协同运营过程中，各个参与主体之间的资金流往来密切、资金形式多样，依靠各个主体自身特点，通过充分利用各类融资模式，加快整条供应链资金运作速度，从而提高资金的运作效率，使各方都能受益，尽可能实现自身利益最大化。

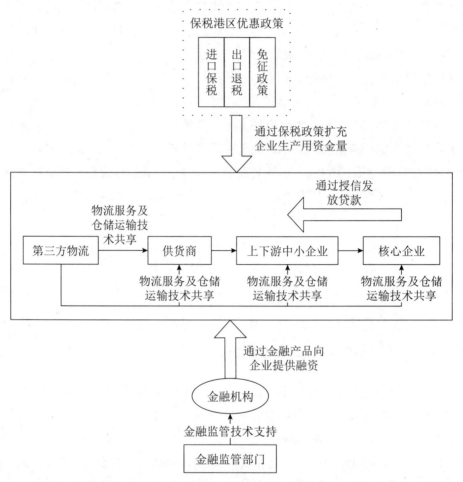

图 8-8　保税供应链金融协同运营机制

（2）技术共享机制。作为保税供应链金融协同运营的序参量，技术共享的程度直接影响核心企业、上下游中小企业及供货商的生产及服务水平，从而影响整条供应链的生产运作及服务速度，提高技术共享的程度对于保税供应链金融有效地协同运营至关重要。在保税供应链金融服务中，相比核心企业、上下游中小企业及供货商而言，第三方物流企业在仓储管理及运输管理方面的技术更为专业，并且供货商、核心企业及上下游中小企业本身具备一定规模的仓储，第三方物流企业可以实现与各方共享仓储及运输管理。金融监管部门可以凭借各种共享信息和数据，加强对金融市场的了解，及时指导金融机构规避金融风险。因此，在保税供应链金融协同运营过程中，各个参与主体通过技术共享机制进一步提高了整条供应链的运营效率，提升供应链的市场竞争能力并有效防范各种金融风险。

（3）政策共享机制。保税供应链金融各个参与主体均享受保税港区提供的保税政策。首先，物流服务商、供货商、上下游中小企业及核心企业享受从境外进区的设备、原材料、基建物资和自用合理数量的办公用品等免征进口关税政策；企业生产用燃料、建设生产厂房、仓储设施所需的物资、设备，予以免税；制成品及边角料、残次品、余料、废料销往境外免征出口关税；企业出口加工产品不征收增值税、消费税。其次，供货商、上下游中小企业及核心企业从境外进口用于生产的设备享受进口保税政策。最后，核心企业（包括本地核心企业及跨国核心企业）所生产的产品进行出口业务时，享受出口退税政策，同时货物可以在综合保税港区和其他国家之间自由进出，除国家另有规定外，不需配额和许可证，海关不实行《登记手册》管理。

1. 简述国际贸易供应链融资方式及其特征。

2. 分析班轮运输在供应链金融服务中的作用。

3. 分析国际供应链金融在风险管控、融资策略、激励机制等方面的特征及其重点。

4. 某贸易企业拟申请存货质押融资，当前市场上氧化铝在现货市场上的价格呈走高的趋势，所以对氧化铝采取 70% 的质押率。如果银行的风险敞口为 3 000 万元，目前的平均进口到岸价为 1 万元 / 吨，那么供应链融资业务中最低的控货数量为多少？

5.《2021 年政府工作报告》中明确提出了"实行高水平对外开放，促进外贸外资稳中提质"，请讨论我国保税港区在服务对外贸易和促进对外开放方面的功能与作用。

中国银行推行 BPO 数字结算方式

为应对全球贸易结算中赊销占比持续上升，传统信用证和跟单托收结算业务下降的趋势，全球银行业金融电讯协会（Society for Worldwide Interbank Financial Telecommunications，SWIFT）联合国际商会银行委员会（International Chamber of Commerce，ICC）共同推出银行付款承诺（bank payment obligation，BPO），并作为国际结算创新方式之一。双方在 BPO 的创造和推广中作出了很多贡献。SWIFT 组织基于云技术专门开发了贸易服务设施平台（trade service utility，TSU），构建了 BPO 的系统架构。同时，与 ICC 共同制定《银行付款责任统一规则》（*Uniform Rules for Bank Payment Obligation*，URBPO），为 BPO 业务的市场推广提供了权威的规则。

1. BPO 的定义

BPO 是指买方银行或者其他付款银行在 TSU 平台中作出承诺,当卖方银行录入 TSU 的贸易单据信息与之前录入并核实的订单信息相匹配时,即承担付款责任。BPO 为全球贸易提供了一种新的结算方式,具有极高的数据安全性和使用便捷度,兼具付款保证、风险缓释和可作为融资的担保三大功能,为企业在国际市场提升谈判地位增加了筹码。

BPO 是 SWIFT TSU 上的一个功能选项。TSU 限于银行间使用 ISO 20022 标准报文格式对订单、发票、运输单据、保险单据和其他证明等交易和单据信息进行传递,ISO 20022 标准可同时支持中、英文信息。双方银行提交的信息在 TSU 中的交易匹配应用平台(transaction matching application,TMA)进行自动匹配。因此,BPO 本身具备很高的安全性和便捷性。BPO 既是应对赊销趋势的产物,也是传统国际结算方式的补充,对于促进国内国际双循环发展格局具有特别的意义。

2. BPO 的运行机制

BPO 是基于买卖双方达成的交易,买卖双方银行通过 TSU 对交易相关的电子数据进行交换和处理,并依据 URBPO 基于电子数据匹配成功或者虽未匹配成功,但买方接受这一结果的情形,由买方银行履行银行付款责任,从而完成交易双方的支付。BPO 业务流程具体可分为三个阶段,如图 8-9 所示。

3. BPO 的特点

与信用证和赊销的运行机制进行对比,BPO 具有明显的数字化特征,利用该平台,商业银行有更多机会参与到赊销交易,并通过可获取的合同信息、单据信息掌握交易的主要环节,为买卖双方提供资金融资参考。

在《供应链金融技术的标准定义》中,ICC 认为 BPO 这一创新的支付工具为跨境供应链金融提供了实践框架。

(1)操作程序简单、结算过程快。相比信用证、托收等传统结算方式,银行不再承担信用证开立、审核单据、邮寄纸质单据等工作,在 BPO 方式下,仅仅需要在指定平台传递电子贸易信息,实现了结算过程的电子化、无纸化,结算速度优势明显。

(2)出口商收汇更安全。BPO 结算方式下,只要出口商在发货后提交的数据与之前建立的基线匹配,出口商银行将自动承担付款责任。而在信用证结算方式下,单据可能存在不符点被开证行拒付,相比而言出口商收汇更安全。

(3)提供更多融资机会。基于付款行对收款行不可撤销的承诺,BPO 在赊销贸易中提供供应链金融解决方案有着巨大的潜力。特别是延期付款 BPO,为买卖双方在交易整个过程中提供了更多供应链融资机会,也为参与银行创造了装运前、后各阶段金融服务商机。一旦进口商银行的付款承诺生效,出口商凭借银行担保更容易申请福费廷、贴现等融资以获得出口商银行的资金支持。

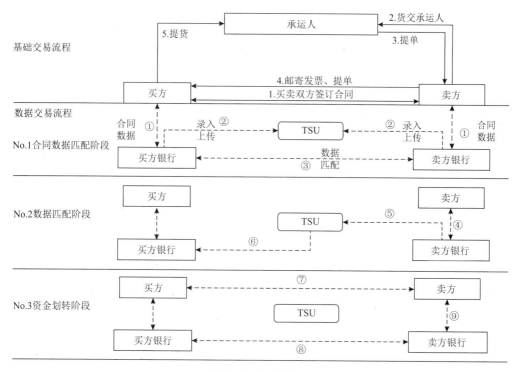

图 8-9　BPO 业务流程

注：① 买卖双方签订贸易合同，并提取合同中约定的交易数据分别提供给各自银行。

② 买卖双方银行分别将获得的交易数据录入 TSU。

③ 数据提交至 TSU，进行第一次匹配，买卖方银行将得到匹配结果，直到双方数据匹配成功。

④ 卖方按合同发货后，将发票、提单等单据信息提供给卖方银行。

⑤ 卖方银行将获得的单据信息录入 TSU，平台自动与先前建立的基线进行匹配。

⑥ 系统完成第二次匹配后，自动将结果反馈给买卖方银行，由银行再向各自客户反馈。

⑦ 匹配成功（或虽然匹配不成功，但买方接受不匹配这种情形），卖方将发票、提单等单据直寄买方，买方凭此提货并办理相关入关手续。

⑧ 买方银行于付款日期向卖方银行付款。

⑨ 卖方银行收款后将款项贷记到卖方账户，贸易结算完成。

4. 中国银行 BPO 的推广应用

2007 年 6 月，中国银行注册成为 TSU 会员，同年 10 月，上海市分行办理国内首笔 TSU 业务，也是国内首家完成 BPO 业务的银行。2008 年 8 月，深圳市分行办理首笔 TSU 业务。2009 年 4 月，签署全球首份 TSU 项下银行间协议，同年 9 月，中银香港成为 TSU 会员；2010 年 4 月，上海市分行办理全球首笔 TSU 项下 BPO 融资业务，同年 10 月，江苏分行完成全球首笔 TSU 项下订单融资业务及 TSU BPO 项下出口商业发票贴现业务；2012 年 4 月，中国银行派员参加 URBPO 顾问组，作为中国区唯一代表，对 URBPO 各稿提供专业意见；2013 年 2 月，与东京三菱、渣打等 6 家银行完成

URBPO 规则测试，2013 年 5 月开始，在 URBPO 框架下与东京三菱、暹罗银行等同业开展 BPO 业务合作及研讨。截至 2014 年 3 月底，中国银行国际贸易项下 TSU/BPO 累计业务量超过 875 万美元，国内贸易项下 TSU/BPO 累计业务量超过 2 亿元人民币，如表 8-5 所示。

表 8-5　中国银行 BPO 业务统计

地区	国内贸易累计笔数	国内贸易累计金额（万元人民币）	国际贸易累计笔数	国际贸易累计金额（万美元）	备　注
山东			73	450	与南非标准、东京三菱银行开展合作
浙江	11	16 000	32	150	全球首笔 TSU/BPO 项下议付、融易达、福费廷业务
广东	2	5 000	2	100	全球首笔 TSU/BPO 项下买方押汇业务
江苏			8	125	全球首笔 TSU/BPO 项下订单融资、出口商贴业务
上海	4	1 500	7	50	国内首笔 TSU/BPO 业务，全球首笔 TSU/BPO 买方银行业务
合计	17	22 500	122	875	

总之，BPO 是跨境供应链金融实现的一种重要媒介。一方面，BPO 综合了传统信用证的特点，将商业信用转为银行信用，卖方收款安全性更高，获得卖方银行融资的可能性更大；另一方面，BPO 模式通过买卖双方银行的参与，对客户和交易的信息收集、风险把控、业务追踪等更加安全、可靠。

资料来源：林清胜，周星. BPO 结算的拓展和使用 [J]. 中国金融，2014（13）：49-50.

分析问题

1. 在国内国际双循环发展格局中，分析 BPO 结算对于我国进出口贸易的影响。

2. 讨论推行 BPO 数字结算对于提升我国跨境供应链企业市场竞争力的作用。

3. 分析 BPO 数字结算的主要风险影响因素以及管控措施。

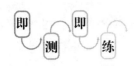

第三部分

未来与展望篇

在"互联网+"背景下，供应链金融在服务
创新、风险管控、质押对象拓展等方面都得到
了全面提升，本部分将重点介绍供应链金融的
创新模式和未来发展方向，为金融服务实践和
学术研究提供参考。

第9章 "互联网＋"供应链金融

1. 了解在"互联网＋"背景下大数据、人工智能等先进信息技术对供应链金融的深刻影响，分析供应链金融的未来发展方向。

2. 了解供应链金融与电子商务和国际贸易的融合发展趋势，以及对于创新融资服务和服务实体经济的影响。

3. 掌握供应链金融与电子商务和国际贸易的融合发展模式的特征及风控要点。

2020全球逐力金融新基建

大数据、云计算、人工智能、区块链等前沿技术推动了数字经济、数字社会的发展，带来了海量的新需求，不断助推各行各业中原有的基础设施转型升级。2020年国务院《政府工作报告》中提出，重点支持"两新一重"，即新型基础设施，新型城镇化，交通、水利等重大工程建设。

在金融行业，金融业是实体经济及各行各业发展的基础之一，为了顺应数字经济与数字社会的发展需求，金融行业亟待开展数字化的转型升级，从根本上要求金融业的基础设施也能适应新型金融业态、模式或服务的需要。在这个时代背景下，"金融新基建"应运而生。2020年3月5日，中央全面深化改革委员会第十次会议审议通过了人民银行、国家发展改革委等联合印发的《统筹监管金融基础设施工作方案》，吹响了"金融新基建"的号角。

金融基础设施，狭义而言，等同于金融市场基础设施，侧重于金融市场交易的硬件设施；广义而言，金融基础设施则涉及金融稳定运行的各个方面，包括金融市场硬件设施以及金融法律法规、会计制度、信息披露原则、社会信用环境等制度安排。

作为国家金融体系的重要组成,金融基础设施在连接金融机构、保障市场运行、服务实体经济、防范金融风险等方面发挥着至关重要的作用,其建设和发展水平直接关系能否更好发挥金融功能、推动经济高质量发展。金融新基建的"新",一方面体现在如何有效利用新型的前沿技术优化传统的金融市场硬件设施,另一方面体现在如何革新现有的制度、原则和法规以适应新型金融服务的需求等。

自 2008 年次贷危机后,加强金融市场基础设施的统筹监管就成了国际金融监管改革的重要内容之一。国际清算银行(Bank for International Settlements,BIS)、国际支付与结算委员会(Committee on Payment and Settlement Systems,CPSS)和国际证监会组织(International Organization of Securities Commissions,IOSCO)于 2012 年发布的《金融市场基础设施原则》(*Principles for Financial Market Infrastructures*,PFMI)中,亦将金融市场基础设施划分为五大主要领域:支付系统(payment system)、中央证券存管(central securities depository)、中央对手方(central counterparty)、证券结算系统(securities settlement system)、交易数据库(trade repository)。

2020 年 3 月 5 日,为加强金融基础设施建设,统筹监管重要金融基础设施,提高服务实体经济水平和防控金融风险能力,经中央全面深化改革委员会第十次会议审议通过,人民银行、国家发展改革委、财政部、银保监会、证监会、国家外汇局联合印发了《统筹监管金融基础设施工作方案》,该方案侧重于金融市场交易的硬件设施,其中包括金融资产登记托管系统、清算结算系统(含开展集中清算业务的中央对手方)、交易设施、交易报告库、重要支付系统、基础征信系统等六类设施及其运营机构。

从价值上看,PFMI 制定了包括中国在内的成员国认定的各类金融市场基础设施,PFMI 为构建安全高效的全球金融市场提供了一套国际通行标准,有助于这个多边系统保持活力,进而更好地实现金融稳定。在金融基础设施中,支付清算系统是金融活动的基础,征信系统是现代金融体系稳定运行的支撑,账户体系是资金活动的起点和终点,而开立账户体系所依赖的客户识别原则和系统是金融机构履行反洗钱、反恐怖融资义务的重要部分。这些基础设施通过彼此之间的协调适配,支撑了金融市场的健康稳定运行。

我国金融监管架构实行机构监管、行为监管和功能监管相结合。在我国金融监管体系中,政府部门不断优化在金融基础设施方面的战略规划,扎实推进金融供给侧结构性改革,引导金融回归服务实体经济的本质,进一步促进了我国普惠金融和金融创新的发展,表现为金融服务的可得性、金融产品与服务质量等方面,特别是在支付系统和基础征信系统两个重要金融市场基础设施领域,实现了科技与业务的深度融合,达到国际领先水平。

资料来源:根据未央网相关报道整理,https://www.weiyangx.com/367687.html,2020-08-11。

启发问题

1. 分析我国实施新型基础设施建设对于提高我国社会经济发展水平的战略意义。

2. 讨论我国金融监管体系在新型基础设施建设中的机遇与挑战。

供应链金融与信息技术的融合日益凸显，信息技术对于供应链金融的作用主要表现在两个方面：一是信息技术的应用进一步消除了供应链企业的信息不对称，并为风险识别与风险防控提供了新的手段；二是金融服务的虚拟化、在线化，在加强服务便利性的同时也增加了企业商业数据风险和个人隐私风险，需要应用信息技术防控供应链融资风险。同时，信息技术加速企业商业模式创新和金融科技的发展，促进了供应链金融的全面创新。

随着"互联网＋"深入发展，供应链企业之间的交易变得越来越频繁，效率越来越高，供应链企业的融资需求也更加强烈，金融竞争成为供应链竞争的重要内容之一。供应链金融从"1+N"模式不断发展成"N+N"模式。传统的供应链金融"1+N"模式围绕供应链上的一家"核心企业"，为"N"个有关联的中小企业提供融资担保，以提高中小企业的信用评级。在"互联网＋"背景下，供应链金融辐射到全产业，发展成为"N+N"模式，即供应链金融服务对象包括产业链或供应链的核心生产商、交易平台、上游供应商、下游经销商及终端客户等。例如，中信银行与海尔集团旗下日日顺平台合作开展供应链网络金融服务，为中小企业提供融资、支付、结算服务，并且为消费者提供便捷融资和支付服务，同时借助大数据分析控制风险；民生银行聚焦行业解决方案，建立农业现代金融事业部，为茶叶和石材产业开展供应链金融服务。供应链金融与互联网金融深度融合，实现了信息流、资金流、商流和物流的整合与协同。

9.1 线上供应链金融的概念与作用

供应链金融经历了从线下到线上的发展过程。随着企业线上业务发展，如线上采购、结算、开具电子发票和电子订单，企业对资金的需求推动了线上供应链金融的进一步发展。线上供应链金融拥有交易成本低、流程简化、操作便捷、信息获取方便等优势，成为解决中小企业融资难的渠道之一。早在 2018 年 10 月，上海银行就正式推出"上行 e 链"在线供应链金融服务平台。相较传统的供应链金融，"上行 e 链"通过引入区块链技术，实现核心企业信用的可拆分、可组合支付，从而将核心企业的信用延展到二级、三级、四级供应商，据此上游供应商可通过债权贴现获取资金，使得服务客户从核心客户延展至多层级供应商。同时，围绕核心企业全球产业链，与上海银行股东桑坦德银行共同在"上行 e 链"平台上提供完整的全球服务解决方案，实现了从开户、合同签订到放款的全业务流程线上化，并利用大数据技术打造智能风控体系，减少人工的干预，实现批量获客、审批和动态贷后管理，快速响应企业的融资需求。

一方面，电商企业成为供应链金融的新业态。阿里巴巴、京东、苏宁等获得小额贷款牌照的电商企业纷纷涉足金融领域，为基于电商平台进行贸易的中小企业提供纯信用贷款和供应链融资服务。支付宝向淘宝卖家推出小微贷款客户端，提供订单贷款、随借随还等服务功能，卖家可以随时随地查询贷款余额、进行还款操作，服务小微企业超过 70 万家，不良率小于 1%。京东也推出了"京保贝"的快速融资业务，与此前和银行合作为供应商贷款的模式不同，"京保贝"运用京东自有资金，京东供应商可以凭借采购、销售等财务数据直接获得融资，放款周期从 1 天缩短到 3 分钟。

另一方面，银行积极拓展在线供应链金融服务。在与第三方电子商务平台合作开展线上供应链金融服务的同时，建行、工行、交行等多家商业银行纷纷自建电子商城，发展网络消费者订单贷款、应收账款网络保理、供应商订单融资等多种供应链融资服务。

9.1.1　线上供应链金融的概念

线上供应链金融本质上是供应链金融业务的线上化实现模式，它是以互联网信息技术为载体，以数字证书加密、认证技术为保障，依托电子签名法，通过银企信息系统的无缝对接，在企业信息流、商流、物流的基础上，依据不同的贸易环节植入银行、基金、信托等金融机构以及互联网金融平台等类金融机构提供的互联网金融产品与服务，从而实现信息流、商流、物流和资金流四流一体化，最终通过全程在线模式实现授信管理、开户管理、借款申请、协议签署、贷款审批、放款管理、还本付息等各环节的业务流程，满足供应链核心企业及其上下游企业的金融需求。

1. 线上供应链金融的特点

线上供应链金融通过信息化协同合作，提供在线融资交易、在线支付交易、在线电子商务交易和在线物流与供应链管理等服务。线上供应链金融更强调多方的共同参与，从企业真实需求出发，考虑整个供应链的利益，使得中小企业的地位得以提升。随着大数据、云计算、区块链、人工智能等技术的发展，供应链核心企业、上下游中小企业、电商平台、物流企业等参与者都可以获得更丰富、真实的动态化数据资源。

线上供应链金融主要具有以下三个特点。

（1）服务主体多元化。商业银行不再是供应链金融产品与服务提供的绝对主体，更多的市场主体结合自身业务特点和行业优势，参与到产品与服务的提供，如信托公司、电商平台、P2P 平台、第三方支付公司等。

（2）效益整体化。线上供应链金融将供应链上每一个参与主体都紧密联系在了一起，在实际的运行过程中各个因素彼此独立却又相互影响，每一个部分的变化都会使总体效益发生改变。

（3）发展动态化。互联网技术日新月异，企业的需求也在随着客观环境而不断调整，主要体现在社会资源配置的调整和社会利益关系的更迭上。为了适应这种发展，线上供应链金融也必须不断完善已有模式或创造新的服务模式来保证整个供应链上参与者的高效业务运转。

2. 线上供应链金融的参与主体

随着从线下到线上的模式转换，供应链金融的参与主体也在发生着变化，主要包括三大类：资金供给端、资产需求端和第三方服务平台。资金供给端主要包括银行、互联网借贷平台、小贷公司、保理公司、融资租赁公司等金融机构及类金融机构；资产需求端主要包括核心企业及其上下游企业；第三方服务平台主要包括物流公司、供应链管理公司、B2B 电子商务平台、第三方信息协作服务平台等。

线上供应链金融业务的主导方可以是以上各类主体，而不再单单是银行主导，而每类主体主导的线上供应链金融业务，都有着各自的特点和流程。

◢ 9.1.2　线上供应链金融的作用

相较于传统线下供应链金融服务，利用互联网技术开展线上供应链服务，免去了复杂的人工手续，节省了时间，流程更加简捷。线上供应链金融具有以下作用。

（1）实现"融资在线"与"信息透明"功能。通过观察企业在平台上的经营行为，为企业提供所需信息和服务，让供应链金融的整个流程透明化。

（2）为用户提供精准服务。互联网时代下的供应链金融服务能够有效避免同质化竞争，不仅实现银行供应链金融产品差异化，也能实现服务平台差异化，利用互联网技术分析行业、用户、交易特征，进一步对用户进行精准定位，在产品、服务和流程等方面体现出银行自身特色，最终给用户提供专属的供应链金融服务。

（3）有效防范金融风险。互联网时代下，大数据技术替代了抵押或质押，风控体系更加稳健，即使单个企业达不到银行的风控标准，但只要与核心企业存在持续稳定的贸易往来，也能从银行获得所需资金，实现供应链金融服务风控革命性创新。同时，进一步扩大了供应链金融服务范围，利用大数据征信系统，可以更准确地掌握企业信用情况，方便高效地缓解中小企业融资难的局面。

（4）降低企业运营成本并提升产业效率。斯坦福大学在 "*Financial Flows & Supply Chain Efficiency*" 报告中指出，自动化的放款解决方案有利于改善供应链体系，包括降低订单采购成本、优化付款和单据处理流程、降低收款成本和缩短应收账款周转期、提升产业链资金流的透明度、降低应收账款和应付账款账期的不确定性等，有利于企业规划自身的经营，减少运营资金的需求。

（5）为产业互联网平台发展提供空间。产业互联网平台成为供应链金融的"核心企业"，其面对的是整个行业而非单个核心企业。以互联网平台为核心的模式可以集结更多上下游企业，且信息的共享使得应收账款等动产的质押更加可行，应收账款质押占比增大，为进一步提升企业应收账款管理效率创造了条件。

9.2 银行线上供应链金融

在信息化发展进程中，我国商业银行积极推出各种在线金融服务平台，建设自己的电商平台，并对在平台上交易的企业提供供应链金融服务，如中国银行的聪明购、招商银行的非常 e 购。

9.2.1 银行线上供应链金融的特点

银行供应链金融 Web 2.0 是传统线上供应链金融服务模式的全面升级。银行供应链金融 Web 2.0 具有以下特点。

（1）金融服务的线上化。银行供应链金融将传统银行工作场景线上化，整合与衔接各个参与主体，建立商流、物流与资金流无缝衔接的工作流程，实现融资过程的线上化。

（2）多方信息的透明化。银行供应链金融能够将银行、核心企业、上下游中小企业与物流企业之间碎片化的信息进行整合与共享，银行通过各参与主体在线上供应链金融系统上留下的痕迹，为各参与主体整合所有信息并提供增值服务，消除各主体之间的信息不对称，让供应链管理过程透明化。

（3）信息授权共享。供应链金融 Web 2.0 具有信息授权共享的独特优势，可以使核心企业随时掌握供应链上下游中小企业的融资、库存等信息，促进供应链健康发展，以及构建商业银行对供应链客户全方位、多层次、全流程的线上金融服务体系。

银行供应链金融 Web 2.0 可实现金融服务的"在线可得"与多方信息的"清晰可见"两大功能。

（1）银行供应链金融在线整合与衔接各方流程，建立商务、资金服务与物流服务无缝衔接的高速工作通道，让融资"在线可得"。

（2）银行供应链金融可实现银行、核心企业与上下游企业、物流伙伴之间分散信息的整合与共享，通过企业在平台上留下的"痕迹"信息，为企业整合所需信息、提供增值服务，让供应链管理与服务"清晰可见"。

9.2.2 银行线上供应链金融的推广应用

近年来，在"互联网+"背景下，各商业银行纷纷推出供应链金融 Web 2.0 产品，供应链金融业务从"线下"转战"线上"。目前，民生、光大、平安、招商、中信、兴业、建设等多家商业银行已经实现了从"线下手工处理"到"线上多系统集成"的转变。表9-1给出了部分商业银行推出的供应链金融产品。

表 9-1 部分商业银行推出的供应链金融产品

商业银行	供应链金融产品	服务功能
民生银行	保理及供应链融资系统	保理业务和非标准仓单业务均实现了从"线下手工处理"到"线上多系统集成"
光大银行	汽车供应链金融线上融资系统	为汽车行业客户提供在线融资交易、各类信息查询和物流管理服务
平安银行	供应链金融 2.0	涵盖了预付线上融资、存货线上融资、线上反向保理、电子仓单质押线上融资、核心企业协同、增值信息服务、公司金卫士等服务
招商银行	智慧供应链金融平台	为核心企业和上下游企业提供专业化与定制化服务，企业在该平台上可以自助申请贷款，系统实时审批，自动放款
中信银行	新一代电子供应链金融	提供电子化、网络化、自动化的供应链金融服务，功能涵盖供应链管理、订货计划管理、收款及发货管理、融资管理、资金管理、质物管理、信息共享、风险预警等众多方面

9.3 互联网金融与供应链金融融合发展

9.3.1 互联网金融与供应链金融的关系

互联网金融是指以互联网等现代信息科技为手段，通过移动支付、社交网络、搜索引擎、云计算等技术创新的金融服务模式，它是不同于商业银行间接融资和资本市场直接融资的第三种金融融资模式。互联网金融主要包括第三方支付、P2P贷款、供应链金融、众筹融资、互联网整合销售金融产品、互联网货币等。线上供应链金融是供应链金融的高级阶段，是互联网金融的重要组成部分。供应链金融与互联网金融的关系如图9-1所示。

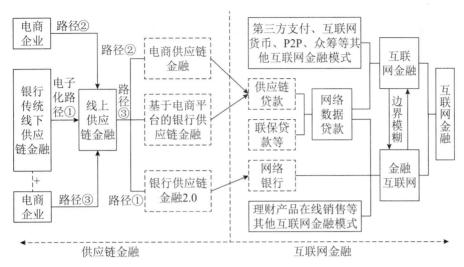

图 9-1 供应链金融与互联网金融的关系

◢ 9.3.2 互联网金融与供应链金融融合发展模式

随着金融和互联网的相互渗透与融合，传统供应链金融可以演进为互联网金融，并且包含了多种金融业务。融合发展的主要模式如下。

（1）传统线下供应链金融的电子化。目前，诸多商业银行推出的供应链金融 2.0 系统，实现了传统供应链金融"1+N"模式的在线操作，此种模式对应于互联网金融中的网络银行服务。

（2）电商供应链金融。部分电商企业获得小额贷款牌照后，基于其运营的电子商务网站，独立开展网商供应链融资服务，放贷资金来自电商企业。

（3）基于电商平台的银行供应链金融。银行为了进一步拓展供应链金融服务范围，与电商企业合作推出线上供应链金融服务，解决网商贸易融资问题，其放贷资金来自银行。电商供应链金融和基于电商平台的银行供应链金融，分别与互联网金融中"网络数据贷款"和"供应链贷款"相对应。

供应链金融融合发展模式在参与主体、资金来源、目标客户等方面具有不同的特征，如表 9-2 所示。

表 9-2 供应链金融融合发展模式的特征

模 式 分 类	参 与 主 体	资 金 来 源	目 标 客 户
传统线下供应链金融电子化	银行	银行	传统线下企业为主
电商供应链金融	电商企业	电商企业旗下的小贷公司	网商、网络消费者
基于电商平台的银行供应链金融	银行 + 电商企业	银行	网商、网络消费者

9.4 基于电商平台的供应链金融

电子商务与供应链金融业务相互渗透是供应链融资业务线上化发展的必然趋势。电子商务的快速发展，进一步促进了供应链金融的推广和应用，涌现出了电商平台供应链金融服务。阿里巴巴、苏宁、京东先后获得"小贷牌照"，并先后成立浙江阿里小贷、重庆阿里小贷、重庆苏宁小贷、京汇小贷等"小贷公司"，不断拓展供应链金融业务。阿里巴巴的供应链融资服务主要是淘宝贷款中的订单融资业务，主要包括天猫卖家订单贷款和淘宝卖家订单贷款两类，阿里巴巴 B2B 平台上推出的企业贷款以信用贷款为主；京东、苏宁作为商城式 B2C 平台，积极为供应商应收账款融资。各种电商平台积极开展个人消费融资服务，为信用良好的买家提供分期付款、"打白条"等多种融资选择，如天猫的分期付款、京东推出的"京东白条"等，以解决电子商务融资问题。

【案例 9-1】　　　　　　　　网商银行服务小微企业

网商银行是由蚂蚁金服作为大股东发起设立的中国第一家核心系统基于云计算架构的商业银行。它作为银监会批准的中国首批 5 家民营银行之一，于 2015 年 6 月 25 日正式开业，致力于服务中小企业。根据浙江网商银行官网数据可知，网商银行较传统银行服务效率提升明显，如表 9-3 和表 9-4 所示。

表 9-3　2016—2017 年网商银行服务小微企业情况

项目	2016 年	2017 年
累计发放贷款 / 亿元	879	4 468
累计服务客户 / 万户	277	571
户均贷款余额 / 万元	1.5	2.8

表 9-4　网商银行与传统小额贷款公司比较

比 较 指 标	网 商 银 行	传统小额贷款公司
运营成本	2.3 元	2 000 元
单笔授信成本	0.02 ～ 0.1 元	100 元以上
网审批周期	最快几分钟	最快 3 天
不良贷款率	1% 左右	1% ～ 3%

网商银行在服务小微企业方面取得较好成绩的原因之一就是借助阿里体系的农村淘宝、天猫商城等销售平台，完成农产品生产、流通过程涉及的交易活动，同时为农业产业链上的参与主体提供综合金融服务。网商银行也通过一系列技术实现了"310"模式（即 3 分钟申贷、1 秒放款、全程 0 人工介入），24 小时线上实时响应。蚂蚁金服农产品供应链融资贷款通过网商银行发放。

蚂蚁金服农产品供应链融资模式如图 9-2 所示。基于阿里生态的蚂蚁金服农产品供应链融资模式，通过"互联网信贷＋保险＋龙头企业＋电商"提供从贷款融资到最终产品销售的各种服务，打通优质农产品上行与品质农资下行渠道，并依托阿里电商生态（如农村淘宝、天猫、菜鸟网络等）协同管控农产品的生产、物流、销售环节。蚂蚁金服农产品供应链融资为农村用户提供的贷款成本低，一定规模的农业经营主体，其年均综合融资成本率一般是 12%。

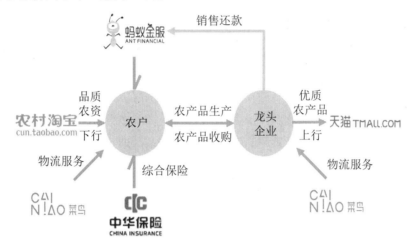

图 9-2　蚂蚁金服农产品供应链融资模式

基于电商平台的供应链金融模式分类如图 9-3 所示，其中五角星★标记表示在实践中银行开展的供应链金融模式。基于自营电商平台的供应链金融模式包括应收账款网络保理、电子订单卖方融资、电子订单买方融资、消费者订单融资与卖家订单融资，基于第三方电商平台的供应链金融模式主要有供应商应收账款融资、电子仓单质押融资、应收账款网络保理、电子订单卖方融资、电子订单买方融资等。

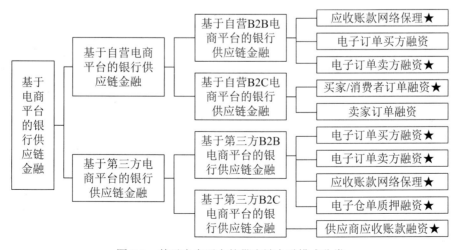

图 9-3　基于电商平台的供应链金融模式分类

随着金融领域供给侧改革的不断深化，越来越多的商业银行向供应链的商流、信息流延伸，尝试跨界新领域，自建或者与第三方电子商务平台合作开展线上供应链金融。

◢ 9.4.1 电子订单融资

在互联网时代，动产质押供应链金融服务进一步降低了业务成本，提高了效率。电子订单融资作为一种新型融资模式，通过建立供应链核心企业的担保机制，利用电子商务平台的优势，提升了供应链金融的服务效率，降低了银行的信贷风险。电子订单融资具备"金额小、时效性强、无抵押"等特点。例如，建设银行与敦煌网、金银岛等合作推出的电子仓单融资业务和电子订单融资业务。

电子订单供应链金融模式是中小企业凭借在电子商务平台上与核心企业的电子订单为担保，向商业银行申请贷款的业务模式。电子订单融资业务的优点是中小企业无须提供质押物，凭借与电子商务平台良好的合作关系，通过电子商务平台上的交易信息分析，就能够真实反映交易的可信度，提升供应链融资服务能力，缓解上游供应商的生产资金短缺问题和下游分销商临时购货时的资金压力。电子订单融资模式分为卖方模式和买方模式，即上游贷款生产模式和下游贷款买货模式。

1. 卖方模式

基于电子订单卖方模式的供应链融资流程如图9-4所示。

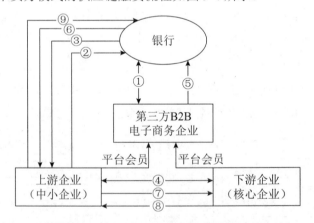

图9-4　基于电子订单卖方模式的供应链融资流程

注：① 为了实现信息共享，降低信息不对称的影响，电子商务企业与商业银行签订合作协议，通过平台上企业之间的交易记录来进行电子信用评级，协助商业银行对融资中小企业信用水平进行全面评价。

② 中小企业在电子商务平台上报名，申请商业银行的授信，并提交相应的材料。

③ 商业银行对中小企业的材料及电商平台上相关数据进行审核，在线实施相应额度的授信。

④ 买卖双方在电子商务平台上进行交易，生成电子订单。

⑤ 中小企业通过电子商务平台将电子订单详情发给商业银行，通过电子订单申请贷款。

⑥ 商业银行根据电子订单和授信额度发放一定的贷款给中小企业。

⑦ 中小企业取得资金，安排生产，按照合同约定日期和数量交付货物。

⑧ 核心企业支付货款。

⑨ 中小企业用货款偿还贷款本金和利息。

2. 买方模式

基于电子订单买方模式的供应链融资流程如图 9-5 所示。

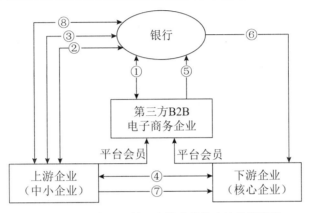

图 9-5　基于电子订单买方模式的供应链融资流程

注：① 商业银行与电子商务企业签订协议，通过平台数据与资源共享实现电子信用评级，提高商业银行对融资中小企业信用水平的辨识度。

② 中小企业在互联网供应链金融平台上报名，申请商业银行的授信，并提交相应的材料。

③ 商业银行对中小企业的材料及电商平台上相关数据进行审核，在线实施相应额度的授信。

④ 买卖双方在电子商务平台上进行交易，生成电子订单。

⑤ 中小企业通过电子商务平台将电子订单发给商业银行，通过电子订单申请贷款。

⑥ 商业银行代替中小企业支付货款给核心企业。

⑦ 核心企业按照合同约定日期和数量发放货物。

⑧ 中小企业按照和商业银行的约定定期还本付息。

电子订单融资模式与传统订单融资模式有一定的区别和联系，如表 9-5 所示。

表 9-5　电子订单融资模式与传统订单融资模式比较

对比内容	传统订单融资模式	电子订单融资模式
目标客户	以中大型企业为主	包括中小企业在内的整个供应链上的企业
参与主体	银行、融资企业、核心企业、物流企业	银行、融资企业、核心企业、物流企业、电商企业（电商平台）
融资方式	1 对 1 单独授信	1 对 N 批量授信
信息共享	监控成本较高，不能实现各方信息共享	多方信息共享，提高效率，解决信息不对称的问题
融资额度	单次融资额度较小	单次融资额度相对较大
融资效率	纸质资料，效率较低	电子资料，线上操作

续表

对比内容	传统订单融资模式	电子订单融资模式
授信过程	复杂烦琐,银行各级审批,时间较长	B2B平台审核,实时完成授信
风险监管	银行难以亲为,难度较大	B2B电商平台实时监管企业,预警更及时
订单模式	线下签订,费时费力	网上下单,生成电子订单

拓展阅读9.1
电子订单
融资策略

基于自营 B2B、B2C 的电商平台,以电子订单提供融资服务,具体业务流程如图 9-6 和图 9-7 所示。

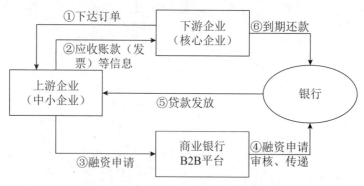

图 9-6 基于自营 B2B 电商平台的供应链金融

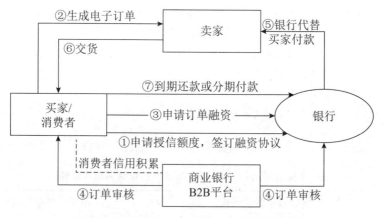

图 9-7 基于自营 B2C 电商平台的供应链金融

9.4.2 电子仓单质押融资

电子仓单质押融资不仅仅是将传统质押融资模式平台化,而是充分利用电子商务平台的数据挖掘及信息共享技术,通过分析平台记录交易数据,形成电子信用评级。物流企业对货物进行监管,通过电子商务平台与物流企业之间的监管协议,协助银行做好贷款风险管理,其融资业务流程如图 9-8 所示。

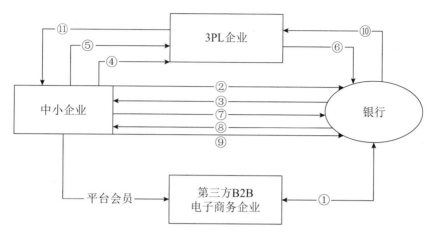

图 9-8　基于 B2B 平台的仓单质押融资模式的业务流程

注：① 银行与电子商务企业签订合作协议，由电子商务平台负责提供综合信息，商业银行负责支付相应的平台使用费用。

② 融资企业在电子商务平台上提交融资申请材料。

③ 商业银行审核申请材料通过后，查看融资企业的电子信用评级，对其在线进行授信。

④ 融资企业在电子商务平台上申请质押货物入库。

⑤ 融资企业根据货物具体信息形成电子仓单，并且将货物运往仓库。

⑥ 物流企业核对电子仓单与货物是否匹配，若准确无误，则向商业银行提交仓单质押申请。

⑦ 融资企业向银行提交贷款申请。

⑧ 根据融资企业的信用额度及质押仓单，商业银行发放贷款。

⑨ 融资企业按时转给商业银行贷款本息，并且提交仓单解押申请。

⑩ 商业银行在线通知物流企业解除货物质押。

⑪ 物流企业核对融资企业提交的提货单，若准确无误，则将货物发放给融资企业。

基于 B2B 电子商务平台的电子仓单质押融资模式与传统质押融资模式有一定的区别和联系，如表 9-6 所示。

表 9-6　电子仓单质押融资模式与传统质押融资模式的区别

对 比 内 容	传统质押融资模式	电子仓单质押融资模式
参与主体	银行、融资企业、物流企业	银行、融资企业、物流企业、电商企业（电商平台）
融资方式	面对面融资	互联网融资
信息评估	银行亲为，消耗人力较大	电子商务平台，依靠信息技术进行评估
融资效率	纸质资料，效率较低	电子资料，线上操作
授信方式	银行各级审批直接授信，复杂烦琐	B2B 平台参与，银行间接授信
风险监管	银行难以亲为，难度较大	B2B 电商平台实时监管企业，预警更及时
签订仓单方式	线下签订，费时费力	网上发送电子仓单

9.5 P2P 平台的供应链金融

▲ 9.5.1 P2P 供应链金融概述

P2P 即个人对个人（伙伴对伙伴）贷款，又称点对点网络借款，属于一种互联网金融产品模式，是将小额资金聚集起来，借贷给有一定资金需求的人群的一种民间小额借贷模式。这种模式借助于互联网以及移动互联网技术建立网络信贷平台，为投资方和资金需求方提供相关的理财和金融服务。P2P 平台可以通过各种方式进入相关行业开展供应链金融业务，并且受国家政策支持、互联网技术以及供应链金融市场潜力等方面的影响。由于我国互联网金融相关法规相对滞后，P2P 模式面临诸如投资风险大、短期诈骗和庞氏骗局多发等问题，严重损害投资人的利益。

P2P 平台与供应链金融的融合，使 P2P 平台的服务对象不再是单一客户，而是一个链条上的客户群体。P2P 平台可以通过供应链逐渐向上下游延伸，建立起长久的合作关系，最终形成对整条供应链群体提供金融服务的经营模式，有效消除或减少 P2P 风险，为投资人以及供应链上各企业提供更佳的投融资服务。

P2P 供应链金融的产生是"互联网＋"发展的必然结果。传统的供应链金融为"1+N"模式，也就是以核心企业为中心，建立一条包括原材料采购、生产加工、销售，并集合供应商、制造商、分销商和零售商的供应链，同时为链上各成员提供融资服务，以此来提高供应链价值。但这一阶段的供应链融资主要是在线下，信息较为闭塞，银行难以评估融资的真实性，容易出现假仓情况，风险很大。

随着供应链金融转移到线上，银行对供应链的监控更加严格，银行与供应链企业之间建立了一个封闭的管理系统，能够更好地掌控企业的现金流，保障还款来源。在电商供应链金融模式下，平台可以实现点对点式的监控，供应链的资金流、物流、商流和信息流都处于闭环管理之中。

电商平台型企业以及核心企业参与供应链金融，可以通过设立小贷公司、担保公司、P2P 平台等多种方式来实现。相比于小贷公司和担保公司，建立 P2P 平台可以说是实现供应链金融业务快速发展的最佳选择。由于核心企业具备多年的行业经验，有专业的信息获取、风险控制技术，而电商平台具有信息优势，掌握了大量交易数据，二者为开展供应链金融服务创造了有利条件。同时，电商平台和核心企业凭借自身优势，可以通过 P2P 平台的方式获取资金来源，为开展供应链金融提供了保障。

◢ 9.5.2　P2P 供应链金融模式

第三方支付和 P2P 融资平台的兴起，催生了新的互联网供应链金融模式。在互联网供应链金融中，资金来源不再局限于银行、电商平台或者核心企业自有资金，也可以通过 P2P 平台面向金融市场上更多的投资者来申请融资。P2P 平台借助自身信息技术优势和风险承受能力，在开展供应链金融业务时更有优势。

开展 P2P 供应链金融业务的方式有很多，包括了核心企业或电商平台自建 P2P 平台或与现有 P2P 平台合作、P2P 平台自行开展供应链金融业务等。其中，核心企业或电商平台开展 P2P 供应链金融业务与一般的核心企业主导的供应链金融和电商供应链金融类似，其区别在于资金来源不同。本书主要介绍 P2P 平台自行开展供应链金融的业务模式。

1. P2P 平台下预付账款融资模式

中小企业在购进核心企业的货物时，核心企业凭借其重要地位会要求中小企业预付部分货款后才发放货物。在预付账款融资模式中，通过引入第三方物流企业，为 P2P 平台及时收回贷款提供保障；在下游中小企业与核心企业签订采购合同后，P2P 平台对于核心企业的信誉等级、贸易往来情况进行调查核实；在中小企业按比例还付贷款之后，由 P2P 平台通知第三方物流企业进行比例交付货物，如图 9-9 所示。

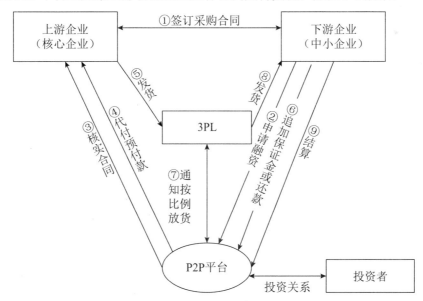

图 9-9　P2P 平台下预付账款融资模式流程

引入第三方物流企业为 P2P 平台提供最新的物流信息以及货物动向，不仅为中小企业注入现金流，还保障了 P2P 平台的资金安全。在 P2P 平台选择合作物流企业时也应当注意物流企业的发展规模与信誉情况，避免物流企业与融资企业伙同骗取资金的行为。

2. P2P 平台下订单融资模式

在中小企业作为核心企业的原材料供应商时，一般需要先向下游核心企业交付原材料，之后才能收回应收账款。在中小企业接受订单之后需要购进材料进行生产加工，这会给中小企业带来资金难题。通过 P2P 平台可以采取订单融资模式，即上游供应商持有与核心企业的订单，向 P2P 平台申请融资，在核心企业同意回购的前提下，P2P平台向中小企业发放贷款，如图 9-10 所示。

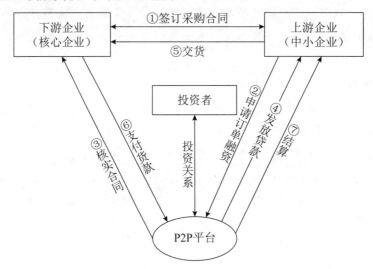

图 9-10　P2P 平台下订单融资模式流程

在订单融资模式中，当 P2P 平台核实合同真实有效性后向上游中小供应商发放贷款，供应商得到相应现金流后再购买原材料以保证生产加工的正常运作；但在还款时，它改变了由下游企业接受货款之后再转给债权人的模式，由核心企业直接将货款转入 P2P平台。

3. P2P 平台下融通仓融资模式

在传统存货质押融资业务中，银行更倾向于以不动产作为抵押或者质押物为企业提供贷款资金。当中小企业处于支付货款和卖出存货期间，企业无现金流流入却需要资金时可以采用融通仓融资模式。在融通仓融资模式中，以存货为质押物为中小企业提供贸易融资。

P2P 平台通过与第三方仓储物流平台合作，由仓储物流平台为 P2P 平台进行存货的储藏与存货价值的估算。在中小企业向仓储物流平台申请后，由物流平台进行存货价值的估算，P2P 平台再根据第三方仓储物流平台的估算结果对中小企业发放贷款。

通过融通仓融资模式可将中小企业一段时间内相对固定的动产转化为现金流，为中小企业融资开辟新渠道，如图 9-11 所示。

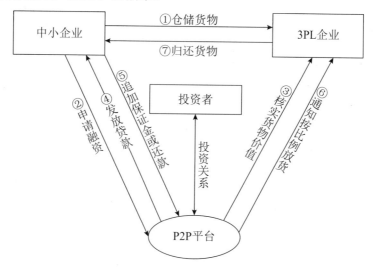

图 9-11　P2P 平台下融通仓融资模式流程

9.6 基于第三方支付企业的供应链金融

第三方支付供应链金融是互联网时代供应链金融的最新商业模式，是在我国支付技术与互联网交易业务不断成熟的基础上产生的，其实质是传统商业银行供应链金融的变革与创新。由于传统商业银行人力资源有限，面对越来越多具有融资需求的企业，传统商业银行已经无法通过自身力量对整个供应链金融进行跟踪与推进，因此需要一个具有更强的互联网业务经营经验的企业来协助传统商业银行完成整个供应链金融运作流程，而第三方支付企业就是最为合适的企业。基于第三方支付企业的供应链金融模式重点在于以第三方支付企业为核心，通过对融资企业的数据分析，以帮助银行作出是否贷款的决策，从而协调银行等金融机构与供应链融资企业的资金需求，如图 9-12 所示。第三方支付企业还可以解决传统商业银行借贷资金相对滞后问题，实现上下游企业借贷资金及时划拨，加快资金流动，提升资金运作与流转效率。

支付宝是我国领先的第三方支付平台，它的快速发展催生了基于第三方支付平台的供应链金融。第三方支付平台凭借自身掌握的大量交易信息，利用信息技术优势广泛开展供应链金融业务。

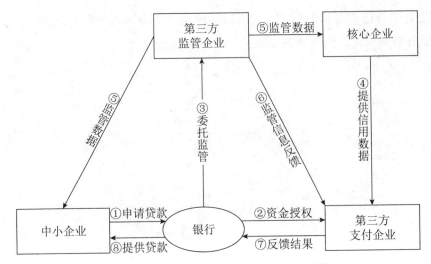

图 9-12　基于第三方支付企业的供应链金融模式

1. 分析大数据和人工智能技术对供应链金融的影响。

2. 讨论"互联网 +"背景下供应链金融发展机遇及创新方向。

3. 分析线上供应链金融的创新之处及其风险管理所面临的挑战。

4. 分析电子订单融资的特征及其风险防控措施。

5. 分析 P2P 供应链金融的风险影响因素及主要风险种类。

京东供应链金融融资

● 京东供应链金融发展概况

京东成立于 1998 年，2014 年 5 月 22 日在纳斯达克挂牌上市，成为目前中国国内四大互联网公司之一，仅次于阿里巴巴、腾讯、百度，是目前我国最大的自营式电商平台。京东商城的迅速发展为京东发展供应链金融业务提供了庞大的客户群体和业务需求。同时，互联网金融业务迅速发展，传统的金融业务面对高速运转的互联网行业逐渐展现出效率滞后的一面，电商平台纷纷开展供应链金融业务，以期为平台解决账期周转中融资难的问题。总之，京东供应链金融业务的产生满足了京东商城的迅速发展需求、京东电子商务平台上合作商户的融资需求以及京东对于开展供应链金融业务的迫切需求。

● 京东供应链金融融资产品及模式

京东金融包括九大业务板块，分别是供应链金融、消费金融、众筹、财富管理、支付、保险、证券、农村金融、金融科技。其中，供应链金融为面向企业端用户的企业金融，其他均为面向个人用户的消费者金融。

京东供应链金融由"银企合作"模式逐步发展成为自有资金经营模式，推出了"京保贝""京小贷"和"动产融资"等金融服务产品。不同的金融产品可满足不同的目标用户需要。

1. "京保贝"融资模式

2013 年 12 月，为了解决京东平台供应商的融资问题，京东金融正式推出第一款 3 分钟融资到账的产品"京保贝"。"京保贝"1.0 阶段的融资过程对应的供应链节点为产品入库，即融资申请必须发生在融资企业将货物放入京东电子商务平台之后。2016 年 3 月，"京保贝"1.0 转型升级为"京保贝"2.0，新的融资过程将供应链节点从入库节点提前至采购节点，目标用户不仅包括京东的供应商，凡是具备应收账款条件的公司，在京东的风控模型上进行设置后都可以进行融资申请。

京东"京保贝"主要涉及的融资模式有两种：一种是应收账款融资，具体可以分为单笔应收账款融资和应收账款池融资两类；另一种是订单融资，具体可以分为单笔订单融资和订单池融资两类。

2. "京小贷"融资模式

"京小贷"是京东金融依托京东大数据于 2014 年 10 月推出的一款为京东开放平台商家提供融资贷款业务的供应链融资产品。该产品的定位是为在京东商城开设店铺的商家提供小额贷款服务，主要有两个子产品，分别是订单贷款和信用贷款。目标用户是在市场监督管理局注册满 1 年并在京东商城上开店时间大于 3 个月（含）的京东开放平台商家。"京小贷"的主要服务对象是京东商城的开放平台商家，这些商家能够满足京东用户群体对优质、有特色的商品的需求。这些商家大部分是中小企业，其资金流相对比较弱，在遇到大量采购需求时，它们往往并没有足够的资金支付给商品供应商完成采购。尤其是在企业的发展初始阶段，这些中小企业一无固定资产，二无沉淀资金，因而无法向金融机构获得企业贷款。而"京小贷"的出现能够很好地缓解这些中小型企业商家的资金压力，京东金融结合京东商城拥有的大量高质量且真实的商家数据确定商家的融资额度并向商家提供贷款，从而帮助企业良好发展。

"京小贷"中主要的融资方式有订单贷款和信用贷款两种。其中，"京小贷"中的订单贷款方式能够释放在途订单金额，加快资金回笼，提高销售周转率，且最高贷款额度能达到 500 万元，其具有秒级放款、日利率低至 0.033%、贷款期限长达 2 个月等特点。而"京小贷"的信用贷款方式结合商家的综合经营情况，包括日常经营数据、销售额、客户对商家的信用评价、商家的产品线等，评定出具体授信额度，其最高贷款额度可达 200 万元，并且提供多种还款方式，最长贷款期限为 12 个月，提前还款零手续费。

3. "动产融资"融资模式

2016 年 9 月，京东推出了新的业务——"动产融资"。京东"动产融资"业务是企业以自有动产（通常为企业具有所有权的货物）作为质押，向京东金融申请贷款。与"京小贷"和"京保贝"不同的是，"动产融资"是京东跳出电商思维的关键一步，"动产融资"产品不仅仅服务于京东电商平台上的企业用户，其目标用户是除了京东电商平台用户以外的全网企业用户。

京东"动产融资"所采用的融资模式是动态质押融资模式，属于融通仓类融资模式的一种。一般情况下，货物是高速流动的，在企业看来，质押贷款和销售盈利之间是天然矛盾的。这是因为货物在质押给金融机构后，为降低金融机构的风险，货物就不可以再动了，但是这种模式又很难被货物流动性大的电商平台企业所接受。通过和先进的仓配企业合作，并应用先进的商品价值估算模型，京东将质押商品的全链条数据牢牢把控，包括从最开始的生产、运输过程，到储存再到销售的所有数据。通过这些数据的交叉关系来进行验证，几乎不可能出现数据造假的情况，从而实现了动态质押。"动产融资"产品的使用流程十分简便，只需要提供简单的企业及法人基础信息资料、销售产品的授权证明等即可。经过大约 6 个工作日审批环节，这期间可能会根据审批力度的不同要求补充部分资料。审批通过申请贷款后，30 分钟之内款项就到达客户网银钱包。2016 年"动产融资"一经上线，就受到了广大企业的认可，单月放贷金额迅速突破 1 亿元。

- 京东供应链金融产品的风险管控

京东是一家专注于贸易和流通的企业，互联网是其重要的载体，其中最重要的则是物流、资金流和信息流。作为电子商务公司，京东具有公开、透明、数据可记载等明显的优点，在面对庞大的用户商家时，京东和商家之间的信息是对称的。在传统的金融业务中，金融机构在向中小企业评估贷款风险时，因为信息的不对称性导致贷款发放审核成本很高，并且坏账风险大。京东充分利用自己电商平台上积累的商家经营各项数据，同时依靠强大的自建物流体系，可以充分掌握商家在供应链上各个环节的重要数据，建立了一套可靠的风控体系。京东的主要风控机制如下。

1. 严格筛选具有信用资格的目标企业

并不是京东所有的自营供应商和开放商家都拥有相关供应链融资产品的使用资格，京东会设置相对应的标准：比如，开店时间至少 3 个月，店铺信用等级良好等，根据这些商家在京东平台上积累的业务数据，筛选出符合标准的商家，给商家开放不同级别的产品使用权限。

2. 基于京东平台大数据构建成熟可信的信用评价模型

京东平台作为供应链中的核心企业，通过在线交易平台掌握了海量的交易数据，其中包含开放平台商家的日常经营数据、财务往来数据、消费者对开放平台商家的评价数据以及京东与供应商的交易数据等，基于云计算和数据挖掘技术处理这些数据能够建立可靠的针对开放平台商家或平台供应商的信用评价模型，通过该模型京东平台能够比较准确地评估商家的资信水平从而决定是否同意融资。

3. 提高商家违约成本

对于自营供应商来说，违约意味着很大可能会失去京东这样一个优质的合作商，这无疑是有害无利的；对于开放平台商家来说，违约很有可能会被京东官方进行关店处罚，这就意味着在京东平台上长期经营所积累的客户评价、客户流量以及知名度都会伴随着违约而全部消失，也就是这个商家将会损失掉未来可能在京东平台获得的收益。不管是平台商家还是自营供应商，这样的违约成本都是无法估量的。

资料来源：方蕤. 京东供应链金融融资模式及对应产品研究 [D]. 天津：天津商业大学，2018.

分析问题

1. 2021 年第十三届全国人大四次会议政府工作报告强调"加快数字化发展，打造数字经济新优势"，分析数字经济对于促进供应链金融发展的影响及作用。

2. 讨论电子商务对于促进供应链上下游企业在资金、物流、信息及技术等方面融合发展的客观需要及服务创新领域。

3. 分析京东供应链金融产品的主要风险及管控措施。

第10章 供应链金融的新发展

1. 了解大数据、人工智能及区块链技术在供应链金融实践中的应用前景。

2. 分析大数据、人工智能及区块链技术在订单质押、货权质押以及数据质押等融资服务中的应用前景。

3. 掌握智慧供应链金融发展趋势及服务模式创新。

企业新"三权"成为企业融资的新渠道

2018年1月至10月，吉林省金融机构通过动产抵押、股权质押、商标专用权质押方式为2 000余户各类市场主体融资1 163.41亿元，有效缓解企业融资难题。全省市场监管部门依据掌握企业登记信息、经营信息、信用信息的资源优势，联合金融管理部门，发挥银企合作的桥梁纽带作用，支持企业以动产抵押、股权质押、商标专用权质押方式将"动产""股权""品牌"变为流动资金，增强企业自主造血能力。

中国力嘉集团有限公司是专门从事铝压铸件、冲压件、塑料制品生产制造、销售及进出口业务的企业，通过动产抵押累计融资超过1亿元。力嘉集团有限公司副董事长叶挺波说，近几年公司新项目不断上马，造成日常流动资金缺口很大，公司用机器设备、模具等动产进行抵押从银行贷款，大大缓解了企业的融资难题。

吉林省进一步完善企业"三权"融资担保服务体系，推动融资担保机构与"三权"融资企业互动交流，引导融资担保机构在业务量较大的市场监管部门设立服务窗口，主动为企业"三权"抵（质）押贷款提供担保服务。

资料来源：根据新华社相关报道整理，http://news.xinhuanet.com/，2018-12-23。

启发问题

1. 分析金融服务创新对于促进我国产业链上中小企业发展的战略意义。

2. 讨论企业在生产经营中各种资产形态及其对融资服务的作用。

10.1　供应链金融发展趋势

10.1.1　供应链金融研究热点

近年来，随着供应链金融应用的不断发展，国内外学者围绕供应链金融开展了深入研究，内容广泛且成果丰硕。根据中国知网（CNKI）数据库统计数据，供应链金融研究的第一篇文献始于 2000 年，2004 年年度研究文献突破 10 篇，2009 年年度研究文献突破 100 篇，达 187 篇，2019 年年度研究文献达 775 篇，如图 10-1 所示。截至 2020 年 7 月，中国知网数据库"全部期刊"中有关"供应链金融"主题的研究文献达 4 885 条，其中"核心期刊"中的相关文献数为 956 条。在国外，英国巴斯大学商学院的 Hall 是最早开始供应链金融研究的学者之一，他在研究英国高速公路的基础设施投资中，积极推行私人融资计划（private finance initiative，PFI）以发挥建筑供应链商家参与投资的积极性。在国内，西北工业大学管理学院杨乃定研究团队将行为金融理论引入供应链库存管理系统，研究解决供应链库存管理问题的行为金融决策，建立了一种以行为投资组合（behavioral portfolio theory，BPT）为核心的库存管理量化控制模型。复旦大学管理学院朱道立研究团队在国内率先提出了供应链金融相关概念，针对物流和金融的集成服务融通仓的出现，全面阐述了融通仓的定义及其系统结构，是国内最早的有关供应链金融的理论系统框架和风险管理方法。

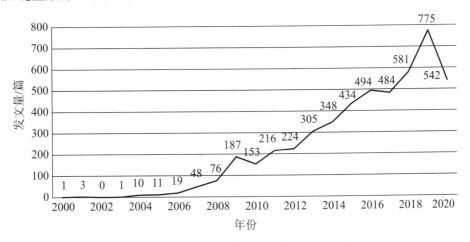

图 10-1　2000—2020 年供应链金融文献数量

针对相关文献的主题进行可视化分析可知，研究论文主题涉及最多的是供应链金融，其余依次为区块链、供应链金融服务、金融科技等主题，如图 10-2 所示。

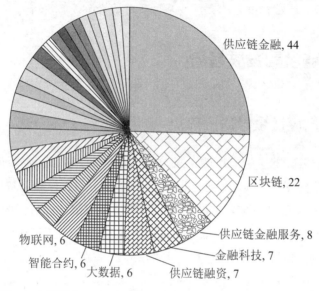

图 10-2 供应链金融文献主题分布

关键词反映研究论文的核心词汇，是表达文献主题的词或词组，也是文献检索的重要标识之一，可以较好反映论文研究内容和方向。通过分析公开发表论文的关键词，可全面剖析供应链金融的研究重点和发展方向。中国知网数据库 2010—2019 年，共检索相关文献的关键词总数达 1 779 个，累计出现频次 4 060 次，频次排名前 50 的关键词如表 10-1 所示。其中，"供应链金融"关键词的频次最高，达 526 次，其次是"供应链融资""供应链""中小企业"，这反映了供应链金融的服务主体是供应链中小企业。随着金融科技深入发展，研究热词不断涌现，例如，"区块链"（频数 20）、"金融科技"（频数 17）、"大数据"（频数 11）和"互联网"（频数 9）等，反映了现代信息技术在供应链金融中的广泛推广和应用。

表 10-1 供应链金融高频关键词

排　名	高频关键词	频　数	排　名	高频关键词	频　数
1	供应链金融	526	3	供应链	67
2	供应链融资	96	4	中小企业	18

续表

排名	高频关键词	频数	排名	高频关键词	频数
5	资金约束	41	28	金融科技	17
6	供应链管理	40	29	融资约束	15
7	商业银行	39	30	供应链金融服务	13
8	信用风险	39	31	金融创新	12
9	融资模式	36	32	商业信用	12
10	银行	36	33	物流	12
11	金融机构	36	34	物资管理	12
12	企业管理	30	35	大数据	11
13	融资	29	36	电商平台	11
14	企业	29	37	风险	11
15	农业供应链金融	26	38	报童模型	11
16	线上供应链金融	25	39	农业供应链	10
17	中小企业融资	25	40	存货质押	10
18	风险管理	23	41	商业	10
19	物流金融	22	42	供应链融资模式	10
20	应收账款融资	21	43	保兑仓融资	9
21	区块链	20	44	供应链协调	9
22	存货质押融资	20	45	互联网	9
23	互联网金融	20	46	金融	9
24	物流企业	20	47	运作模式	9
25	信息不对称	19	48	龙江银行	9
26	核心企业	19	49	融资服务	9
27	风险控制	18	50	财政金融	9

通过从文献提取高频关键词，并把关键词作为社会网络中的节点，关键词的共现关系用节点与节点之间是否有直接的连接及其连接频数来表示，以构建共现网络模型。在社会网络中，度中心性（degree）反映节点的重要性，一个节点的节点度越大就意味着这个节点的度中心性越高，在网络中的重要性越高。选取供应链金融的高频关键词度中心性≥80 的 10 个关键词进行中心性分析，如表 10-2 所示。一般来说，频次较高的关键词对应的中心性也较高，如“供应链金融”的度中心性数值最高。中心性是表示与一个关键词共现的其他关键词个数的值，进一步反映其在共现网络中的重要程度，所以也会出现频次与中心性不一致的情况。例如，关键词“资金约束”虽然频数排名第 5 位，但是其中心性落后于前 10 位，所以“资金约束”的中心性并不高，仅同其他21 个关键词有共现关系。

表 10-2　供应链金融主要高频词中心性分析

关键词频数排名	关 键 词	度中心性	相对中心度	贡献程度
1	供应链金融	744	17.893	0.184
2	供应链融资	170	4.089	0.042
11	金融机构	155	3.728	0.038
10	银行	148	3.559	0.037
12	企业管理	144	3.463	0.036
14	企业	142	3.415	0.035
4	中小企业	116	2.79	0.029
3	供应链	110	2.646	0.027
6	供应链管理	106	2.549	0.026
7	商业银行	80	1.924	0.02

　　因此,从供应链金融高频词中心性分析可知,"互联网""大数据""区块链"关键词无中心性特征,反映供应链金融与信息协同度较弱,映射出我国供应链金融实际上仍处在以银行等金融机构为主导的发展阶段,处于较低的发展水平,有待加快供应链金融与产业融合,积极推进信息的推广和应用。

　　运用 NetDraw 建立高频关键词的共现网络,如图 10-3 所示。图中圆圈大小表示关键词的度中心性,圆圈越大,度中心性越高,其在供应链金融研究领域中越重要。显然,"供应链金融""供应链融资""商业银行""金融机构"等关键词在供应链金融研究中占据重要地位,与关键词的中心性分析结果总体趋势相一致,反映了银行和企业是供应链金融的重要参与主体。

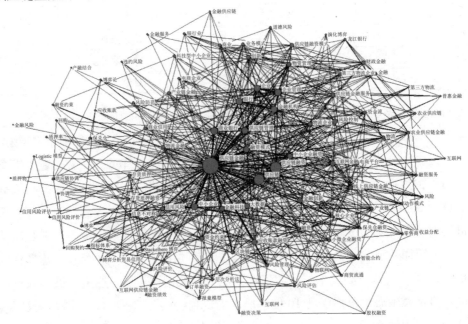

图 10-3　高频关键词共现网络

2010—2019 年，供应链金融有关研究的热点关键词相对稳定，其中排在前列的关键词主要包括"供应链金融（融资）""风险"和"供应链"等，如表 10-3 所示。随着近年金融科技快速发展，涌现了"区块链""大数据"和"智能合约"等热词，其中"金融科技"和"区块链"在 2019 年成为仅次于"供应链金融"的年度热点关键词，反映了区块链等先进信息技术对供应链金融具有积极的推动作用，对于防范供应链金融风险、提升服务水平将产生重要影响。

表 10-3　2010—2019 年供应链金融年度热点关键词

排序	2010 年	2011 年	2012 年	2013 年	2014 年	2015 年	2016 年	2017 年	2018 年	2019 年
1	供应链金融	供应链金融	供应链金融	供应链金融	供应链金融	供应链金融	供应链金融	供应链金融	供应链金融	供应链金融
2	企业	供应链融资	供应链融资	供应链融资	供应链融资	风险	风险	风险	风险	金融科技
3	企业管理	中小企业	供应链	供应链	供应链	供应链	中小企业	商业银行	供应链融资	区块链
4	供应链融资	中小企业融资	中小企业	中小企业	资金约束	线上供应链金融	供应链融资	融资	风险管理	风险
5	供应链	供应链	银行	供应链管理	供应链管理	供应链融资	资金约束	农业供应链金融	信用风险	资金约束
6	供应链管理	农业供应链金融	金融机构	风险	中小企业	信用风险	商业信用	融资约束	资金约束	供应链融资
7	风险	商业银行	融资模式	企业管理	金融机构	银行	商业银行	供应链融资	区块链	大数据
8	中小企业	龙江银行	信息不对称	物流企业	风险	金融机构	信用风险	供应链	电商平台	风险控制
9	金融机构	风险	应收账款融资	企业	融资模式	中小企业	融资模式	信息不对称	供应链	应收账款融资
10	银行	供应链管理	商业银行	信用风险	银行	融资模式	供应链	信用风险	信息不对称	小微企业融资
11	商业银行	银行	风险评价	存货质押融资	存货质押	商业银行	存货质押融资	中小企业融资	商业银行	智能合约
12	融资	物流金融	物流金融	第三方物流企业	融资	物流金融	互联网金融	融资模式	股权融资	中小企业

近年来，随着人工智能、大数据等信息技术的广泛推广和应用，供应链金融不断提速升级。采用现代信息技术，可以使供应链的信息流、资金流、物资流更好地实现科学匹配，并能提供数字化文件管理、交易跟踪、权利确认以及实现智能授信准入等服务功能，

使供应链融资服务变得更加普遍和便捷。与此同时，随着区块链等技术在供应链金融中的应用，供应链金融风险进一步降低，对风险进行补偿的融资成本就能相应降低。

以大数据、区块链为主的信息技术推动金融科技创新，进一步促进供应链金融服务模式的不断发展，不仅越来越成为研究热点，也成了供应链金融行业关注的重点。

◢ 10.1.2 供应链融资迭代升级

供应链金融既是全球供应链竞争的必然结果，也是供应链和产业链稳定发展的客观要求。供应链金融与产业发展、科学技术以及金融创新密切相关，这使得供应链金融服务呈现金融主导、产融结合、信息协同发展等模式的迭代升级。

金融主导模式即金融机构通过掌控产业链上下游的资金流、物流、信息流等来提供融资服务。金融主导模式开始于供应链金融发展的早期，至今仍在广泛地发挥作用。例如，苏格兰皇家银行是供应链金融线上化的领先者，自主开发的 MaxTrad 平台用于实现对供应链的有效监管和控制，以及提供国际贸易与供应链相关的金融解决方案。该平台为企业提供的服务包括：自动处理贸易交易、管理应收账款与预付账款等。大型跨国企业能够通过 MaxTrad Enterprise 与供应商在全球范围开展合作，而中小型企业同样能够通过 MaxTrad Express 获得开展全球贸易的支持。

产融结合模式即产业资本渗入或掌控供应链金融，常见的有核心企业主导、物流企业主导两种。产融结合模式伴随着精细化的生产与物流管理和规模化的企业集团运作发展起来。在这类供应链金融模式中，核心企业或大型物流企业凭借在产业链中所处的优势地位，整体把控上下游的价格、订单、货物等关键信息，并且结合自身或金融机构的资本优势开展供应链金融业务。例如，通用电气（GE）通过不断整合将散布在各业务板块中的金融业务集中到一起形成了通用电气资本（GEC）。GEC 业务范围广泛，飞机融资租赁业务是 GEC 供应链金融崛起的关键因素。GEC 与航空公司签署融资租赁协议，由 GEC 直接向飞机制造商下订单、付款采购飞机。飞机交付航空公司后，航空公司按期支付本金以及相应利息给 GEC。

随着信息技术在金融、产业、物流等领域愈发深入的应用，信息协同发展模式成为供应链金融的新模式。在这种模式中，第三方平台通过领先的信息技术和供应链解决方案，成为联系各方的重要服务纽带。例如，美国供应链服务商 Prime Revenue 通过建立云平台为供应链中的买方、供应商提供有针对性的、定制化的金融服务。企业应用软件解决方案供应商 SAP Ariba 创建了一个闭环系统，通过结合各方关系、转账以及财务数据，链接采购与融资，并为买方与供应商提供现金流的优化方案、促进交易双方的合作关系。核心企业与供应商可以在这个平台上兑换发票与账款，供应商可用自助工具将获得核准后的应收账款兑换成现金流。

在供应链金融模式中，银行如何有效把控供应链金融中的融资风险、如何有效评估供应链竞争力和核心企业资信以及如何提高中小企业自身信用水平以获取更大的融资额度，仍是亟待解决的难点。

10.2 联贷联保融资

联贷联保融资是一种创新贷款方式，中小企业自愿结为联保小组，成员企业之间确定授信额度，向银行申请贷款融资。每个借款企业均为联保小组其他成员借款的连带责任担保者。一般而言，企业组成联保体遵循自愿原则，企业可与同行业优势企业、上下游企业、同区域生产经营企业等组建联保体。联保个数一般最少 3 个，最多 10 个。贷款额度依据贷款企业的实力制定，对联保体中单个企业的贷款一般不超过 1 000 万元，期限为一年，可满足贷款企业流动资金周转所需。

联贷联保融资解决了多数中小企业缺少有效抵押物但急需资金的困境。此种融资模式利用联保体互相甄别企业私人信息的特点，充分发挥成员内部横向监督的约束，保障贷款的有效性与可靠性，从而降低银企之间纵向监督的难度，有效解决银企信息不对称的问题。此外，联贷联保融资模式通过企业互保，解决中小企业难以提供有效抵押物的难题，从而降低企业借贷融资成本。

在实践中，中国建设银行、中信银行、民生银行等许多国内商业银行均开展了联贷联保融资服务，依据银行产品不同，各行对联保体成员个数限制、贷款要求也不尽相同。以中国建设银行为例，联贷联保融资的借款人应满足如下条件：第一，具有较强竞争优势，是在本地区行业收入、盈利等方面靠前的中型企业或具有贸易、生产等各类合法经营活动资格的小型企业；第二，具有按期还贷本息的能力，无不良信用记录；第三，近两年生产经营正常，现金流及利润增长，合法纳税。

总之，联贷联保融资模式能提高贷款还款率，降低道德风险。联保小组成员的数量、成员之间横向监督能力以及对违约的惩罚等因素都将影响信贷利率的高低。

10.3 "三权"质押融资

◢ 10.3.1 "三权"质押的意义

农村、农业、农民（简称"三农"）问题是党和国家工作的重中之重，是全面建成小康社会、全面打赢脱贫攻坚战的关键。党的二十大报告指出全面建设社会主义现代化国家，最艰巨最繁重的任务仍然在农村。党的二十大擘画了宏伟蓝图，提出全面推进乡村振兴，强调坚持农业农村优先发展，坚持城乡融合发展，畅通城乡要素流动；强调深化农村土地制度改革，赋予农民更加充分的财产权益；强调完善农业支持保护制度，健全农村金融服务体系。乡村振兴战略目的是从根本上解决城乡差距、乡村发展不平衡、农村不兴旺、农民不富裕等问题，并不断推动农业、农村、农民全面升级、全面进步、全面发展。2020年中央一号文件内容持续聚焦"三农"问题，党中央提出全面建成小康社会、全面打赢脱贫攻坚战的关键是弥补"三农"领域的短板，要求全党务必深刻认识"三农"工作的特殊性和重要性，确保农村同步全面建成小康社会。

随着农村经济的不断发展，一方面，农民作为"三农"的参与主体，其经济行为日益活跃。由于自身经济需求及投资需求的不断增加，农民的融资意愿也逐步增长，农民融资的市场需求开始不断扩大。另一方面，在传统融资方式下，银行等大型金融机构侧重于还款能力强、信用背景良好的中小企业，而对"三农"信贷普遍存在较严重的惜贷现象。由于农村地区受到地势、交通、信息等因素的限制，以及农民教育程度不高、缺乏正规质押物、信用状况不佳、经济实力薄弱等问题，所以形成了农民难以获得贷款、银行放贷难的矛盾局面。

供应链金融服务依托核心企业，有效协调供应链上下游中小企业的现金流和物流，满足了中小企业的融资需求，降低了融资风险。但是，供应链金融在"三农"领域的应用面临新的挑战。例如，存货质押是供应链金融典型服务模式之一，但在"三农"领域的质押物一般为农用工具，仅适用于具备一定规模的农业中小企业。对于大部分农民个体而言，手中的农产品除去自产的农作物外，能用于抵押的农产品非常有限，并且面临农产品易逝性强、难以保存等问题，导致银行对农民个体的贷款始终保持谨慎态度。

为了突破供应链金融中有关质押物的限制，2008年中国人民银行首次提出了创新担保品，揭开了农地抵押的序幕。2014年中央一号文件明确允许农民向银行质押土地经营权，以此获得融资贷款。黑龙江省58个县（市）、宁夏同心县、宁夏平罗县、山东寿光市、贵州湄潭县等市区县全面启动相关试点工作，试点"土地承包经营权"抵押模式不断扩大推广范围，有效缓解农民融资困难和银行放贷困难等问题。

◢ 10.3.2 "三权"质押融资模式

在"三权"质押融资模式下，供应链金融的参与主体包括农村金融机构（即"银行"）、农民、农业龙头企业（即"核心企业"）。农民的质押物由鲜活农产品存货转变为"房屋所有权""土地承包经营权""林权"，鉴于三者具有相似性质，可以"土地承包经营权"为抵押物进行融资分析。农民发生违约后将被暂停"三权"的使用权，并由村委会实施监管和重新使用，并将违约期间"三权"农业再生产利润收入作为银行的收益。

以农民为视角的供应链金融"三权"质押融资模式业务流程，如图10-4所示。

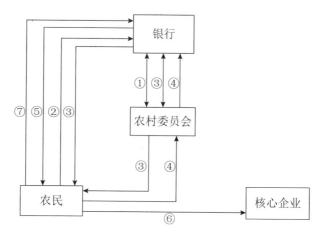

图 10-4　以农民为视角的供应链金融"三权"质押融资模式业务流程

注: ① 银行与农村委员会(以下简称"村委会")签订合同,明确当农民违约后村委会代行监管运营职责。

② 农民向银行提出贷款申请。

③ 银行自行或通过村委会对农民的信用状况、"三权"的有效性及相关资质进行评估及审查。

④ 若农民信用状况符合银行放贷要求,银行通知农民将具有法律效应的"三权"相关资历抵押至村委会,同时村委会对相关资历进行登记,确认无误后通知到银行。

⑤ 银行向农民发放贷款。

⑥ 农民完成生产后,将生产的农产品按批发价销售至核心企业,由核心企业向市场经销,核心企业赚取差价。

⑦ 农民用农产品销售收入还款。若农民出现违约状况,村委会实行监管运营职责,并将"三权"定向流转至他人经营,经营利润用于偿还银行贷款。

在"三权"质押的模式下,农民在"三权"质押后若出现违约,银行无法通过质押品直接变现。农民和核心企业的利润为下个季度农产品销售收入,银行的利润为贷款本息或利用"三权"农业再生产的销售收入,三者的利润与本季无关。因此,农民在融资过程中重点考虑如何设置质押量规模获得足够资金,以保证下个季度的生产规模和利润收入。银行需根据农民的违约风险,调整质押率大小,增强风险控制能力,并研究在不同风险情况下的利润收益问题以保证农民违约后银行的利润收入。核心企业作为经销商,根据农民最优质押率决策制定批发价格从而使自身利润最大。村委会代替银行管理运营,银行按质押物价值比例向其支付费用,村委会可以获得一定的固定收益。

10.4　数据质押融资

在大数据背景下,供应链融资的环境也出现了新的变化。信息技术加速供应链金融技术创新。近年来,区块链和物联网、大数据的应用,为供应链金融的"真实的交易信息"提供技术服务保障,金融机构可以凭借信息技术优势来降低业务风险,从而为供应链中更多中小企业授信融资。王宏坤将区块链技术应用于航空产业供应链金融。谢泗薪等系统地提出了区块链供应链金融服务平台的架构、业务模式和流程。宋华等提出了虚拟产业集群下的供应链金融模式，运用互联网和大数据技术消除信息不对称，基于虚拟供应链网络中的真实交易信息与交易结构，平台企业可以为产业集群中不同的企业开展更为灵活的供应链金融服务，从而帮助更多的中小企业克服资金约束。计春阳等进一步研究了虚拟产业集群在港口物流业的具体运用。区块链和大数据技术为"数据质押"创造了条件。依托"数据质押"，银行可以通过一个平台将所有的数据生态链进行整合，最终扩展为数据生态圈。在生态圈内，借助信息技术，每个企业都可以形成以自身为中心的供应链，即"1即N、N即1"。林楠将区块链供应链金融模式的创新分为两类，即以核心企业为基础的信用多级流转模式，以及以互联网金融企业为基础的"区块链＋大数据"供应链金融模式，后者把融资范围从核心企业的多级供应商拓展到供应链上下游终端的企业。凭借区块链和大数据技术，供应链多个企业之间的信用多级流转成为可能。通过对核心企业的信用进行确权和拆分，实现供应链二级至N级供应商的融资服务。姜浩提出了信用多级流转机制的具体应用模式和业务流程。唐丹等通过建模分析了应用区块链实现信用多级流转对供应链决策的影响。王妮应用区块链和大数据等信息技术，提出了整合在线支付平台、电子交易平台、供应链管理平台和物流与仓储管理平台，并结合线下物流作业的"云平台"供应链金融模式，通过整合物流、信息流、资金流和商流，创新线上供应链金融模式。

【案例 10-1】　　　　　　　　企业为何青睐 IT 融资服务

由于传统银行等金融机构通常欠缺技术产品融资租赁的经验，往往只局限于 IT（信息技术）生命周期的采购阶段，极少能够满足完整 IT 生命周期的需求，更无法提供 IT 生命周期末端的设备回收或处置服务。由于 IT 投资具有高折旧率、技术更新速度快和资产管理成本高的特点，大量 IBM 客户企业希望能够有效降低总体拥有成本（total cost of ownership，TCO），不断优化运营成本，精准提供 IT 融资解决方案，以满足企业转型、业务创新以及快速响应市场的需求。IBM 全球融资部应运而生，主要从事 IT 融资服务，为客户提供了端到端的 IT 融资解决方案，并进一步促进 IBM 在全球范围的业务发展。一方面，IBM 全球融资部拥有雄厚资产基础，并且悉知各种规模及各行业的 IT 系统，可以直接为遍布全球的客户提供融资与资产续用服务，无须由第三方融资供货商提供相关服务。另一方面，IBM 全球融资部拥有广泛的融资服务产品，能够满足 IT 生命周期每一个阶段的需求，提供优惠的费率、简单的条款和灵活的租约到期选项，并且能够基于专业经验与对市场的了解，对硬件设备采用高残值计算，为经营性租赁提供极有竞争力的费率，将融资租赁与 IBM 解决方案完美结合。作为全球最大的 IT 融资解决方案提供商，IBM 全球融资部拥有近 360 亿美元的雄厚资产，共在全球 55 个国家和地区开展业务，客户数超过 12.5 万家，在全球《财富》100 强中有超过 75% 的企业都是 IBM 全球融资部的客户。

IT 融资服务不仅能使企业总体使用成本（total cost of use，TCU）最佳化、性价比最大化（摩尔定律，Moore's law），而且可以帮助企业以更为妥善的方式管理技术风险，避免技术过时，并安全、合规、环保地处置 IT 资产，最终帮助企业更有效地降低 IT 总体拥有成本，进一步提升运营效率和推进技术创新。目前，IBM 全球融资部主要开展三大业务，即客户融资、商业融资和全球资产续用服务。

（1）客户融资（client financing）：主要为客户提供包括融资性租赁和经营性租赁在内的租赁解决方案，以及分期付款和委托贷款等 IT 融资解决方案。IBM 全球融资部可以为客户提供定制化的全面解决方案来满足各类行业中的各类企业的需求，并综合 IBM 以及其他制造商和供应商的硬件、软件以及服务产品，提供领先、节能、科技适用的融资服务，同时免去银行贷款的复杂程序。IBM 全球融资部可以提供支持完整 IT 项目的资金，为企业客户带来量身定制的财务弹性。

（2）商业融资（commercial financing）：主要为合作伙伴提供流动资金融资，为供应商提供保理服务。其中，存货融资业务为分销渠道注入融资，以拓展业务量并协助经销商应变订单高峰；应收账款融资业务借由以应收账款或存货为担保的借贷，启动现金流；保理业务透过新成立的 IBM 保理（中国）有限公司，帮助分销商及其合作伙伴提供合理的账期，改善现金流。

（3）全球资产续用服务（global asset recovery services，GARS）：GARS 通过对客户的旧设备提供全面解决方案，实现再生产、再利用。IBM 资产续用解决方案（ARS）帮助客户处置闲置的 IT 设备，并遵循环保与法规的要求；IBM 官方认证的再制造设备（ICPE）以高性价比为客户提供 IBM 硬件解决方案，用于支持云运算、开发测试并提供短期租赁，以满足客户多样化的需求。

资料来源：根据 IBM 相关报道整理，https：//www.ibm.com/cn-zh/financing.

随着信息技术在供应链全链管理中的广泛推广和应用，在企业管理实践中出现了依靠交易数据进行金融服务的新型融资方式。数据质押融资属于数据化、平台化的新型供应链融资，主要交易对象为供应链上下游的企业；交易基础为企业的基本信息数据以及企业在平台上的交易行为数据；融资机理是通过对这些信息和数据的分析挖掘，评定企业的信用等级，进而由银行等金融机构决定是否为其提供融资服务。数据质押融资模式下，企业无须提供担保抵押物，只需以数据为基础，通过信用审核就可获得融资服务。

数据质押是供应链金融的新发展，资金提供方运用企业的相关交易及行为数据，借助云计算等手段来分析数据并提供资金。随着大数据分析计算技术的发展，运用大数据模型的方式解决数据的收集、整理、加工问题，能够有效解决使用信用风险模型开展企业的信用等级分析问题。数据质押在本质上属于权利质押中的一种形式。在信贷实践中以特定的数据发挥实质性的担保作用，即被称为"数据质押"[①]。在银行贷款业务中，"数据质押"是指企业在接受银行金融服务时，将自身与交易相关的数据（以资金流、信息流和物流为主）以"质押"的方式授权给银行使用，为企业自身提供融资担保。

数据质押融资模式是通过运用大数据分析，以交易过程中形成的能够交叉验证的真实交易数据和行为数据对中小企业进行评级和授信，并以此为依据为企业提供融资服务。数据质押模式伴随着云计算、大数据、区块链等技术而产生，是一种融资成本较低、互利共赢的融资方式。数据质押融资为解决融资难、融资风险管控提供了新的手段，凭借区块链等先进技术，进一步增强了数据质押的可靠性，发挥了数据在担保及风控方面的效用。

数据质押融资的参与主体通常包括了科技型中小企业、商业银行、第三方服务平台等，通过三者之间博弈关系开展数据质押服务。在数据质押服务中，第三方平台可以对平台上的企业信息进行数据分析，可以充分掌握企业的经营及信用情况，大大减少了银行在数据评估方面的工作量，从而降低了银行开展数据质押的风险。同时，银行通过中小企业的数据质押融资，可以开创更大的潜在融资市场，推动我国金融服务行业的不断创新和快速发展。

数据质押融资的步骤如下。

第一步是筛选客户。首先，银行需要筛选出符合银行相关条件的客户。将资金借出，银行理应进行风险的调控以保证资金的顺利收回。此时银行的筛选必须由企业配合，利用企业提供的各种运营数据进行分析与评判，这样才能保证银行筛选出真实的符合银行标准的企业。其次，被筛选出的企业需要提供各种材料进一步审核，企业所提交的材料在审核过程中属于交易数据的可以由系统深入审核，对于某些公司运营中不能直接定量分析的则还需要以专家的经验进行评判。

第二步是数据的质押。针对第一步筛选出来的企业客户，开始进行数据质押环节工作。企业将以特殊的质押方式取得银行的贷款，即将企业交易的相关信息授权给银行使用的质押方式。通过实施数据质押，银行可以通过企业所质押的数据全面了解企业的运营状况及风险状况，从而给企业适当的贷款额度。

第三步是发放贷款。额度批复以后，再将批复的贷款进行发放。企业发生正常交易的信息将及时反映给银行，以便银行能够及时对该笔业务进行审核并发放对应的贷款资金。

---

① 李书博. 基于数据质押的 A 印务公司供应链融资研究 [D]. 成都：电子科技大学，2018.

第四步是贷款跟踪。对已发放的贷款进行贷款的追踪。贷款的追踪能够使得所贷的资金更好地回流，实时了解企业的经营状况以降低银行贷款无法回流的风险。

在数据质押融资中，所涉及企业数据的全面性、真实性和有效性是确保融资服务和防范融资风险的关键。为此，企业要进一步加强自身对信息的收集能力，确保所收集信息的真实性和完整性；银行也需要制定一系列严格的体系来约束企业信息，加强控制力度并制定相关规划确保目标计划的实现；在数据质押的操作中，要落实数据的真实性与来源，避免信息的冗杂，坚持分清信息的主次和讲究重要性的原则。

我国以数据质押开展供应链融资的实践不断深入发展。作为国内大数据发展试验田的贵州走在了前列，2016 年 4 月 28 日，贵阳银行向新三板挂牌公司贵州东方世纪科技股份有限公司发放了一笔 100 万元的贷款，贷款质押物是储存在该公司电脑里的水文数据，这是国内第一笔数据资产质押贷款。该公司作为一家信息化服务公司，轻资产、重服务是其最大特点，缺少传统银行要求的房产等抵质押物，更多的是包括专利技术、解决方案、系统数据等具有很大应用价值但难以合理评估的无形资产，通过数据的确权登记，银行快速完成了放款业务，整个过程效率高、速度快、利率相对优惠。2018年，某股份制银行针对飞利浦的经销商等开展"数据质押"。飞利浦作为著名的企业，下游经销商分布在全国各地，经销商有融资需求但又不接受传统的"保兑仓"贸易融资方式。通过运用大数据分析技术，银行借助企业交易过程中形成的各种交易数据和行为数据进行评级与授信，这些数据真实客观且可以交叉验证。数据质押的核心是银行通过分析贸易融资客户的特点，提取出影响客户风险变化的核心数据，在银行能够获取相关数据的前提下，通过"数据质押"风控模型，将相关数据用于客户准入和贷后的动态监控，以此来满足客户的融资需求。后来，跟飞利浦合作的经销商中共有 40余家参与该项目，通过数据质押，银行能够给经销商授信，而且授信的价格相对低廉，融资也比较便捷。

数据质押可以与供应链管理有机结合起来。四川省某商业银行针对"三农"金融风险和成本高的问题，与农业产业化龙头企业合作，以供应链中数年积累的真实交易数据为评级和授信的主要依据，在贷款审批、发放的各个环节皆以真实的交易数据为基础和核心，有效对冲了涉农贷款长期存在的内在风险，提升了对下游农户的金融服务水平。

数据质押融资能够有效解决中小企业在生产经营过程中所出现的小金额、高频率的资金周转需求，邹宗峰等依托 LED（发光二极管）产业服务平台[①]，构建融资生态系统，提出数据质押的业务流程，如图 10-5 所示。

---

① 邹宗峰，佐思琪，张鹏. 大数据环境下的数据质押供应链融资模式研究 [J]. 科技管理研究，2016，36（20）：201-205，233.

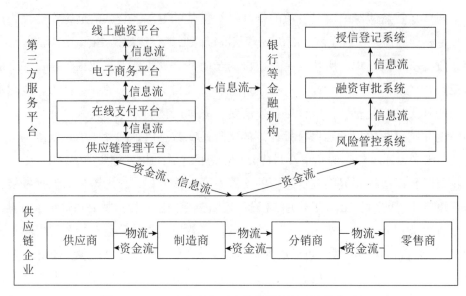

图 10-5　LED 产业服务平台的数据质押融资服务流程

（1）中小企业在第三方服务平台上注册并提交企业相关信息，通过平台审核后缴纳一定会员费，在电子商务平台进行日常商业活动。

（2）企业在平台积累足够的交易行为数据之后，可以在融资平台提出融资申请，平台根据企业信息和交易行为数据进行初步授信审核。

（3）初步审核通过后，平台将企业融资请求提交给银行，由银行根据企业历史信用数据，结合平台初步审核结果，对企业进行最终授信审核。

（4）最终授信审核通过后，银行和企业线上签订融资协议并提供资金。

（5）获得融资后，由平台对企业日常经营和资金使用状况进行实时监控，并且定期向银行反馈以帮助银行管控风险。

（6）在融资期限内，企业按时还款，若未能按时还款则平台会采取适当的惩罚措施，如曝光违约企业的信息、取消企业经营权。这种惩罚对于电子商务企业来说无疑是切断了其销售渠道，也留下了不良的信用记录，能够有效减轻中小企业道德败坏的行为，降低违约风险。

10.5　智慧供应链金融

10.5.1　供应链管理智慧化

供应链管理智慧化是实现智慧供应链金融的前提和基础。供应链金融的智慧化离不开供应链本身的技术与管理理念革新。

什么是智慧供应链呢？智慧供应链是结合物联网技术和现代供应链管理的理论、

方法和技术，在企业中和企业间建构的，实现供应链智能化、网络化和自动化的技术与管理综合集成系统。复旦大学罗钢博士后在 2009 年上海市信息化与工业化融合会议上首先提出了这个概念。在传统供应链的发展过程中技术渗透性不断增强，很多供应链已经具备了信息化、数字化、网络化、集成化、智能化、柔性化、敏捷化、可视化、自动化等先进技术特征。在此基础上，"智慧供应链"将技术管理进行综合集成，系统化指导现代供应链管理与运营实践。

在供应链结构上，传统的供应链是一种简单的上下游链式结构，各个参与者仅仅需要协调好与上下游企业的关系就可以了。智慧供应链则不同，它是一种复杂的网络化结构，实现了参与者之间的良性互通，是供应链中最高层面的结构。

智慧供应链的高效和持久化运作依赖于综合需求管理、客户关系管理、供应商关系管理、物流服务传递管理、复合型的能力管理、资金和融资管理等主要流程的整合与协调。这六大流程能够帮助企业有效地掌握客户信息，合理地组织生产和服务，提高企业绩效。除了以上六大流程外，智慧供应链的流程更强调四个要素：可视化、生态化、智能化和集成化。智慧供应链的核心首先是可视化，即利用互联网技术，优化供应链的流程、库存、运输，了解自身的瓶颈；其次是生态化，即设计跨组织的系统整合，并且做到流程的标准化，但更关键的是信息技术问题；最后是智能化和集成化。

为了实现供应链的智慧化，需要对供应链管理手段进行革新，形成智慧供应链管理能力。智慧供应链管理能力主要包括七个要素，即有效应对客户的价值需求、互联网控制下的供应链可视化、模块化的供应链架构、供应链计划与执行实时连接、完善的报告与绩效管理、良好的供应链预警、供应链智能敏捷化与高效精益化相结合。

10.5.2　融资服务智慧化

供应链金融的创新路径不仅可以从融资模式上进行创新，还可以通过引入新的技术和管理理念来提高业务效率、降低业务风险。智慧供应链金融依赖技术创新及其推广应用，主要包括了大数据分析、区块链运用以及物联网技术与供应链金融服务的融合。

1. 基于大数据打造"*N*+*N*"网状供应链模式

运用数据挖掘和分析技术，通过追溯贸易关系，耦合不同供应链上的节点，勾勒多条供应链之间的网状联系。网状供应链一方面能够通过多维供应链数据交叉验证单个节点客户经营情况，描绘客户立体画像；另一方面，也可以通过链条的交叉延伸发现更多的节点，批量筛选优质客户，减少对核心企业增信的依赖。同时，对于货押模式的供应链融资业务，大数据的引入可以打造押品价格库，实现自动盯市和价格波动报警等功能。

2. 基于区块链拓展多级供应链融资

区块链本质上是分布式账本数据库，具有交易不可篡改、便于追溯、便于穿透性监管的特性，使供应链从交易、支付结算到融资都能更有效率，更好地做到信任传递，进而解决多级供应商融资难题。在供应链生态圈内，可以利用区块链技术打造一种基于核心企业信用的应收账款债权凭证，具备贸易背景不可修改、有条件支付、自由拆分等功能，能够实现跨链条支付，有效解决传统供应链难以拓展多级供应链融资的难题。

3. 基于物联网技术开展货押模式下大宗商品智能监测

金融机构可以引入应用物联网技术的第四方监测企业，通过电子标签技术，实现对大宗商品的远程定位和智能库管，通过视频及 RFID（射频识别技术）实现对质押品的远程监控和移动报警，此外，还可以利用无人机实现远程巡仓。金融机构通过与监测企业之间的系统互联，可随时调阅质押品的位置、状态（包括形状、质量、密度等）和视频信息，实现监测复核和一键解押，保证质物安全。

1. 分析供应链金融的创新发展中风险管理所面临的挑战。
2. 简述订单质押、货权质押以及数据质押供应链金融模式及其特征。
3. 简述智慧供应链金融的特征及其应用前景。
4. 分析"三权"质押的特征及其与传统货权质押融资的区别。
5. 分析数据质押的应用场景及其特征。

怡亚通供应链金融创新服务

怡亚通创立于 1997 年，先后经历了"单一代理通关"和"IT 物流"等第三方物流模式，在此基础上逐步导入供应链管理模式。怡亚通的创新发展，诠释了整个中国供应链行业的发展史，在中国率先构建了以物流、商流、资金流、信息流"四流合一"为载体，以生产型供应链服务、流通消费型供应链服务、供应链金融服务、全球采购及产品整合供应链服务为核心的全程供应链整合服务平台。

在公司成立的前 10 年，怡亚通以 40% 的年均复合增长率快速增长，净利率高达40%，实现持续稳定快速发展。2015 年度公司实现营业总收入 400.39 亿元，比上年同期增长 15.76%，实现营业利润 5.74 亿元，比上年同期增长 46.33%，归属于上市公司股东的净利润 5.12 亿元，比上年同期增长 63.90%。

根据怡亚通 2017 年度半年年报，公司的主营收入如表 10-4 所示。

表 10-4　怡亚通的主要经营业务及其收入情况（2017 年 6 月）

序　　号	主营业务	业务收入 / 万元	收入占比 /%
1	380 分销平台	18 366.73	60.33
2	广度平台	5 881.87	19.32
3	全球采购平台	5 816.68	19.11
4	物流平台	245.58	0.81
5	宇商金控平台	2.57	0.01
6	其他平台	131.53	0.43

经过多年的发展，怡亚通形成了广度供应链、深度供应链、全球采购与产品整合供应链以及供应链金融等业务服务板块。

（1）广度供应链服务。广度供应链服务面向生产型供应链展开，辐射从原材料采购到产品销售的供应链全程运作。企业可选择性地将全部或部分非核心业务外包给怡亚通。在帮助企业实现供应链效率提升、总成本领先的基础上，怡亚通协调整合供应链上下游以达到协同运作，通过服务创新帮助企业实现供应链价值增值。

（2）深度供应链服务。2010 年 5 月，公司董事长周国辉提出构建深度 380 平台战略，计划锁定中国 380 个地、县级市，打造一个覆盖近 10 亿有效消费人口的快消品直供平台。

深度供应链服务面向流通消费型供应链开展服务，将传统渠道代理商模式转变为平台运营模式。服务网络覆盖中国一线至六线城镇，战略定位为整合型平台服务企业，通过整合资源，构建集物流、商流、资金流和信息流于一体的供应链整合服务平台。怡亚通为客户实现供应链管理的优化，从而帮助企业提高供应链效益，推动企业供应链创新。

深度供应链是怡亚通近年重点发展的战略业务，深度分销 380 整合平台是其最重要的组成部分。通过搭建全国性的直供终端平台，有效解决企业渠道下沉的成本、人才、运营三大难题。同时，帮助品牌企业高效分销、快速覆盖终端网点，提高商品流通环节的效率并降低流转成本。

（3）全球采购与产品整合供应链服务。怡亚通依托全球服务网络及专业的供应链服务，对资源配置进行优势整合，帮助全球商家实现全球范围的采购与销售。

同时，怡亚通通过对产品的研发、原材料采购、生产制造、市场营销等供应链环节进行优势整合，为客户提供产品定制，帮助企业优化现有供应链结构，提高产品品质及市场竞争力。怡亚通具备不同行业的采购团队，能够为全球不同国家的各行业客户提供在中国、东南亚及世界各地的采购服务，包括采购、质量控制、金融服务等。

（4）供应链金融服务。怡亚通认为，供应链金融服务是供应链业务的重要组成部分，凭借良好的商业信誉及经营业绩，怡亚通与众多银行结成了战略合作伙伴关系，并基于丰富的供应链金融服务经验，根据客户业务运作需求，为客户提供多样化供应链金融服务，包括融资、租赁、供应链金融解决方案与咨询等。

①短期资金融通：在规范、科学的风控管理原则下，为客户量身提供完善的资金配套及短期资金融通服务。

②设备融资租赁：通过整合产业资源优势，可为工厂、学校、医院等机构提供机械设备、医疗设备等器械的设备租赁服务。同时，也可提供设备融资租赁服务。

③存货质押：怡亚通在一站式供应链管理服务的产业基础上开展金融业务的模式，是公司的核心价值所在。通过开展存货融资以及外汇衍生交易，针对外汇结算业务开展金融衍生交易对冲外汇风险。

④物流银行：怡亚通的产融运作模式，使其俨然一家小型银行。怡亚通将银行借贷资金通过供应链管理服务方式投放给客户，并从中赚取"息差"，简单来说就是通过向银行融资，以银行的钱赚取利润。

怡亚通通过针对不同流通商品广泛开展供应链金融服务，取得了良好的经济效益。根据怡亚通的招股说明书披露的相关数据，可以测算出各种流通产品开展供应链融资服务的费率水平，即 IT 产品费率水平为 1.3%～1.8%，电子产品在 1.3%～3.3%，医疗器械在 5.0%～7.0%，而加权平均为 1.45%～1.75%。怡亚通通常与客户签订一定期限的供应链管理综合服务合同，根据合同提供量身打造的个性化服务，基于业务发生金额、提供服务类型，按一定比例收取服务费。由于业务的多样化，服务层次越多，涉及供应链链条越长，提取的服务费率就越高。

开展供应链的金融服务对客户、金融机构、怡亚通都是多赢的选择。对于客户而言，通过怡亚通的代付服务，可以减少交易成本、加快资金回流速度；对于金融机构而言，降低了其对具体客户不能充分了解所产生的信息不对称风险；对于怡亚通而言，通过成为客户与金融机构的"黏结剂"，存货融资获得的"息差收入"则是怡亚通的重要利润来源。

资料来源：根据深圳市怡亚通供应链股份有限公司相关报道整理，http：//www.eascs.com/.

启发问题

1. 讨论怡亚通在企业服务创新中有哪些值得借鉴的成功经验。

2. 分析怡亚通开展供应链金融服务面临的风险及其管理措施。

3. 分析大力发展普惠金融对于促进"六稳""六保"工作的实践意义。

参 考 文 献

[1] BUZACOTT J A，ZHANG R Q. Inventory management with asset-based financing[J]. Management science，2004，50（9）：1274-1292.

[2] CACHON G P. Supply chain coordination with contracts[J]. Handbooks in operations research and management science，2003，11（11）：227-339.

[3] CALDENTEY R，HAUGH M B. Supply contracts with financial hedging[J]. Operations research，2009，57（1）：47-65.

[4] CHEN X. A model of trade credit in a capital-constrained distribution channel[J]. International journal of production economics，2015，159（3）：47-57.

[5] GAN X，SETHI S，YAN H. Channel coordination with a risk-neutral supplier and a downside-risk-averse retailer[J]. Production and operations management，2005，14（1）：80-89.

[6] HALL R. Rearranging risks and rewards in a supply chain[J]. Journal of general management，1999，24（3）：22-32.

[7] HOFMANN，E，BELIN O. Supply chain finance solutions：relevance-propositions-market value[M]. Berlin：Oliver Springer-Verlag，2011.

[8] JING B，CHEN X，CAI G. Equilibrium financing in a distribution channel with capital constraint[J]. Production and operations management，2012，21（6）：1090-1011.

[9] KLIBI W，MARTEL A，GUITOUNI A. The design of robust value-creating supply chain networks：a critical review[J]. European journal of operational research，2010，203（2）：283-293.

[10] KOUVELIS P，ZHAO W. The newsvendor problem and price-only contract when bankruptcy costs exist[J]. Production and operations management，2011，20（6）：921-936.

[11] LAI G，DEBO L G，SYCARA K. Sharing inventory risk in supply chain：the implication of financial constraint[J]. Omega，2009，37（4）：811-825.

[12] LAMOUREUX M. A supply chain finance prime[J]. Supply chain finance，2007，4（5）：34-48.

[13] MERTON C，BODIE Z. The global financial system：a function perspective[M]. Brighton：Harvard Business Press，1995.

[14] STEEMAN M. The power of supply chain finance：how companies can apply collaborative finance models in their supply chain to mitigate risks and reduce costs[D]. Overijssel：Windesheim University

of Applied Sciences，2014.

[15] SUN X H，CHU X J，WU Z D. Incentive regulation of banks on third party logistics enterprises in principal-agent-based inventory financing[J]. Advances in manufacturing，2014，2（2）：150-157.

[16] WILLIAMS C A，HEINS R M. Risk management and insurance[M]. New York：McGraw Hill Publishing Co.，1964.

[17] YAN N N，DAI H Y，SUN B W. Optimal bi-level Stackelberg strategies for supply chain financing with both capital-constrained buyers and sellers[J]. Applied stochastic models in business and industry，2014，30（6）：783-796.

[18] ZHONG S，ZHAO Y. A business system towards supply chain finance based on complex network[C]// International Conference on Logistics，Informatics and Service Sciences. IEEE，2016.

[19] 白少布，刘洪. 供应链融资运作中的委托代理激励机制研究 [J]. 软科学，2011，25（2）：40-46.

[20] 鲍婷. 我国供应链金融融资模式及风险分析 [D]. 武汉：华中科技大学，2014.

[21] 查宏卫. 电商的供应链金融探讨 [D]. 上海：上海交通大学，2014.

[22] 陈冲. 基于供应链金融视角的中小企业融资研究 [D]. 北京：首都经济贸易大学，2018.

[23] 陈庭强，何建敏. 基于复杂网络的信用风险传染模型研究 [J]. 软科学，2014，28（2）：111-117.

[24] 陈晓华，吴家富. 供应链金融 [M]. 北京：人民邮电出版社，2018.

[25] 陈昭旭，刘安霞. 商业银行供应链金融服务体系研究 [J]. 农村金融研究，2009（12）：47-52.

[26] 仇荣国. 中小企业存货质押供应链金融博弈及数值分析 [J]. 企业经济，2014（3）：102-105.

[27] 崔勇. 供应链金融业务发展创新 [J]. 中国金融，2018（6）：67-69.

[28] 邓超，陈学军. 基于复杂网络的金融传染风险模型研究 [J]. 中国管理科学，2014，22（11）：11-18.

[29] 董伟. 物联网在物流金融行业的应用分析 [D]. 济南：山东大学，2014.

[30] 董振宁，刘文娟，何斌. 物流金融与供应链金融概念辨析 [J]. 物流技术，2014，33（23）：11-13.

[31] 窦亚芹，白少布，储俊. 基于供应商回购激励的供应链投融资协调策略 [J]. 管理评论，2016，28（6）：205-215.

[32] 方焕. 基于 Logistic 模型的供应链金融信用风险实证研究 [D]. 合肥：安徽农业大学，2016.

[33] 高濛. 对中国供应链金融生态环境的思考 [J]. 中国商论，2018（17）：50-51.

[34] 高源. 互联网背景下供应链金融模式研究 [D]. 杭州：浙江大学，2017.

[35] 顾敏. 电商企业供应链金融创新运作模式探讨 [J]. 商业经济研究，2015（18）：86-88.

[36] 郭晴. 供应链金融模式分类及风险管理研究 [D]. 天津：天津大学，2012.

[37] 韩滨. 中国银行 N 分行供应链金融不良贷款现状及治理研究 [D]. 呼和浩特：内蒙古大学，2018.

[38] 何川. 垂直 B2B 电商供应链金融研究 [D]. 上海：上海交通大学，2015.

[39] 何娟，冯耕中. 物流金融理论与实务 [M]. 北京：清华大学出版社，2014.

[40] 何珊，马小林. 基于供应链金融的应收账款质押融资问题分析 [J]. 征信，2018，36（10）：89-92.

[41] 胡婉婷，张宁，柳飘. 基于 P2P 平台的中小企业供应链融资研究 [J]. 赤峰学院学报（自然科学版），2016，32（13）：94-95.

[42] 胡愈. 现代农村物流金融研究 [M]. 北京：经济科学出版社，2009.

[43] 胡跃飞. 供应链金融——极富潜力的全新领域 [J]. 中国金融，2007（22）：38-39.

[44] 黄梦丹. 基于不同主导方的供应链金融模式比较研究 [D]. 苏州：苏州大学，2016.

[45] 江晨. 国际供应链金融运行机制研究 [D]. 长春：吉林大学，2014.

[46] 李迪.我国汽车行业供应链金融的信用风险分析 [D].长春：吉林大学，2018.

[47] 李会景.供应链金融与物流金融关系探讨 [J].产业创新研究，2018（5）：65-67.

[48] 李金龙，宋作玲，李勇昭，等.供应链金融理论与实务 [M].北京：人民交通出版社，2011.

[49] 李娟，徐渝，冯耕中.基于存货质押融资业务的博弈分析 [J].生产力研究，2007（20）：49-50.

[50] 李良.在线供应链金融发展前景分析 [D].北京：对外经济贸易大学，2017.

[51] 李善良，朱道立.不对称信息下供应链线性激励契约委托代理分析 [J].计算机集成制造系统，2005，11（12）：1758-1762.

[52] 李晓满.商业银行电子供应链金融与风险控制研究 [D].杭州：浙江大学，2017.

[53] 李毅学.物流与供应链金融创新——存货质押融资风险管理 [M].北京：科学出版社，2010.

[54] 李毅学.供应链金融风险评估 [J].中央财经大学学报，2011（10）：36-41.

[55] 梁义国.基于服务生态圈的供应链金融风险管理 [D].北京：北京交通大学，2016.

[56] 林沧海.双重委托代理下物流金融服务创新及其激励机制研究 [D].天津：南开大学，2012.

[57] 林莉芳.美国互联网供应链金融管理及对我国的启示 [J].商业经济研究，2018（20）：158-161.

[58] 凌端平.商业银行线上供应链金融业务模式研究 [D].广州：暨南大学，2015.

[59] 刘岳莎.我国中小银行"互联网＋供应链金融"业务模式构建研究 [D].乌鲁木齐：新疆财经大学，2016.

[60] 芦宁，马树建.基于供应链金融的银行决策分析 [J].工业工程，2015，18（4）：72-78.

[61] 陆瑶晶.苏州市农业银行供应链金融模式探讨 [D].苏州：苏州大学，2017.

[62] 吕重犁.基于服务生态圈的企业供应链金融风险管理研究 [J].财会通讯，2018（5）：105-109.

[63] 马登海.研究供应链金融新业态 支持供应链经济新发展 [J].现代商业银行导刊，2018（3）：35-39.

[64] 马佳.供应链金融融资模式分析及风险控制 [D].天津：天津大学，2008.

[65] 马倩云.核心企业主导的供应链金融模式：运作及风险研究 [D].苏州：苏州大学，2017.

[66] 马翼.互联网＋供应链金融解决中小企业融资问题研究 [J].中外企业家，2018（35）：20-21.

[67] 缪苗.大数据背景下供应链金融特点及发展趋势分析 [J].金融经济，2015（18）：89-90.

[68] 牛丽.HC 公司供应链融资方式研究 [D].洛阳：河北科技大学，2017.

[69] 庞燕，夏扬坤.3PL 家具物流金融风险评价 [J].中南林业科技大学学报，2015，35（12）：117-122，132.

[70] 戎梦军.互联网时代我国商业银行供应链金融服务研究 [D].合肥：安徽大学，2017.

[71] 厦露，李严锋.物流金融 [M].北京：科学出版社，2008.

[72] 上海艾瑞市场咨询有限公司.2018 年中国供应链金融行业研究报告 [R]//艾瑞咨询系列研究报告，2018（11）：26.

[73] 深圳发展银行－中欧国际工商学院"供应链金融"课题组.供应链金融 [M].上海：上海远东出版社，2009.

[74] 史金召，郭菊娥.互联网视角下的供应链金融模式发展与国内实践研究 [J].西安交通大学学报（社会科学版），2015，35（4）：10-16.

[75] 宋华.基于产业互联网的现代供应链及其创新路径 [J].中国流通经济，2018，32（3）：10-15.

[76] 孙统超.基于供应链金融的商贸流通企业发展模式研究 [J].商业经济研究，2019（4）：165-168.

[77] 唐凌汉.传统物流管理向现代供应链管理模式转变的思考 [J].经贸实践，2018（17）：208.

[78] 汪贤裕，颜锦江.委托代理关系中的激励和监督 [J].中国管理科学，2000，8（3）：34-39.

[79] 王川. 供应链金融业务运营模式及风险分析 [D]. 成都：电子科技大学，2014.

[80] 王庆雯. 基于电子商务平台视角的供应链融资收益分析 [J]. 商业经济研究，2015（19）：67-68.

[81] 王宇熹. 物流金融 [M]. 上海：上海交通大学出版社，2013.

[82] 魏华. 大宗商品电商平台供应链金融模式风险管理研究 [D]. 济南：山东大学，2017.

[83] 巫卓宸. 供应链金融中保兑仓之特征、操作模式及价值的探讨 [J]. 中国商论，2017（4）：21-23.

[84] 吴睿，邓金堂. 互联网＋供应链金融：中小企业融资新思路 [J]. 企业经济，2018，37（2）：108-114.

[85] 吴盛汉，张洁梅. "互联网＋"下供应链金融模式的创新 [J]. 开放导报，2018（1）：40-43.

[86] 吴艺. 我国商业银行互联网供应链金融模式分析 [D]. 重庆：重庆大学，2017.

[87] 邢馨月. 供应链金融服务的模式对第三方物流企业的绩效影响研究 [D]. 北京：首都经济贸易大学，2018.

[88] 徐玖平，陈书建. 不对称信息下风险投资的委托代理模型研究 [J]. 系统工程理论与实践，2004，24（1）：19-24.

[89] 徐璐. XY 银行应收账款质押贷款流程的优化研究 [D]. 苏州：苏州大学，2017.

[90] 徐鹏杰，吴盛汉. 基于"互联网＋"背景的供应链金融模式创新与发展研究 [J]. 经济体制改革，2018（5）：133-138.

[91] 徐庆，吕杰，冯文财. 金融物流模式下对第三方物流企业的激励 [J]. 复旦学报（自然科学版），2013，52（2）：139-143.

[92] 许童童. 互联网供应链金融风险控制研究 [D]. 长沙：湖南大学，2017.

[93] 薛洪言. 科技促进供应链金融转型 [J]. 中国金融，2018（6）：75-76.

[94] 晏妮娜，孙宝文. 有限融资的供应链金融系统协调策略 [J]. 经济管理，2014（5）：143-152.

[95] 杨绍辉. 从商业银行的业务模式看供应链融资服务 [J]. 物流技术，2005，24（10）：179-182.

[96] 易雪辉，周宗放. 双重 Stackelberg 博弈的存货质押融资银行信贷决策机制 [J]. 系统工程，2011，29（12）：1-6.

[97] 于萍，徐渝. 存货质押三方契约中银行对物流企业的激励 [J]. 运筹与管理，2010，19（3）：94-99.

[98] 占济舟，卢锐. 零售商采购资金约束下供应链融资方式的选择策略研究 [J]. 管理工程学报，2016，30（3）：106-113.

[99] 张保银，车佳玮. 供应链金融下银行的应收账款融资定价决策 [J]. 统计与决策，2016（3）：51-54.

[100] 张诚，李晓翠. 国际供应链金融模式与流程创新研究 [J]. 南方金融，2015（3）：52-59.

[101] 张洪伟. 保税供应链金融协同运营机制研究 [D]. 重庆：重庆工商大学，2014.

[102] 张敬峰，王平. 供应链融资及其管理框架研究 [J]. 北京工商大学学报（社会科学版），2013，28（3）：55-58.

[103] 张珂莹. 风险管理理论在供应链金融风险管理中的应用——基于全面风险管理理论 [J]. 现代管理科学，2018（12）：112-114.

[104] 张敏燕. 基于业务流程关键节点的商业银行供应链金融信用风险管理策略研究 [D]. 南京：东南大学，2017.

[105] 张若宇. A 银行线上供应链金融发展研究 [D]. 郑州：郑州大学，2016.

[106] 张雯. 商业银行供应链金融模式创新研究 [J]. 金融理论与实践，2018（9）：28-32.

[107] 赵凌. 基于区块链技术的供应链金融创新发展探究 [J]. 物流工程与管理，2018，40（6）：74-75.

[108] 赵先德. 现代供应链管理与商业模式创新：趋势与机会 [J]. 中国物流与采购，2018（24）：25-26.

[109] 郑琦 . 班轮公司国际贸易应收账款的供应链金融方案设计 [D]. 广州：华南理工大学，2016.

[110] 周利国，晏妮娜，耿勇，等 . 物流与供应链金融 [M]. 北京：清华大学出版社，2016.

[111] 周业付 . 基于委托 - 代理理论的农产品供应链激励机制研究 [J]. 统计与决策，2015（24）：47-49.

[112] 朱卫平，高志军，刘伟 . 服务供应链激励机制设计与优化——基于多任务委托代理的研究 [J].
西安电子科技大学学报（社会科学版），2016，26（1）：28-34.

[113] 祝养浩 . 互联网供应链金融模式研究 [J]. 合作经济与科技，2018（13）：48-49.

教师服务

感谢您选用清华大学出版社的教材！为了更好地服务教学，我们为授课教师提供本书的教学辅助资源，以及本学科重点教材信息。请您扫码获取。

▶▶ 教辅获取

本书教辅资源，授课教师扫码获取

▶▶ 样书赠送

财政与金融类重点教材，教师扫码获取样书

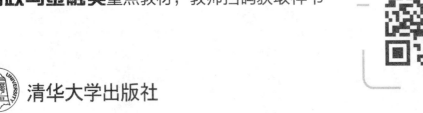

 清华大学出版社

E-mail: tupfuwu@163.com
电话：010-83470332 / 83470142
地址：北京市海淀区双清路学研大厦 B 座 509

网址：http://www.tup.com.cn/
传真：8610-83470107
邮编：100084